“一带一路”年度报告

企业践行

（2019）

赵 磊 主编
一带一路百人论坛研究院 编

商务印书馆
创于1897 The Commercial Press
2019年·北京

目 录

开启新征程：中国企业需要“走出去”“走进去”“走上去”

赵　磊

企业是“一带一路”建设中的主体。很多企业在参与“一带一路”建设时总是谈风险，风险当然要充分重视，但对中国企业而言，不“走出去”的风险更大，关键是自身要准备好、项目要选好，要通过“点穴式”发力不断提升学习能力、适应能力、整合与转化全球资源的能力。应该看到，水深、浪急、风大的地方恰恰是产好鱼的地方。融入“一带一路”建设，中国企业应更为积极地“走出去”“走进去”“走上去”，“一带一路”是中国企业国际化布局的积极实践。

企业“走出去”要更全面

企业“走出去”，首先要明确“走出去”的目的。一些企业片面地认为，面向“一带一路”“走出去”就是要获取能源资源、占有更多的市场份额、输出过剩产品，“走出去”是为了在国内获得补贴，这种错误认知会使企业在“一带一路”建设中南辕北辙，甚至导致那些率先“走出去”的中国企业“先锋”一个个倒下成为“先烈”。

就“一带一路”建设而言，需要企业稳健“走出去”步伐，顺利完成企业国际化布局。实现这一目标，有四个层次或四个阶段：一、国际营销，即扬帆远航，通过海外代理商，较快建立全球营销网络。二、绿地投资，即安营扎寨，“以点到面”扎根下来，充分获取当地资源和市场份额，同时输出高水平的技术和管理经验等。三、收购兼并，即巅峰对决，直接获取技术、产品、市场、品牌、人才、供应链等资源，但是收购交易复杂，整合难度大，成功与失败率参半。四、战略

【作者简介】赵磊，中共中央党校国际（国家行政学院）国际战略研究院教授、国际关系和“一带一路”研究所所长。

联盟，即合纵连横，内容与形式多样灵活，但是市场和合作伙伴选择难度大。目前，中国企业有很多直接从第一个层次跳跃到第三个层次，海外并购规模很大，但很多项目“消化不良”，伤了元气。

因此，企业国际化要循序渐进、渐入佳境。特别是绿地投资需要加强，这是欧美国家、日本等非常有耐心、愿投入的地方。中国企业要通过“走出去”去倒逼改革，去带动创新，真正培育一批具有世界竞争优势的跨国公司。

就地区而言，不仅要走到“一带一路”沿线国家，也要走到“一带一路”相关国家。应该看到，“一带一路”相关国家中，大多是成熟市场国家。中国企业既要去新兴市场国家，也要去成熟市场国家，多关注成熟市场的资质、技术、标准等，这些恰恰是中国企业的短板和软肋。就类型而言，“走出去”的不仅是中国产品、中国服务，更应是中国品牌，不仅要看体量、规模，更应该重视品牌以及品牌价值。中国企业要从汗水经济、通道经济、飞地经济、围墙经济、规模经济提升为品牌经济、智慧经济。

企业“走进去”要有深度

企业“走出去”，就是要在技术、知识产权、资质、品牌等软联通领域发力。中国企业在海外很大程度是“汗水经济”，干活的人不少、投入的资金和精力不少，但多为基础设施建设，回收期长；同时，中国企业在海外生产的商品附加值很低。在埃塞俄比亚以及其他发展中国家有一个普遍的现象，就是国家虽穷，但大街小巷到处是日系汽车，就是说这些国家的外汇有一部分购买了日本耐用产品。买回来之后，还需要花更多的钱去维修、保养，买配件。在埃塞俄比亚，丰田汽车专业保养一次需 1.5 万比尔左右，还要提前预约（埃塞俄比亚普通工人的月收入不到 2000 比尔，即 400 多元人民币）。可见，日本企业通过技术、品质、服务做到了“走进去”。

谈到意大利，大家想到四个“F”：Fashion（时尚），Food（美食），Ferrari（法拉利），Furniture（家具）。谈到美国，大家想到“三片”和“双 H”战略，“三片”即美国卖得最多、最值钱的是薯片等快餐文化、芯片等科技产品、影片等文化产业；“双 H”战略是美国的竞争优势，一是“好莱坞”的首字母“H”，二是哈佛大学的首字母“H”，导致美国的产品无时不在，无处不在。谈到德国，大家想到“精工”：双立人，创立于1731年；奔驰，创立于1886年；奥迪，创立于1909年；宝马，创立于1916年；保时捷，创立于1931年；大众，创立于1937年，等等。谈到英国，大家想到工厂制度、议会制度、现代产权制度，以及四位伟人，即文学界的莎士比亚、科学界的牛顿、经济学界的亚当·斯密、自然科学界的达尔文。这些人对欧洲文明乃至人类进步有很大的推动作用。在非洲，一所大学哪怕没有校舍，但只要有经济学院，学生必然会读亚当·斯密的《国富论》《道德情操论》，这也说明英国“走进去”了。

在海外调研，问外国朋友一谈到中国企业、中国产品会想到什么，答案会高频次地出现两个词，一个是“cheap”（便宜），一个是“bad quality”（品质不好）。甚至有人形容中国企业是“会走路的钱包”。因此，在“一带一路”建设中，中国企业要展现我们对品质、品牌的立场，要展现我们对知识产权的尊重态度，要在技术、品牌、资质等无形的领域发力。

企业“走上去”要有共振

企业“走出去”不能只注重项目本身和经济红利，更要做到文化通心。强者不仅是通路、通电、通水、通气、通邮、通资的，真正的强者能够“通心”。对企业而言，内部的通心指的是企业的员工对于企业的归属和依赖，“我不愿意离开这个企业”，这是内部的通心。外部的通心是指国际社会和整个行业，对企业的欣赏与认同，不仅要喜欢这个企业做什么，更要喜欢这个企业是什么。

“走上去”需要打造相互理解、相互尊重、相互欣赏的人文格局，要为“一带一路”建设创造良好的文化条件。进一步说，“一带一路”需要企业不仅重视“商脉”，更要重视“文脉”。“文脉”激活了，“商脉”才会持久。

中国从来不缺老板，缺的是企业家精神。老板的特点是“富而不贵”，可以找到“商脉”，但不会重视“文脉”。老板只要找到“商脉”，能够钱生钱不亏本就是好老板。但是企业家精神首先要找到“文脉”，用“文脉”的力量去持续地激活“商脉”。从本质而言，企业家精神对文化、价值、创新有一种自我要求和自我驱动。

过去五年，我们一直在强调“工匠精神”，有工匠精神绝不意味着有企业家精神，但是有企业家精神必然有工匠精神。劳动力红利时代已经过去了，要从劳动力红利走向人才红利。

企业软实力的核心是文化，文化的核心是价值。如果没有价值共振，企业文化的展现如同“花拳绣腿”。价值共振的衡量指标，就是激发国际社会分享中国企业的冲动。

价值共振要有智慧含量，要有学术支撑，要有案例支持。一说到美国力量，大家想到评级公司如标准普尔、穆迪评级、惠誉评级等，想到战略咨询公司如麦肯锡、波士顿咨询、贝恩咨询等。中国企业要在“一带一路”建设中行稳致远，要重视法律、传媒、金融、会计、设计、咨询等专业服务业，也需要有高水平的智库研究。

一带一路百人论坛是智库建设的创新实践。回忆最初的时候，那么多专家，从早晨五点就在微信群里激烈地讨论相关问题，大家开诚布公，很多鲜活、扎实的观点从网上走到“一带一路”的项目现场。百人论坛最共振的一句话就是：群策群力、利国利民。

此书是一带一路百人论坛与商务印书馆合作的第四本年度报告，从《“一带一路”年度报告：从愿景到行动（2016）》《“一带一路”年度报告：行者智见（2017）》《“一带一路”年度报告：智慧对接（2018）》，到即将出版的《“一带一路”年度报告：企业践行（2019）》，我们聚焦“一带一路”，聚焦成功案例，希望在“一带一路”建设进程中，中国不仅要“以理服人”，更要“以立服人”“以利服人”“以例服人”。

未来，要积极推动国有企业与民营企业的合作互动，要推动企业与学界深度交流。在“一带一路”建设中，国有企业是主力军，民营企业是生力军，两者缺一不可，需要协同发展。应该看到，“一带一路”建设需要中国企业的群体性崛起，而不是三三两两、三五成群地发展。中国企业之间要避免互相排挤、诋毁、压价等不良行为，要共同打造“中国企业”这个金字招牌。同时，要建立多元主体开发模式。要鼓励驻在国或第三国企业以入资入股的方式参与“一带一路”建设，要增强各方的经济黏性，形成“你中有我、我中有你”的利益格局。特别是要加强同西方发达国家的第三方合作，积极吸引欧、美、日、韩等发达经济体企业参与“一带一路”建设。

产品与服务会确保企业“走出去”，技术与品牌会确保企业“走进去”，而文化与价值会确保企业“走上去”。“一带一路”需要真正强起来的中国企业，中国企业不仅要展现强大，更要赢得尊重与认同。

总 论

打造中国企业的“一带一路”践行模式

全球商业共同体：企业共建“一带一路”的理论探讨

打造中国企业的“一带一路”践行模式

翟 崑 熊 岚

“一带一路”倡议自2013年提出以来，为中国企业“走出去”提供了难能可贵的发展机遇，使企业通过全球价值链设计进一步推动全球化布局，立足本土优势，吸纳全球优质资源，逐步建立起全产业链和价值链的国际化运营体系。通过与“一带一路”沿线国家和当地企业的密切合作，各方越来越认识到相互依存是全球化时代下的共赢选择。许多中国企业在参与“一带一路”建设中，也摸索出了“共商、共建、共享”的新模式。

在2018年“一带一路”倡议提出五周年之际，对企业在践行“一带一路”倡议过程中的行为模式进行总结梳理，不但可以为企业进一步发展起到借鉴和参考的作用，同时也为“一带一路”相关理论的进一步完善带来启发和思考。

早在“一带一路”倡议提出之前，很多中国企业就开始实施“走出去”战略，也积累了很多宝贵的经验，基本上完成了从区域性向全球性企业转变、从做产品向做品牌转变、从国际贸易向国际化经营转变。本文所探讨的企业“一带一路”行为模式侧重于分析那些综合实力较强并且已经具备一定海外经营能力的大型企业，这些企业大多从“一带一路”倡议之初就开始积极响应，并在过去五年的实践过程中有过成功的项目经验，也遭遇过挫折。

这些企业从倡议之初多为国际产能合作为主的基础设施建设产业、机械制造产业，逐渐多元化发展到各个产业，包括高科技含量、高产品附加值的工业生物技术产业、中药产业、文化产业等。他们在“一带一路”沿线国家和相关国家开展的企业经营行为不仅仅是以产生经济效益作为唯一衡量标准，还兼顾企业公共外交的职能。

【作者简介】翟崑，北京大学区域与国别研究院副院长，国际关系学院教授。
熊岚，北京大学全球互联互通研究中心研究员。

因此，企业“一带一路”行为模式与传统意义上的企业海外发展行为模式既有相似更有不同，其不同之处凸显“一带一路”倡议的最高目标是建构人类命运共同体，其关键环节包括建构国际事业共同体，以国际合作为主导方式，以互联互通建设为主要内容，同时改进和改善全球治理，追求可持续发展的目标。

本文通过分析整理倡议提出五年以来的大型企业实施“一带一路”战略的实践案例，发现这些取得不俗成绩的企业在开展以“一带一路”倡议为核心的海外经营过程中，普遍拥有以下几个方面的特征。

一、把握“一带一路”的宏观发展环境

从“一带一路”的整体发展概况看。到2018年，“一带一路”经过五年的发展，已经初具规模：一是区域合作范围在扩展。除了沿线国家和地区外，非洲、拉美等地区也积极要求与中国合作。二是区域合作的形式更加丰富，包括直接投资、自贸协定、发展战略对接等。三是“一带一路”六大经济走廊以及海上几条通道将会带动新型区域合作，包括地区制度性合作以及海、陆、空、天、网等方面的多维连接。四是通过互联互通、产能合作、贸易投资等合作，中国与相关区域的内外联通性和通达度加强，比如最近发展势头良好的国际陆海贸易新通道等，将会加强上述作用。

从“一带一路”倡议五年以来的国际反映看，正面效果和负面效应同步发展。

一是战略协调与战略抗衡同步发展。目前与俄、英、法、德等大国，一些沿线支点和节点国家以及一些国际和地区组织的战略协调和对接较好，与日本的战略沟通有所改善，但来自印度、美国等国家的战略抵制与抗衡也很突出。主要大国较难在“一带一路”上达成共识。

二是政策沟通与政策抵消同步发展。“政策沟通”在“五通”中的效果比较突出，一系列备忘录和协议的签署堪称中国对外战略的制度性创新。但是仍有一些国家或出于疑虑，或受制于其他大国，回避绕行或两面性突出；一些国家和国际组织指责“一带一路”建设缺乏透明度，导致债务增加；相关国家政府换届，政策逆转对共建“一带一路”影响很大，2018年表现比较突出的是马来西亚政府更迭对中资项目的影响较大。

三是正面展示与负面反馈同步发展。“一带一路”倡议初心美好，为世界发展提供公共产品。有一大批优质示范项目签约开工，高标准，高收益，惠及民生。但国际社会也普遍反映部分项目风险大、收益慢、周期长，过于突出中国元素（标准、投资、技术、劳工），忽视生态环保，不被当地民众理解，得不到当地民众支持，也遭遇一些非政府组织（NGO）和反对势力的攻击、抹黑等。尤其是传统的领土争端问题、地缘政治矛盾、贸易保护主义问题，也就是习近平总书记提出的和平赤字、发展赤字和治理赤字的加剧问题。另外，由于国情区情不同、利益诉求不同、规则机制不同、承载力不同，给区域合作的管理带来巨大挑战。比如，适用于中国与东南亚的合作机制，不一定适用于中国与中亚、中国与非洲。有些大型项目不一定适合一些国土面积小、人口数量少的国家。

二、根据“一带一路”制定全球化战略

企业认真领会“一带一路”倡议精神，围绕“一带一路”核心制定实施全球化战略，主要方式包括企业高层重视“一带一路”倡议的历史意义、深刻理解“丝路精神”等。

积极参与“一带一路”建设的企业，重中之重是以其“一把手”等高层领导为表率认真学习领会习近平总书记新时代中国特色社会主义外交思想的核心要义和创新观点，以及中央“一带一路”工作会议精神，充分认识到“一带一路”建设是实现中华民族伟大复兴的顶层设计，是构建人类命运共同体的伟大实践，是企业深度融入国际市场、提升国际化能力、打造国际化品牌的历史机遇，并且积极响应国家倡议，形成有“一带一路”特色的国际化经营战略，且持续贯彻执行。

“一带一路”建设有别于以往单纯的以追逐利润为主的国际化发展，突出“和平合作、开放包容、互学互鉴、互利共赢”为核心的新“丝路精神”。企业案例中，那些能够践行“一带一路”倡议、取得较好效果的企业成功的根本便是始终立意高远、确立清晰的“一带一路”全球化发展战略和目标，因此收效显著，其在“一带一路”沿线国家和地区的收入占企业总收入的比重持续增高，有的甚至超过 50%。广西柳工集团有限公司（以下简称“柳工”）是工程机械行业和广西第一家上市公司，历经 15 年的国际化征程后，公司紧紧抓住“一带一路”契机，

于2015年与11个国家的驻华使领馆官员共同启动柳工“一带一路”项目，随后柳工积极参与全球各地建设，2017年全年海外销售收入同比增加27%，其中，在“一带一路”沿线国家和地区的收入占柳工海外总收入的60%，“一带一路”上的柳工收入同比增长47%。

三、建构“一带一路”海外发展新机制

企业贯彻实施“一带一路”倡议，大力建构海外发展新机制，主要包括多元化开拓海外市场、国际人才队伍建设、提升国际化运营的组织能力、依法合规经营等。

“一带一路”沿线国家主要分布在亚欧非大陆，各国之间有着不同的种族文化，不同的商业、经济、技术、文化、教育发展水平，企业在“一带一路”沿线国家开拓海外市场时没有现成的章法可循，于是企业大多以创新国际化经营体制机制为重点，搭建起了海外经营集中管理平台，优化内部资源配置。

多元化开拓海外市场。中国企业根据“一带一路”不同区域和国家的工业、农业、商业基础和市场特点，结合自身所处的行业，分别采取了有针对性的市场拓展方式，完善区域布局。这些企业大多在经济发展水平较高的西欧地区，着眼于高端研发资源，促进技术升级和产业结构调整；在东欧（含俄罗斯）、中亚等政治相对稳定、农业和工业基础较好的区域市场，围绕价值链，进行全面布局；在东南亚等友好邻邦和农业主产国，强化渠道建设、夯实市场根基；在工业基础薄弱、中国企业具有口碑的非洲和部分中南美洲国家，大力推进基础设施建设项目，推广农业机械化解决方案。山东魏桥创业集团（以下简称“魏桥集团”）是全球最大的棉纺织企业和铝业生产企业，但中国不是铝土矿丰富的国家，魏桥集团在国内也没有铝土矿资源，所需铝土矿全部来自进口，充分利用国外矿石资源发展民族铝工作，到印度尼西亚、几内亚投资建设氧化铝厂、开采铝土矿，充分利用两个市场、两种资源，加快推动产能合作。广西柳工基于不同的国家和市场，进行了不同模式的进入和深耕方式，比如在印度是“绿地建设”，在波兰是并购整合，在巴西是轻资产方式租赁厂房建设，在阿根廷是技术合作授权方式，等等，这种多元化的海外市场拓展方式收效显著，既取得了良好的经济效益，也全面提

升了企业全球化运营的综合能力。

国际人才队伍建设。企业深刻认识到，只有组建一支具有国际化思维的国际化人才队伍，才能造就国际化运营和全球客户服务的能力，才能实现企业成为世界级企业的愿景。企业一方面注重派驻到“一带一路”沿线国家员工的选拔和培养，做好生活保障和人文关怀，另一方面加强引进国际化人才，坚持海外员工的本地化，特别是高级管理人员的发掘。有的企业在全球化运营的本地化实施中发现，海外本地员工参与到企业全球化运营的过程中对其职业技能和职业生涯也产生增值贡献，这也是一种“同心”的融合过程，是“一带一路”的“新丝路精神”的践行。有的企业敢于大胆聘请外籍高级管理人才到中国本部工作，这些人才为企业的产品技术提升、研发体系建设和研发效率提高做出了卓越贡献。广州医药集团有限公司（以下简称“广药集团”）是广东中医药龙头企业，拥有400多年历史的品牌“陈李济”、中国凉茶始祖“王老吉”等知名品牌，近年来，广药集团先后引进了两位诺贝尔奖得主，邀请诺贝尔生理学或医学奖获得者、“伟哥”之父弗里德·穆拉德院士担任广药研究总院首任院长，并邀请其技术团队一并加盟；邀请诺贝尔物理学奖得主乔治·斯穆特博士担任广药白云山医疗器械研究院院长。目前，广药集团拥有一支由2名诺贝尔奖得主、16名国内院士专家和国医大师领衔的科研人才队伍，在2018年发布的广东企业创新500强排行榜中，广药企业位居广州企业首位。

提升国际化运营的组织能力。国际化业务必然面临各个国家和地区时间、空间、地理区域、文化教育、商业环境、语言、法律、税务等一系列的差异，积极响应“一带一路”倡议的企业纷纷利用这个难得的历史机遇，打造符合自身发展需要的国际化运营能力，成为企业从国际贸易（出口为主）业务到深入海外市场本土化经营运营的有力支撑。有的企业在总部成立国际事业部或“一带一路”项目组，作为全公司海外业务大平台，有利于海外资源优化配置，全面提升全球运营能力。中国一拖集团有限公司（以下简称“一拖集团”）是一家以农业装备为核心的综合性装备制造企业集团，一拖集团积极响应国家倡议，提出新的经营思路，即加快布局“一带一路”沿线区域市场，转变运营模式，从传统的贸易方式到合作方式，从提供产品到提供成套解决方案，以海外战略市场突破带动国际业务快速发展。在研发链上，建设东欧研发中心，融合吸纳全球中高端资源；在制造链上，加强国际产能合作，推进海外公司本土化发展；在市场链上，创新模式，强化渠道建设，在东北非、中南美推广农业机械化解决方案，助力东道国农机化水平提升；在供应链上，积极寻求与全球零部件供应商合作，加强互联互通，打造陆港多式联运物流中心。一拖集团重视企业部门的协同，在内部建立起以海外市场拓展为龙头，相关业务和职能协同配合、高效运作的流程体系，为全面提升国际化运营水平打下坚实基础。

依法合规经营，积极做好风险防范。“一带一路”沿线国家项目高风险、高回报，市场难以预料和掌握的不确定因素多，企业普遍把风险防范放在首位，开拓新市场新项目时，坚持充分论证、审慎决策、规范运作、缜密实施、科学合理地规避和防范风险，建立健全海外项目预警机制。此外，还有企业非常重视完善境外突发事件处理机制，加大防疾病、防恐怖袭击、防自然灾害等方面的工作力度，把防范各类风险做到实处。华立集团股份有限公司（以下简称“华立集团”）是一家多元化投资发展的综合性企业，专注于企业运营孵化、产业投资、整合和经营。截至目前，华立集团在泰国、乌兹别克斯坦等国家投资建立生产基地，在俄罗斯及非洲等10多个国家设立业务机构，产品销售遍及五大洲120多个国家和地区。华立集团在海外拥有近20年的成功经验，公司曾将中国制造业“走出去”归纳成十个方面的投资及选址要素，其中包括：所在国与中华文化的融合度及包容性，所在国与地缘国家的政治经济关系，所在国自身市场容量及其辐射半径，所在国的政局、法律、安全及工会状况，等等，这些论证标准充分说明，从项目启动之初就应有一套完整的风险评估体系，合理规避风险。中国中铁股份有限公司（以下简称“中国中铁”）始终把风险防范放在首位，建立起健全的海外项目预警机制，严格把好“经验准入、项目选择、可研论证、依法合规、合同条款、过程管控”六道关口，在开展境外投资业务时，强化境外投资事前、事中、事后全程监管。

四、抓好“一带一路”重大项目形成示范效应

企业均会抓好“一带一路”重大项目，形成示范效应和辐射效应，主要方式包括大型项目实施、建立海外工业示范园等。抓好重大项目的实施，对获得当地

政府和民众的支持、展示中国企业的实力和形象具有重要意义。

企业在开展“一带一路”建设的过程中，往往会以某个重大项目为抓手打造示范工程，采取措施确保重点工程的质量和进度，由企业总部高层牵头垂直管理，编制重大项目实施及管理指南，认真总结项目经验教训，为后续其他项目的精细化管理提供宝贵参考。与此同时，企业通过工程质量、安全保障、工期质量、投资效益、环境保护、技术创新、本土发展、全产业链合作等全方位把控，逐步将中国企业的先进文化理念、全套技术优势、性价比优势等镶嵌到品牌价值中，树立中国企业的高端品牌形象，通过示范工程提升知名度和美誉度。

比如，中国中铁在埃塞俄比亚亚的斯亚贝巴的轻轨项目，是中国技术标准、贷款资金、设计建设、装备制造和运营维护等全产业链出口的典型示范项目，现已成为当地一张最亮丽的名片。

除了抓好重大项目以外，中国企业在“一带一路”建设过程中，经常选择设立境外工业园这种方式，通过有规划地建设境外中国工业园，有选择地引导中国优势产能企业在园区设厂，使中国企业能够充分利用两个市场、两种资源，实现资源有序、有效配置，从而更好地参与国际竞争。比如，华立集团在泰国设立泰中罗勇工业园，主要吸引汽摩配、机械、新能源、电子、建材等中国企业赴泰设厂，经过十余年的建设，成功吸引一百多家企业入驻，累计实现工业总值超过100亿美元，已成为中国传统优势产业在泰国乃至东盟最大的产业集群中心和制造出口基地，还有中工国际工程股份有限公司（以下简称“中工国际”）在白俄罗斯设立的中白工业园、深圳华大基因科技有限公司（以下简称“华大集团”）在老挝设立的老中现代农业科技示范园等。

五、借助“一带一路”合作推出中国标准

企业立足专业优势，加强跨国合作，提升推动中国标准“走出去”，主要方式包括发起行业联盟、与东道国的政策沟通等。

“一带一路”倡议提出五年来，中国企业通过不懈努力已经使中国与沿线国家基本实现贸易畅通、设施联通、资金融通等目标，中国企业在基础设施建设、工业机械生产、科技含量较高的基因技术等方面都有领先世界的技术，因此，企

业在“一带一路”沿线实践的过程当中越来越向纵深发展，从“走出去”到“走进去”再到“走上去”，在东道国逐渐组织行业联盟，参与政策的沟通制定等工作。中国中铁建设的埃塞俄比亚亚的斯亚贝巴至吉布提铁路（亚吉铁路），是非洲首条跨国准轨电气化铁路，其设计、建设、运营均适用中国标准，是中国第一条全产业链出口的铁路，已形成参与铁路沿线经济带建设的“亚吉模式”。中铁集装箱运输有限责任公司（以下简称“中铁集装箱”）积极参与七国铁路中欧班列运输联合工作组工作，创建了中欧班列国际协调机制，并于 2017 年 9 月作为跨西伯利亚运输协调委员会常务会员，在北京承办全体大会，进一步扩大中欧班列的品牌影响力，提升中国铁路在国际上的话语权。华大集团致力于科技创新政策沟通，与泰国政府相关部门共同主办泰国首届关于科学与技术伦理、法律与社会影响的研讨会，开展积极有效的政策沟通。

六、服务“一带一路”积极履行企业社会责任

企业积极服务“一带一路”，履行企业社会责任，树立企业和国家良好形象，以“文化相通”推进“民心相通”，主要方式是文化企业“走出去”，组织文化交流、援助、辅助政府做好民间沟通等。

在企业中间有一种说法，“三流企业输出产品，二流企业输出标准和规则，一流企业输出文化和核心价值”。企业在“一带一路”沿线国家的经营过程中发现，由文化、价值观、行为和态度组合形成的跨文化差异和冲突不可避免，只有持之以恒地开展“本地化”经营，承担起相应的企业社会责任，才能加强彼此之间的沟通和理解。中国中铁在埃塞俄比亚、坦桑尼亚、乌兹别克斯坦、孟加拉国等发展水平较低的国家，积极参与国际公益事业，通过捐款、捐物、捐资助学等形式，为改善工程项目东道国人民的生活水平提供物质帮助，通过义务修建道路、桥梁等基础设施和居民饮水、排污等利民工程，帮助东道国解决重大民生问题，得到了当地政府和民众的支持和拥戴。另外一个层面，真正实现“一带一路”沿线人民的民心相通，“文化先行”是重要方式，即用文化交流加强中国与“一带一路”沿线各国在文化信仰和价值理念上的沟通，那么文化企业也就必须要参与其中。比如，华强方特文化科技集团股份有限公司（以下简称“华强方特”）深耕文化

旅游行业多年，打造了方特主题乐园，《熊出没》等动漫拳头产品，公司积极响应“一带一路”倡议，通过极富文化特色的动漫影视作品出口及主题乐园的海外落地，建立起“一带一路”沿线不同国家和地区间文化交流的纽带，展示现代中国的积极形象。还有一个典型案例是中医药行业的广药集团。“一带一路”沿线国家或多或少都有中西医以及传统中医的使用历史，中医药在这些市场有一定的认同和群众基础。广药集团在“一带一路”沿线开拓市场时，既提升产业发展，又同时推广了中医药和岭南文化，为中华文化的广泛传播提供了绝佳载体。

通过分析案例企业响应“一带一路”倡议开展全球化经营过程当中的特点可以发现，企业在实际生产经营过程中虽然时刻以“一带一路”倡议的核心精神和原则为指导，也取得了许多令人瞩目的成就，但是大部分的企业尚未有十分清晰的认识，将自身在海外的社会责任活动视为公共外交，忽视了企业海外经营这一外在表现形式的“内在的”公共外交属性，即企业作为行为主体开展的公共外交，以该企业在东道国和国际社会中的非市场利益相关者为交往对象的一切交流、沟通、传播、交往和合作行为。也许是因为案例数目有限，企业的公共外交意识和发展水平参差不齐。中国企业“走出去”，特别是参与“一带一路”沿线建设，不仅要面对国内外复杂的社会舆论环境，还要尽快适应海外市场规则和政治环境，有效的企业公共外交是中国企业在“一带一路”沿线国家顺利开展经营活动的有力保障。

在企业公共外交的框架下，企业的行为模式可以大致分为五大类：（1）面向国际的公共外交，主要方式包括参与国际公共事务管理、加入全球行业协会等。（2）面向东道国的公共外交，主要方式包括实现本土化经营、践行社会责任、参与对东道国的援助、组织文化交流、展开政府公关等。（3）在国内开展的公共外交，主要方式包括举办国际会议展览、开展“请进来”培训等。（4）参加“一带一路”相关的国际联盟。（5）发起成立并主导“一带一路”相关的国际联盟。

中国企业在面向东道国的公共外交工作效果突出，能够较好地维护与东道国各个层面的关系，相关内容在上述特点总结中已详细阐述，此处不再重复；在国内开展的公共外交工作也比较成熟，特别是邀请海外合作伙伴赴中国参加全球性质的展会、论坛，加深彼此的沟通了解；在参与和发起并主导“一带一路”相关的国际联盟方面，有些成熟且实力较强的企业有一些成功的实践经验，但总体上相对比较欠缺，是下阶段主要发力和改进的方向。案例企业在面向国际的公共外交方面其实也做了一些有益的尝试，但是主要缺乏自主意识，缺乏对国际公共外交重要性的理解，更缺乏这方面的专业人才。在这个方面，除了企业自身努力之外，政府应该加强引导和相应的支持，应把企业公共外交作为整体公共外交的重要方面，纳入国家整个公共外交战略总体规划，并逐步建立协调机制、整合资源，鼓励企业在“一带一路”沿线大力开展有针对性的企业公共外交活动，并及时总结和推广成功的经验，认真分析总结失败的案例。

企业所属行业各有不同，但在“一带一路”倡议的引领下，其行为模式特征明显。深入研究企业“一带一路”行为模式是“一带一路”企业理论的有效补充，为构建全球商业共同体理论带来企业视角的思考。为顺利推进“一带一路”沿线建设，增加中国与沿线国家间的经济、科技、文化合作，促进中国企业的自身发展，企业应结合自身实际，提升企业开展公共外交的意识和能力，深化企业对新时代国际环境、东道国的理解认知，加快专业型公共外交人才队伍的建设，为“一带一路”建设行稳致远打下坚实基础。

全球商业共同体：企业共建“一带一路”的理论探讨

柯银斌　翟　崑

中国企业是共建“一带一路”的主体，但是，五年来的中国企业行动表明，“惯性推动”是其主要特征，即国内经营和“走出去”的“惯性”行为大量存在于参与“一带一路”建设中。中国企业需要以“创新驱动”方式共建“一带一路”，这不仅是“一带一路”倡议的要求，而且是中国企业可持续发展的需要。

这种创新驱动应是多层面的，主要体现为理论创新、战略创新和行动创新。本文提出的“全球商业共同体”概念正是中国企业共建“一带一路”的理论创新与探索，它直接回应了“一带一路”倡议的原则和要求，综合运用了工商管理、外交与国际关系、和平学和共同体理论的知识和方法。

一、全球商业共同体：概念与理论

全球商业共同体就是基于某个全球性商业场景的共同体。具体而言，全球商业共同体是指基于某个全球性商业场景，以其中的跨国公司及其利益相关者为成员的群体。在该群体中，跨国公司与不同类型成员之间的交往与互动，形成不同类型的关系（市场关系、非市场关系和治理关系），并实现不同类型的目标（共同发展、积极和平和改善治理）。

（一）基点：某个全球性商业场景

人类社会是哲学意义上的共同体概念的基点（或分析单元），个人是社会学

【作者简介】柯银斌，北京大学全球互联互通研究中心高级研究员。
翟崑，北京大学区域与国别研究院副院长，国际关系学院教授。

意义上的共同体概念的基点。与此不同，全球商业共同体概念的基点是某个全球性商业场景。这个基点具有以下特征：（1）具体性或实践性的，而不是抽象性或理论性的；（2）全球性的，涉及两个或两个以上多个国家，而不是某个主权国家内部的；（3）商业性的，以商业及其相关活动为主，而不是高级政治或国际军事的。

（二）成员：跨国公司及其利益相关者

简单地讲，跨国公司是指在两个或两个以上国家从事商业经营活动的企业。[①]它是全球商业共同体的核心成员。能够影响跨国公司目标实现或被跨国公司目标实现过程所影响的组织、群体和个人，是跨国公司的利益相关者（或称“利益攸关方”）。[②]他们是全球商业共同体的主要成员。

从跨国公司视角来看，其利益相关者包括：（1）母国和东道国的利益相关者，我们重点关注后者。（2）市场与非市场利益相关者，[③]前者包括股东、员工、债权人、供应商、经销商、客户、合作者与竞争者等，后者包括所在国的中央与地方政府、政党及议会、非政府组织、大众传媒与互联网媒体、社会组织与社区公众等。

我们认为，国际组织（政府和非政府）也是跨国公司的利益相关者，因而也是全球商业共同体的重要成员。从跨国公司角度来看，国际组织作为其利益相关者可以分为三大类型：（1）规则制定者，如联合国及其专门机构、国际经济组织、国际标准化组织、国际商会、各个行业协会等。（2）规则监督者，如以环境保护、人权保护、劳工保护、企业社会责任、反腐败等为宗旨的国际非政府组织。（3）和平与公益类国际非政府组织，如以和平运动、慈善公益、发展援助等为宗旨的国际组织。

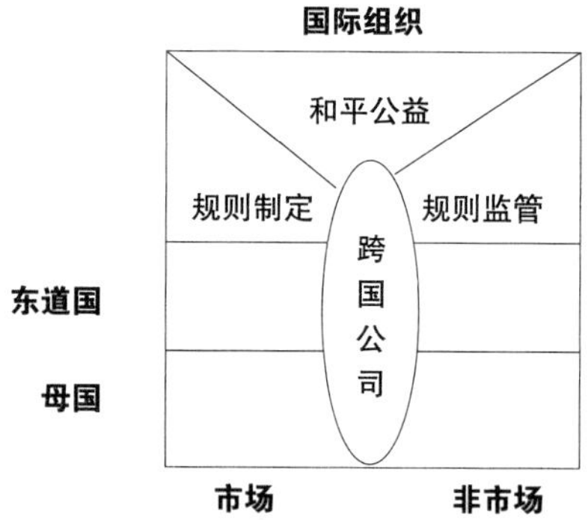

图1　全球商业共同体的成员类型

当我们确定某个全球性商业场景为基点或分析单元时，其共同体成员就能够基本确定。

---

① 康荣平、柯银斌等《中国企业的跨国经营》，经济科学出版社，1996年。

② R.爱德华·弗里曼《战略管理——利益相关者方法》，王彦华、梁豪译，上海译文出版社，2006年。

③ 蔡曙涛《企业的非市场环境与非市场战略》，北京大学出版社，2013年。

（三）交往行为与关系形成

从跨国公司采取的行为到跨国公司与利益相关者之间的交往，将形成相互之间的某种类型的关系。这就是全球商业共同体的构建途径和形成过程。

跨国公司针对市场利益相关者采取的行为以及交往所形成的关系是市场关系。这些行为和关系主要包括：（1）跨国公司内部利益相关者之间的治理和管理行为、关系；（2）跨国公司与外部市场利益相关者之间的交易或/和合作行为、关系。

市场关系是基于某个商业标的物及其商业利益而形成的，其中的交易行为和关系是双方针对某个标的物的买卖、服务行为和关系，其目的在于满足各自的需求和商业利益；合作行为和关系是双方或多方不断投入资源和人员的共同行动，其目的在于实现共同目标或共同利益。

跨国公司针对非市场利益相关者采取的行为以及交往所形成的关系是非市场关系。这些行为和关系包括但不限于：（1）政治行为与政商关系；（2）传播行为与媒体关系；（3）公益行为与社区关系；（4）冲突行为与化解关系。其中的跨国公司与东道国非市场相关者和规则监督类、和平公益类国际非政府组织之间的沟通、交流、交往、合作等行为与关系，我们将其定义为公共外交（即公司外交）。

跨国公司针对规则制定类国际组织采取的行为及其形成的关系是治理关系。这些行为主要有两大类：一是遵照国际规则标准，如履行企业社会责任和实行合规管理；二是创制国际规则标准，如把本企业技术标准提升为国际标准。这种治理关系的建立就是企业参与全球经济治理的主要内容和过程。

（四）目标：共同发展、积极和平与改善治理

共同发展是跨国公司与其市场利益相关者建立市场关系的主要目标，也是全球商业共同体的主要功能之一。

共同发展的主要内容包括：（1）跨国公司内部成员的共同发展；（2）跨国公司与母国市场利益相关者的共同发展；（3）跨国公司与东道国市场利益相关者的共同发展；（4）商业共同体与母国、东道国经济社会的共同发展；（5）全球商业共同体与人类社会的共同发展。

积极和平是跨国公司与其非市场利益相关者、规则监督和和平公益类国际非政府组织建立非市场关系的主要目标，也是全球商业共同体的主要功能之一。积极和平的主要内容包括：（1）跨国公司与母国非市场利益相关者之间的积极和平；（2）跨国公司与东道国非市场利益相关者之间的积极和平；（3）跨国公司与规则监督类、和平公益类国际非政府组织之间的声誉互助关系；（4）全球商业共同体对世界和平事业做出的贡献。

改善治理的主要内容包括：（1）跨国公司遵循相应的国际组织制定的规则和标准；（2）跨国公司参与相关的国际标准组织，提升自身的标准制定能力和话语权；（3）跨国公司参与或创建国际行业协会商会或产业联盟，掌握规则制定权；（4）全球商业共同体参与全球经济规则的制定，为实现“良治”“善治”目标做出贡献。

最后，为了便于叙述和理解以及与实践相联系，我们把全球商业共同体分为三个组成部分：利益共同体、价值共同体和责任共同体。[①]

表 1　全球商业共同体的组成

主要组成	利益共同体（发展共同体）	价值共同体（和平共同体）	责任共同体（治理共同体）
主要成员	跨国公司与其母国和东道国市场利益相关者	跨国公司与其母国和东道国非市场利益相关者、规则监督类及和平公益类国际非政府组织	跨国公司与规则制定类国际组织
主要行为	市场行为	非市场行为	治理行为
主要关系	市场关系	非市场关系	治理关系
主要目标	共同发展或减少发展赤字	积极和平或减少和平赤字	改善治理或减少治理赤字

二、创新驱动共建“一带一路”

全球商业共同体是直接满足中国企业共建“一带一路”和构建人类命运共同体的要求而提出的新概念。

① 利益共同体、价值共同体和责任共同体是命运共同体的三大构成要素。刘建飞等《构建人类命运共同体理论与战略》，新华出版社，2018 年，第 237 页。

（一）“一带一路”倡议是人类社会发展的“巨创新”

“一带一路”建设本身就是一个创举，搞好“一带一路”建设也要向创新要动力。[①]“一带一路”建设是全新的事物。[②]

我们认为：“一带一路”倡议是人类社会发展的“巨创新”。这个“巨”主要体现在两个方面：一是指规模巨大，即地理范围广泛、参与国家数量大、共建组织和人员规模大；二是指全方位，即领域广泛，涉及经济、政治、社会、文化、生态等整个人类社会发展领域。

具体而言，“一带一路”倡议的创新之处主要体现在：（1）以构建人类命运共同体为最高目标。国家主席习近平说：“我提出‘一带一路’倡议，就是要实践人类命运共同体理念。”（2）以参与各国的共同发展为宗旨，坚持共商、共建、共享的基本原则。（3）以建立国际合作和全球治理新模式为主要内容，以政策沟通、设施联通、贸易畅通、资金融通和民心相通为国际合作的重点，以现有全球治理机制为基础，引导其向公平合理的方向发展。（4）建立政府、企业、社会机构多主体、跨领域的互利合作平台。

刘建飞等也认为：在合作共赢理念引导下，同以往存在的国际合作模式特别是西方主导的合作模式相比较，作为创新合作模式的“一带一路”已经展现出其鲜明特点。首先是开放性，其次是平等性，最后是互惠性。[③]

（二）中国企业的创新驱动

以创新驱动方式共建“一带一路”就在于要求中国企业实现共同发展、积极和平和改善治理的目标。

之前，中国企业“走出去”或跨国经营战略的主要目标是中国企业自身的发展，如“成为具有国际竞争力的跨国公司或世界一流企业”。今天，共建“一带一路”则要求中国企业不仅要获得自身发展，而且要与东道国企业、发达国家企业通过创新合作模式实现共同发展。

在追求自身发展目标的指导下，中国企业往往忽视或不够重视与东道国非市

---

① 习近平《论坚持推动构建人类命运共同体》，中央文献出版社，2018年，第435页。

② 同上，第525页。

③ 刘建飞等《构建人类命运共同体理论与战略》，新华出版社，2018年，第235页。

场利益相关者的交往，或者沿袭在中国环境中形成的交往惯性与东道国非市场利益相关者打交道，其结果是引发了不少不小的非市场风险。今天，共建“一带一路”要求“民心相通”，中国企业由于其自身拥有的资源和条件，理应在“民心相通”建设中做出贡献。这就要求中国企业在目标上转向共同发展的同时，形成和提升与东道国非市场利益相关者打交道的能力（即公司外交能力），从世界和平建设的高度实现积极和平的目标，成为“中国形象的大使”。

中国企业绝大多数是全球市场上的弱小者和后来者，[①] 其中的一个主要特征就是中国企业缺乏国际技术标准和商业规则的制定权。今天，共建“一带一路”要求中国企业参与全球经济治理，推动全球经济治理模式的创新。为此，中国企业要在继续遵循现有的规则标准的同时，形成和提升与规则制定类国际组织打交道的能力，通过加入、参与、担任职务、承担秘书处工作、领导某个委员会，以及共同主导或创办规则制定类国际组织等方式，逐步提升规则标准的制定权和话语权，推进改善治理，为全球经济治理实现“良治”“善治”的目标做出贡献。

（三）切实构建人类命运共同体

从国际行为体视角讨论构建人类命运共同体的具体路径较为合适和有效。这是因为，任何构建人类命运共同体的具体路径必须由特定的国际行为体去落实和推进。没有特定国际行为体去落实和推进的具体路径只能是“纸上谈兵”，不会产生任何实际效果。

国际行为体主要包括国际组织（政府间和非政府）、主权国家和跨国公司等。因此，构建人类命运共同体可通过这三类国际行为体去落实和推进。

全球商业共同体正是跨国公司作为国际行为体构建人类命运共同体的具体路径。跨国公司通过与其利益相关者之间建立市场关系、非市场关系和治理关系，逐渐形成利益共同体、价值共同体和责任共同体，进而形成全球商业共同体。

中国跨国公司形成的全球商业共同体，再与东道国和发达国家跨国公司形成的全球商业共同体，共同构成人类社会意义上的全球商业共同体。而这正是人类

---

① 商务部跨国经营管理人才培训教材编写组《中外企业跨国战略与管理比较》，中国商务出版社，2009 年，第 196—198 页。

命运共同体的主要成员，它将与国际组织共同体（国际组织本身就是共同体）、主权国家共同体（如欧盟、东盟等）共同构成人类命运共同体。

三、全球商业共同体的学科知识基础

全球商业共同体不仅是应共建“一带一路”和构建人类命运共同体的要求而提出的概念，而且也从共同体与和平学理论、外交与国际关系理论和企业战略与组织理论中吸取理论营养，进而拥有一定的学科知识基础。

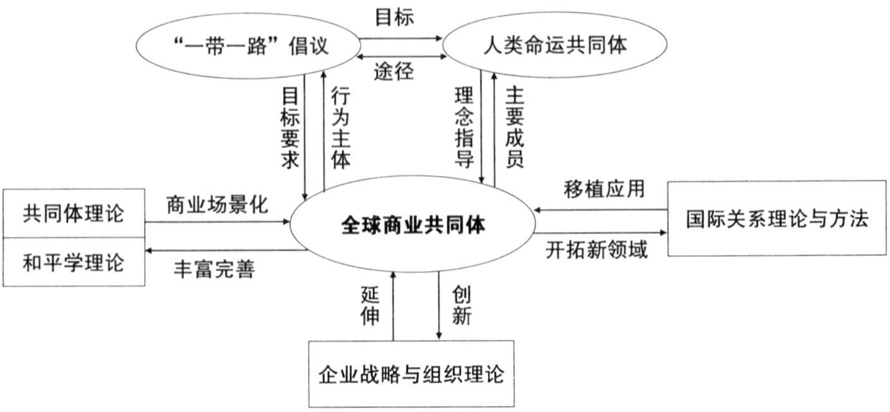

图 2　全球商业共同体的学科知识基础

（一）共同体理论的商业场景化

我们采用关于共同体的一般定义：首先，共同体是一个由不同个体组成的团体，单一的个体不能被称为共同体；其次，共同体的每一个成员通常都具有共同的利益，包括经济、政治、社会等方面的利益，并享受共同的权力，因此，具有共同特征和共同抱负的人更容易组成共同体；再次，同处于共同体中的不同个体之间一般具有互动关系，而不是孤立存在的，相应的，共同体中的每一个人都必须遵守共同的规则或法律。[①]

① G. & C. Merriam Company, 1976, *Webster's Third New International Dictionary of the English Language Unabridged*, Publishers Springfield.

并且，我们也认同以下观点：组织也可以作为共同体的成员；物质生产关系可作为共同体成员之间的社会联系纽带；共同体是可以社会建构的，有形成、发展和成熟的不同阶段。

（二）和平学理论与跨国公司发展

一方面，跨国公司的发展可以为世界和平做出贡献，因此需要和平学理论的指导。王巍、马杰、张宇燕指出：“和平与发展是人类社会不懈追求的目标，只有当人类拥有了共同的利益时，和平与发展才开始有了希望。跨国公司的发展编织了联结世界的网络，使得国家间相互交融，‘你中有我，我中有你’，由此而形成了一条共同利益的纽带。然而，在现实的经济生活中，随着跨国公司在世界经济地位的上升，它对世界的影响不仅仅是经济的，而且也是政治的。为了利益的选择，跨国公司有可能在推进全球经济一体化的同时，促进和平与发展的进程，但它的政治化行为又有可能带来矛盾与冲突。”①

另一方面，和平学中的积极和平理念和冲突化解的思路与方法，可帮助跨国公司提升其与非市场利益相关者打交道的能力，进而有效地构建和平共同体。刘成指出：“和平学的目标是实现一个更加公正与和平的世界，其研究重点是‘如何用和平方式实现和平’。……和平学关心从人际关系到国际关系的所有层次上的相互作用，其价值基础和行动目的都是为了替代暴力。和平学从四个层面分析和平与暴力问题：个人层面、国家层面、国际层面和地球的生态系统层面。”②

（三）国际关系理论与方法的移植应用

从全球商业共同体的知识需求及应用视角来看，国际关系理论和方法主要有以下四种作用：

一是引导思维。国际政治经济学把国际政治与国际经济结合起来，集中探讨国家与市场的关系问题，尤其是其中的跨国公司与国家（母国与东道国）关系的

---

① 王巍、马杰、张宇燕《没有硝烟的战争——跨国公司·和平·发展》，武汉出版社，1989年。

② 刘成《积极和平与冲突化解》，《史学月刊》2013年第12期。

研究思路及成果，[①] 可以引导全球商业共同体构建者形成全球政治经济思维，更加全面深入地了解和把握跨国公司在全球政治经济格局中的角色、地位和作用，以及跨国公司与母国和东道国政府之间的政治经济关系。

二是提供知识。国际组织和全球治理理论中的诸多知识是全球商业共同体理论研究和实践构建所需要的。以国际组织为例，它们数量巨大，跨国公司需要首先弄清楚它们各自的重要性，以及与跨国公司之间关系的性质，然后形成并提升其与国际组织打交道的能力。[②]

三是方法移植。海外利益保护 / 风险管理的具体途径和方法可以移植到全球商业共同体中。

四是直接应用。公司外交理论和方法正是全球商业共同体之价值共同体需要的。[③] 我们把跨国公司与东道国非市场利益相关者和国际组织之间的沟通、交流、交往和合作行为定义为跨国公司公共外交（简称"公司外交"）。

（四）企业战略与组织理论的逻辑延伸

全球商业共同体概念的逻辑起点是商业生态系统。马尔科・扬西蒂和罗伊・莱维恩认为：商业生态系统是由众多实体组成的一个大型的、松散联结的网络。在这个网络中，企业以一种复杂的方式彼此建立关系并相互作用。每一个企业的健康与绩效水平，都取决于网络整体的健康与绩效状况。因此，企业的健康与绩效都同时受到各自的内部能力与它们同这一生态系统中其他成员的复杂的互动关系的双重影响。这个新概念可以应用在以下多个层面：公司、业务单位、技术、产品等。[④]

---

① 黄河《跨国公司与当代国际关系》，上海人民出版社，2008 年；罗伯特・吉尔平《全球政治经济学：解读国际经济秩序》，杨宇光、杨炯译，上海人民出版社，2006 年；苏珊・斯特兰奇《国家与市场》，杨宇光等译，上海人民出版社，2012 年；罗伯特・吉尔平《国际关系政治经济学》，杨宇光等译，上海人民出版社，2006 年。

② 王杰、张海滨、张志洲主编《全球治理中的国际非政府组织》，北京大学出版社，2004 年；盛红生、贺兵主编《当代国际关系中的"第三者"——非政府组织问题研究》，时事出版社，2004 年。

③ 赵启正主编《跨国经营公共外交十讲》，新世界出版社，2014 年；赵世人《企业公共外交指南》，外语教学与研究出版社，2015 年。

④ 马尔科・扬西蒂、罗伊・莱维恩《共赢：商业生态系统对企业战略、创新和可持续性的影响》，王凤彬等译，商务印书馆，2006 年，第 49 页。

商业生态系统强调的合作共赢正是全球商业共同体所需要的，以至于可以认为全球商业共同体中的利益或发展共同体与商业生态系统同义。由于商业生态系统只描述了市场环境中的市场战略与行为，这只是企业所处的现实环境的一个侧面，我们又把非市场环境中的非市场战略与行为加入到全球商业共同体中，形成了其中的价值或和平共同体。

非市场环境与非市场战略由戴维·巴伦教授首先提出。他指出：商务环境由市场部分和非市场部分交互构成。市场环境特征表现在企业运营所处的市场组织结构和规范市场竞争的规则。非市场环境特征表现在企业所在的法律、政治和社会形态。非市场环境通过政府政策和公众期望影响市场环境内的竞争规则。企业在非市场环境中的竞争更加复杂，不仅要和其他企业竞争，还要和社会活动家、利益团体、公众和政府斗智斗勇。这就要求企业制定非市场战略，并与企业市场战略进行整合。①

无论是市场环境中的市场战略，还是非市场环境中的非市场战略，利益相关者及管理都是其基础性的概念和分析工具。②因此，我们就直接把利益相关者作为一个基本概念引入到全球商业共同体中。与通常的利益相关者概念主要关注市场与非市场的分类有所不同的是，全球商业共同体中的利益相关者重点关注母国与东道国之不同，并增加了国际组织作为新的利益相关者。这不仅符合跨国公司的环境特征，而且包括了跨国公司的全部行为。其中，跨国公司与国际组织的关系是一个有待开拓的研究课题。

综上所述，全球商业共同体的理论来源与学科基础可归纳如下表：

表2　全球商业共同体的理论来源与学科基础

共同体类型	理论知识和学科基础
全球商业共同体	共同体理论、和平学理论、国际关系理论、企业战略与组织理论
利益/发展共同体	企业生态系统理论、利益相关者理论、企业风险管理理论与方法
价值/和平共同体	企业非市场环境与非市场战略、利益相关者理论、积极和平与冲突化解、国际非政府组织理论、企业风险管理理论与方法、公司外交理论与方法
责任/治理共同体	国际组织与全球治理理论、公司外交理论与方法、国际标准化战略与方法

① 戴维·巴伦《商务学：市场与非市场环境》，耿莹译，清华大学出版社，2014年。

② R. 爱德华·弗里曼《战略管理——利益相关者方法》，王彦华、梁豪译，上海译文出版社，2006年。

基础设施　互联互通

智创“中国方案”、勇担“中国责任”的“丝路先行者”
中欧班列：“一带一路”名片
由点到面的“投建营”一体化模式
从“经济走廊”到“经济发展带”

智创“中国方案”、勇担“中国责任”的“丝路先行者”

中国建筑集团有限公司

自2013年习近平主席出访中亚和东南亚国家期间，先后提出共建“丝绸之路经济带”和“21世纪海上丝绸之路”（以下简称“一带一路”）的重大倡议，习近平主席先后多次发表主旨演讲，深刻阐述“一带一路”倡议理念、建设成果并指明未来合作方向。习近平主席指出，“一带一路”倡议顺应时代潮流，适应发展规律，符合各国人民利益，具有广阔前景；是开放、包容的国际性事业，欢迎各国积极参与，共同分享发展机遇。[①]伟大的事业需要伟大的实践，“一带一路”倡议需要中国企业的海外实践将其理念转化为行动、将其愿景转变为现实。“孟夏之日，万物并秀”，中国建筑集团有限公司（简称“中国建筑”或“中建”）提出要做“一带一路”建设的代表者和领先者，通过多元主体推行“大海外战略”，改革企业经营管理体制机制，调整战略方向，向海外业务倾斜，坚持“海外资源优先配置，海外市场优先布局，海外事项优先决策”。在“一带一路”倡议的推动下，中国建筑海外业务增长迅速。2017年，中国建筑境外业务全年新签合同额（含房地产业务）2096亿元人民币，同比增长65.7%；实现营业收入850亿元人民币，同比增长6.8%（图1）。其中“一带一路”业务稳步推进，2017年度中国建筑在“一带一路”沿线国家获取新签合同额1232亿元人民币，占年度境外新签合同总额近60%。“一带一路”业务日益成为中国建筑海外业务的主战场。

---

① 李忠发、王慧慧、李舒《习近平出席“一带一路”国际合作高峰论坛开幕式并发表主旨演讲》，新华网，2018年5月14日，http://www.xinhuanet.com//silkroad/2017-05/14/c_1120969571.htm。

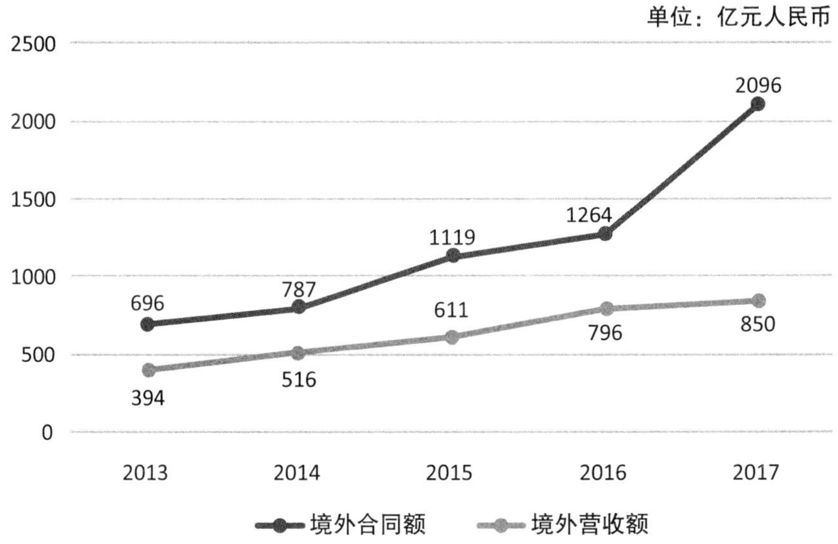

图 1　中国建筑 2013—2017 年境外新签合同额及境外营业收入①

一、理念引领：中国建筑践行“一带一路”倡议的理念与意识

中国建筑在践行“一带一路”倡议中坚持五种意识，突出理念创新与意识创新，将“一带一路”国家倡议的实施成功转化为企业全球化拓展的收获。

（一）秉持大局意识，勇承央企担当

“一带一路”倡议是我国在新的历史条件下实行全方位对外开放、推行互利共赢的重要平台，是顺应时代潮流和各国发展愿望、符合我国经济发展内生性要求的重大举措，同时也为中央企业带来了难得的历史发展机遇。中国建筑在践行“一带一路”倡议的过程中，秉持大局意识，统筹协调国家整体利益与公司自身利益，辩证处理企业长期利益与短期利益，力求以更高的站位、更广的视野开展企业海外实践。

一方面，作为扎根海外的中央企业代表，中国建筑建设了很多国家工程、民生工程，以优异品质赢得了良好口碑，也为拉近中国与项目所在国关系做出了积极贡献。如中建美国公司由于出色的市场业绩分别于 2011 年和 2014 年两届当选

① 来源：《中国建筑 2013—2017 年年报》。

美国中国总商会会长单位，并迅速将总商会提升为深受美国主流社会认可的民间机构，有力促进了中美两国关系发展，为中美外交和经贸合作做出了积极贡献。[①]此外，中国建筑在“一带一路”实践中之所以能够取得较为快速的成长，还缘于中国建筑长期以来坚守业务所在市场，通过积极探索市场发展规律和符合当地市场的业务经营模式，坚持本土化运营策略，做深做透市场，在执着坚守中蓄力，赢得了驻在国市场的长期认同。20世纪90年代以后，阿尔及利亚经历了长期的政治动荡，政治斗争和恐怖活动十分频繁，整个社会和经济处于停滞和崩溃的边缘，大部分外资企业和使领馆机构纷纷撤出阿尔及利亚。但中国建筑却留了下来，并以微利积极参与阿尔及利亚住房建设，成为该国承担住房项目最多的承包商。近年来，中国建筑相继获得Tipaza公路（3.1亿美元）、国际会展中心（8亿美元）、阿尔及尔大清真寺（15亿美元）、南北高速公路希法段（20亿美元）、阿尔及尔新机场项目（10.2亿美元）等超大型工程项目。正是由于自20世纪90年代就已开始坚持的本土化经营理念，让中国建筑在“一带一路”实践开展之前就已获得项目所在国的深厚信任，积累了良好的声誉资产，有力推动了“一带一路”实践的顺利展开。

（二）强化品牌意识，勇创世界一流

品牌是供给侧和需求侧的结合点，是生产者和消费者共同的追求，是企业乃至国民经济综合竞争力的重要体现。十八大以来，党中央、国务院高度重视品牌发展工作，从国家战略层面大力推动品牌战略实施落地。中国建筑亦高度重视品牌建设，将打造世界一流企业品牌的战略目标贯彻在“一带一路”实践中。Brand Finance发布的“全球品牌价值500强”榜单中，中国建筑位列第44位。在穆迪、标普分别下调中国主权信用评级影响下，中国建筑仍保持了行业内全球最高信用评级，标普、穆迪、惠誉三大评级机构仍将中国建筑评级维持为A/A2/A，展望维持“稳定”。[②]

① 冯栋《跨越32载 中国建筑用幸福空间连接中美》，新华网，2017年11月9日，http://www.xinhuanet.com/itown/2017-11/09/c_136739234.htm。

②《中国建筑股份有限公司2017年年度报告》，2018年4月11日，第15页。

在品牌的外在表达上，中国建筑所有海外项目都严格贯彻落实 CI（视觉识别系统规范）标准及集团公司《施工现场标准化图册》的各项要求，将施工现场打造成为公司形象展示的窗口，塑造了中国建筑品牌形象。在品牌的内在支撑上，中国建筑坚守产品品质。小到螺丝钉，大到核电站，中国建筑都高度重视产品质量。[①] 阿尔及利亚 6.8 级大地震中，中国建筑所建设的所有住房无一倒塌，被当地人称为“震不垮的丰碑”。数据显示，2017 年度美国《工程新闻纪录》（ENR）全球 250 家国际工程承包商排名中，中国建筑全球业务名列第 1 位，国际业务名列第 11 位。

（三）升级战略意识，推动转型升级

“一带一路”倡议给中国建筑带来了巨大的发展机遇，中国建筑也在借势“一带一路”，从战略高度升级对海外市场的认识。法国万喜是世界 500 强企业之一，海外最大的建筑承包商之一，是中国建筑的学习标杆。但通过对万喜的梳理，中国建筑发现，其近几十年来营业规模都在三千亿元人民币到四千亿元人民币之间，也就是说四千亿是欧洲建筑行业发展的天花板。“中国建筑营业收入达到了一万亿元（人民币），这源于中国广阔的市场做支撑。我们认为中国建筑离市场天花板也不远了。下一步我们怎么做，市场在哪里，能否把天花板不断往上抬高，是公司一直在思考的问题。”中国建筑有关负责人表示。[②]

推行“大海外战略”即是中国建筑突破市场天花板，推动业务结构调整、商业模式变更的重要战略抓手。中国建筑通过践行“大海外战略”“企业发展的目标更高远，业务结构更加均衡，产业链覆盖更加健全，并推动市场布局更加广阔”。[③] 经过结构调整，中国建筑已由原来单一的房屋建筑设计施工企业，成为一家全业务覆盖的综合投资建设集团，其业务不仅包括房屋建筑、铁路、公路、地铁、码头、港口、桥梁、隧道等基建业务，还涵盖了综合管廊等市政业务，并以大投资的概

① 周锐《中国建筑董事长官庆：创新驱动转型升级 把握“一带一路”机遇》，中国新闻网，2017 年 10 月 24 日，http://news.ifeng.com/a/20171024/52772710_0.shtml。

② 欧阳春香《“一带一路”本地化经营 中国建筑“走出去”精耕细作》，《中国证券报》2017 年 5 月 10 日。

③ 同上。

念涉及项目的立项规划、设计、投资融资、建造设施、后期运营管理等多个环节。

（四）坚持创新意识，共享中国技术红利

“一带一路”倡议为中国建筑带来难得的发展机遇，但同时也是考验其自身国际化创新水平的一次挑战。中国建筑集团有限公司党组书记、董事长官庆表示：“过去几年，中国建筑一直把实施创新驱动作为提升企业国际竞争力的有效途径和转变发展方式的根本途径，毫无疑问，创新驱动为中国建筑的健康快速发展插上了翅膀。”[①]

自“一带一路”倡议提出以来，中国建筑开展产学研用相结合的技术创新攻关，在超高层建筑、大型场馆等工业与民用建筑工程建设，路桥、电站等基础设施建设和大型工业设备安装等领域积累了较为扎实的技术优势。[②]中国建筑的高性能混凝土生产和应用技术、复杂空间钢结构体系研究与安装技术、新型建筑设备研究与制造技术、建筑企业管理与生产应用信息技术等技术创新，都处于世界领先，这大大提高了中国建筑在海外市场的竞争力。如中国建筑在“千米级摩天大楼建造技术研究”中形成的系列原创科技成果，让其在全球500米以上超高层建筑的建设中占据了半壁江山。[③]

在马来西亚吉隆坡标志塔项目中，项目部用27天完成3200吨大底板钢筋绑；用60个小时完成两万方底板大体积混凝土浇筑，创造了马来西亚一次性成功浇筑大体积混凝土的新纪录；采用“中西结合”的两套爬模系统技术、最高413.66米的泵送混凝土技术、“内爬外挂”式的超高层塔吊安装技术等，创造了马来西亚建筑业先例。在阿尔及尔大清真寺项目中，为满足建筑使用要求和抗震要求，项目部完成了世界建筑领域最顶尖的246个抗震支座、80多个阻尼器的安装，还自主研发超高层C50/60配比混凝土，助力宣礼塔结构施工进入最快7天一标准层。一个又一个鲜活的案例，切实体现着中国建筑与“一带一路”沿线国家共享中国

---

① 周锐《中国建筑董事长官庆：创新驱动转型升级 把握“一带一路”机遇》，中国新闻网，2017年10月24日，http://www.chinanews.com/gn/2017/10-24/8359333.shtml。

② 冯栋《中国建筑：不创新就做不到全球第一》，新华网，2017年9月15日，http://www.xinhuanet.com/itown/2017-09/15/c_136612161.htm。

③ 黄贤超《中国建筑第八工程局火速建造马来西亚最高建筑吉隆坡标志塔封顶》，《南洋商报》2017年12月12日，http://www.ccpit.org/Contents/Channel_4013/2017/1222/936145/content_936145.htm。

技术发展的红利。

（五）强化风险意识，坚持合规运营

"一带一路"沿线部分国家和地区政治风险高、法律环境差、汇率风险大，宗教和民族关系问题复杂，企业必须高度重视风险管控，强化风险意识。中国建筑将全方位风险管控体系贯穿于集团总部、二级单位及各海外机构的工作运行当中，并大力推进海外风险监督全覆盖。对于新开拓的市场，中国建筑要求各海外机构必须做到对项目所在国和所在地区的法律环境、政治环境和宗教文化等情况进行详细的调查和研究，对项目的全生命周期情况也要提前把控。所有投资、建设、运营、纳税及退出机制都必须要遵守当地的法律，尊重当地的风俗习惯，不能盲目行事。[①] 中国建筑凭借其在海外运营几十年的实践经验累积，建立了一套海外风险管理指引，能够对进入海外市场的前期谈判、项目追踪到合同履约等所有环节进行风险指导和把控，让中国建筑人敢于承担风险，保障海外项目成功实施。[②]

而强化风险管控，除建立健全相关体制机制外，合规运营是有效降低企业运营风险的重要底线。中国建筑高度重视遵守"一带一路"沿线东道国的法律法规和行业规范，针对当地法规要求和业务特点，对公司统一的管理和运营体系进行优化，积极开展驻外人员法律法规培训，提升公司全员法律意识。《2018 中国建筑海外传播力实践研究》数据显示，占比高达 97.3% 的中国建筑被访海外机构表示公司在过去一年中没有出现违反当地法律法规的情况，体现出中国建筑坚持海外合规运营的良好作风（图 2）。

① 官庆《"一带一路"：中国建筑的机遇与挑战》，《企业文明》2016 年第 12 期。

② 廉颖婷《调研报告：中国企业"走出去"面临三大风险高发区》，中国新闻网，2016 年 1 月 20 日，http://www.chinanews.com/cj/2016/01-20/7724255.shtml。

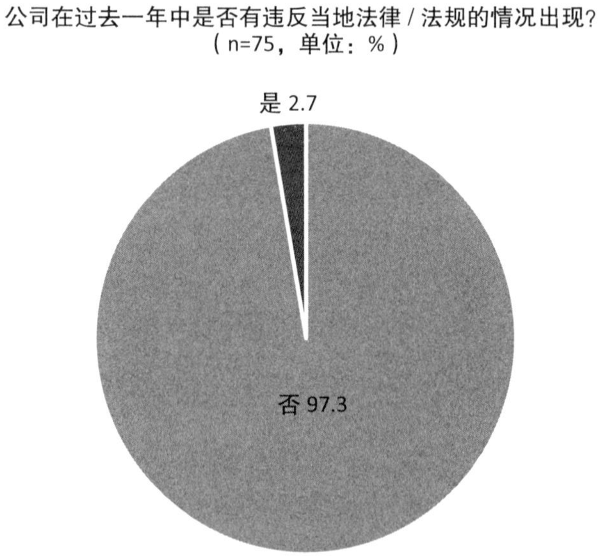

图 2　中国建筑各海外机构在过去一年中违反当地法律法规情况 ①

二、实践突围：中国建筑践行“一带一路”倡议的实践经验

在大局意识、品牌意识、战略意识、创新意识、风险意识等前沿理念与意识的引领下，中国建筑积极开拓“一带一路”海外市场，形成了具有中国建筑特色的“一带一路”实践经验。

（一）坚持扎根经营，深耕海外市场

通过长期的海外实践，中国建筑意识到海外经营不能“打一枪换个地方”，要坚持“阵地战”“持久战”。对项目所在国和所在地区需要有“十年如一日”的执着、“二十年磨一剑”的韧劲、“三十年不回头”的坚守。这是中国建筑海外业务发展最大特色，也是其海外业务取得成功的重要因素。截至 2018 年，中国建筑在阿尔及利亚经营 36 年，在美国经营 33 年，在博茨瓦纳经营 30 年，在新加坡经营 26 年。中国建筑能在“一带一路”倡议下取得快速发展，一个重要原因就是在海外长期经营所积累的深厚资源，对当地国情民意的清晰了解，与当

① 来源：《2018 年中国建筑海外传播力实践研究》。

地风雨同舟所得到各阶层的充分信任。这些扎根经营做出的努力使得中国建筑能够协同国外国内各方找到最契合当地需求的项目，并快速组织实施。一些国际同行在项目所在国面临战争、动乱、金融危机、疾病等恶劣营商环境时纷纷选择放弃，而中国建筑始终选择留下，与项目所在国政府及人民同甘共苦，中国建筑也借此赢得东道国的信任，获得市场发展机会。这些扎根与坚守也使得中国建筑成为北非、中东等地区国家最大的外国承包商，并能够承建多个当地敏感乃至核心的政治、军事工程。

（二）坚持市场运营，强化国际竞争

“一带一路”倡议是中国建筑海外成长历练的机会，中国建筑坚持市场化运营，努力提升企业国际竞争力。如中国建筑与欧美一流建筑公司公开竞标并中标的世界第三大清真寺——阿尔及尔大清真寺项目，一举夺得高达 15 亿美元的当年国际市场最大单体建筑大单；在国际公开招标情况下竞得特大基础设施项目文莱淡布隆跨海大桥工程；在美国、新加坡等发达国家市场，更是在完全市场化的竞争中发展了自身竞争力。

中国建筑参与“一带一路”建设，坚持市场化运营，经营业绩显著提升，也推动着企业国际排名的不断攀升。美国《工程新闻纪录》（ENR）杂志发布的 2018 年度“全球承包商 250 强”（The Top 250 Global Contractors）榜单上，中国建筑股份有限公司以 1310.75 亿美元的全球建筑业务营业额，名列“全球承包商 250 强”首位，继续稳居全球投资建设集团之首。这是继 2016 年排名第一之后，中国建筑连续三年位居榜首。

（三）推动资源整合，实现全球配置

“一带一路”沿线部分国家和地区资源匮乏、原材料短缺，开展项目所需设备、物资和建材往往需要从境外引进，拥有广泛的国际分供商体系网络是中国建筑在当地顺利实施项目的关键和必要条件。例如在中巴经济走廊最大交通基础设施项目的达成和建设中，正是中国建筑对设备、材料、人员等资源进行充分配置和统筹整合的能力，为项目工程的顺利开展提供了保障。

此外，拥有广泛的国际合作伙伴也是企业提高资源配置能力、推动国际化发

展的重要手段。在业务拓展阶段，中国建筑与项目所在国政府及行业协会积极进行对接；与国内外知名企业强强联合，共同运作项目；与亚洲基础设施投资银行（简称“亚投行”）、汇丰银行等国际金融机构和商业银行加强多边战略合作，提升境内外融资、并购重组等经营发展水平。在项目实施阶段，中国建筑以中国、法国、美国为中心，集成全球分供商资源，与国际分供商建立长期合作业务关系、加强与当地大大小小分供商的交流沟通，共同服务于海外项目，协同发展。

（四）积极融入当地，提高属地化水平

积极融入当地，提升国际化竞争实力是中国建筑开展海外业务的重要举措和思考。通过尊重当地文化、属地化经营，中国建筑逐步提升自身国际化竞争实力。

首先，尊重当地文化是民心相通的基础，是发扬“和平合作、开放包容、互学互鉴、互利共赢”丝路精神的核心。“一带一路”沿线各国历史文化宗教不同，中国建筑在开拓市场、开展经营的同时，主动融入当地，尊重所在国的法律、宗教、文化、风俗等。在巴基斯坦卡拉奇—拉合尔高速公路苏库尔—木尔坦段（PKM）项目建造过程中，项目组制定了《中方员工行为十条禁令》，要求中方人员遵守当地法律法规和风俗习惯、善待巴方员工，违反规定者将被立即取消工作资格。为尊重当地宗教信仰，中国建筑还出资分别在项目主营地和20多个分营地为巴方员工修建了临时清真寺，方便他们做礼拜。在两国传统节日期间，项目组还会举办中巴员工及家属的联谊活动，通过互赠礼物、体验对方习俗、体育比赛等多种方式拉近彼此距离，共建中巴员工“大家庭”。[①]《2018年中国建筑海外传播力实践研究》数据表明，83.3%以上的中国建筑被访海外机构表示会“结合当地传统节日、传统风俗开展活动”，体现出中国建筑在“一带一路”实践中对于不同地区和国家文化的尊重（图3）。

---

① 季伟、刘天《“同一条路，同一个家”——记中企承建巴基斯坦高速公路“一号”工程》，新华网，2017年6月5日，http://www.xinhuanet.com/world/2017-06/05/c_1121087282.htm。

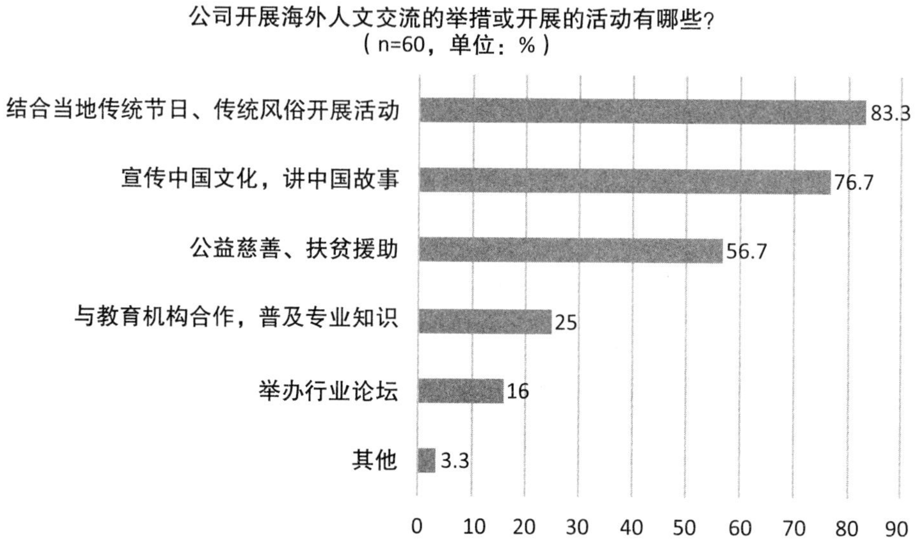

图3　中国建筑各海外机构开展人文交流的举措和主要活动[①]

此外，在“一带一路”实践过程中，中国建筑还始终坚持开放态度，不断提高属地化经营程度。《2018中国建筑海外传播力实践研究》数据显示，被访各海外机构在所在国实施属地化经营的最主要措施是“雇用当地人作为基层员工”，这一选项占比高达96%；其他措施还包括“和员工一起庆祝当地节日”“对当地员工或青年进行培训”“提升当地员工进入管理层”等（图4）。在创造就业方面，中国建筑在海外雇用当地员工近50,000人（含劳务），如美国公司属地员工超过4000人、占比达98%，推动集团成为在北美影响力靠前的中央企业；中东、新加坡地区属地员工比例分别达到85%、81%，非洲地区属地劳务人员占比超过80%，中建刚果（布）公司达69%。除此之外，中国建筑还积极使用当地分包和建筑材料，通过本地采购、分包等方式带动当地经济发展。如在阿尔及利亚项目期间，中国建筑灵活选择当地分供商，不仅降低项目成本和相关风险，提高了项目实施效率，还有利于公司的属地化经营、使公司更好地融入当地。中建南洋公司2017年本地化采购率甚至达到97%以上。

① 来源：《2018年中国建筑海外传播力实践研究》。

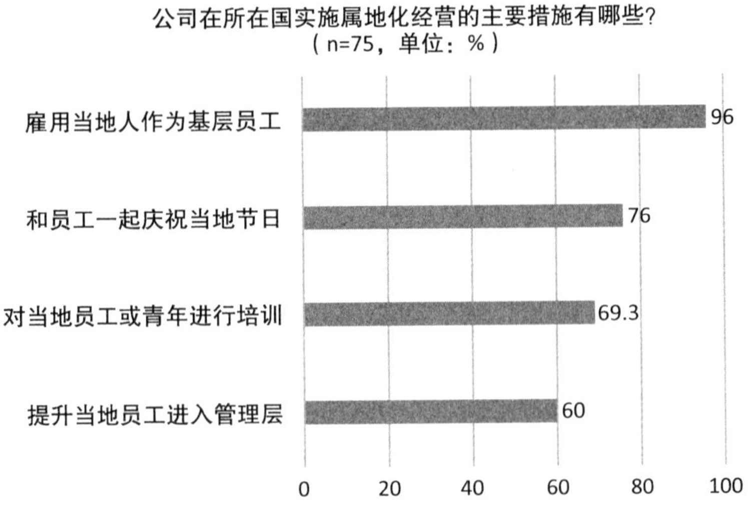

图 4　中国建筑各海外机构在所在国实施属地化经营的主要措施[①]

（五）分享中国经验，践行社会责任

“一带一路”倡议根植于丝绸之路的历史土壤，是“使者相望于道，商旅不绝于途”的见证。“一带一路”沿线国家和地区多自然条件恶劣、生产物资匮乏，很多国际建设公司缺乏在这样外部环境下的项目实施经验和技术。中国建筑以开放、包容、互惠的理念与“一带一路”沿线国家共享中国经验、贡献中国智慧，承担中国责任，解决沿线各国面临的技术、生态、管理等难题，为“一带一路”建设打造“中国方案”。如 2017 年由中国建筑建成的吉布提多哈雷港口是中资建筑企业迄今为止在东北非地区承接的最大规模港口项目，也是“21 世纪海上丝绸之路”重要节点。吉布提地处东非，被称为“沸腾的蒸锅”，7 月份气温常达 50 摄氏度，自然环境十分恶劣。施工近三年期间，中国建筑基于在国内积累的极端气候条件下作业能力，丰富的水文、气象和地形经验，以及现代化建设管理能力，克服了当地极端气候条件的挑战，以惊人速度完成了合约内的房建、道路设施等全部要求。

中国建筑在践行“一带一路”倡议的过程中，还积极承担社会责任，有计划地了解当地民众期望，推动实施教育、医疗、改善基础设施、抗击自然灾害等领

① 来源：《2018 年中国建筑海外传播力实践研究》。

域的社会公益项目。大部分中国建筑被访海外机构表示会开展“公益慈善、扶贫援助”等活动，践行社会责任。2017年，中建越南公司联合多家在越企业举办爱心助学公益活动；中建中西非公司参加中国驻刚果（布）大使馆举办的慈善义卖活动，捐款资助当地医院、孤儿院、福利院；中建斯里兰卡分公司与当地政府共建敬老院，并为敬老院义务修路、捐赠；中建巴基斯坦PKM项目部于国际儿童节对巴基斯坦Nawazabad女子小学和男子小学开展捐助活动，帮扶当地教育事业，缓解项目沿线300多名儿童入学困难状况。

三、直面挑战：中国企业践行“一带一路”倡议面临的挑战

尽管随着“一带一路”倡议的不断推进，中国企业的国际化经营水平不断提升，经营方式也日益走向国际化，但由于国际形势的复杂多变及“一带一路”沿线国家和地区外部环境的不稳定，中国企业在“一带一路”实践中仍面临诸多挑战。

（一）部分国家地区局势动荡，营商环境不稳定

“一带一路”沿线地区地缘关系复杂、历史文化差异大、宗教民族冲突严重、国家和区域局势动荡、大国利益博弈关系纠结。[①]政治风险高、市场不规范、经济环境差、法律不健全、文化沟通难以及安保环境不稳定等因素成为中国企业“走出去”的较大威胁。例如，中东、中亚各国政治体制调整处于不同状态，政权更迭、权力交接等致使当地政策总是出现不连续性，项目的经营往往处于被动状态。非洲部分国家虽具备早期殖民国家留下的较为健全的法律法规体系，但执法水平较差。为进一步规避企业在海外面临的法律风险，2018年10月，中国建筑举办了海外法律管理培训会，对中国建筑海外各机构的负责人以及员工进行法律法规培训。

（二）沿线部分国家条件艰苦，员工生活工作皆面临挑战

“一带一路”沿线国家大多经济发展水平相对滞后，加之部分地区自然条件

① 李晓、李俊久《“一带一路”与中国地缘政治经济战略的重构》，《世界经济与政治》2015年第10期。

恶劣，对于员工海外工作生活都提出了较高的挑战。例如，非洲地区气候炎热、蚊虫多、疫病频发，当地医疗水平较差；中东地区则存在诸多非传统安全问题，部分国家还处于战乱和冲突之中，政治局势十分不稳定。恶劣的生活条件为中国员工海外工作生活带来了严峻考验。“一带一路”沿线国家国情复杂，需要专业人才扎根当地，熟悉当地的外部环境与市场运作规律，才能为企业的海外发展做出贡献。

为帮助员工克服海外工作的困难，中国建筑在海外人才培养机制上实行“三化人才”战略，并制定实施了“3+2”人才培养策略，[①] 建立了全方位、多层次的绩效考核和薪酬体系，对于优秀的、有潜力的管理骨干，提供赴欧美等国家深造的机会。在国际项目实施工作中，加强员工的外语培训和学习，并实施外语津贴制度，以鼓励员工对小语种的积极学习。同时，为应对海外人才流动性大的问题，公司采取激励政策，留住骨干人才，使经验得以累积和传承。目前，海外扎根几十年的中国建筑已经打造了一批具有较高水平的国际化管理经营团队。长期服务海外的工作经验使这些优秀的管理者对所在国有着颇为深刻的了解，是中国建筑在“一带一路”实践中打造国际化竞争优势的重要保障。

（三）国际货币汇率波动较大，投融资环境不稳定

基础设施建设类项目具有施工期长、所需资金量大、回收周期长等特点，对长期稳定的融资环境提出较高要求。从国际融资环境来看，近年来国际金融市场不稳定造成国际货币汇率变化多端，企业项目资金融通风险较高；从国内融资环境来看，央企的海外投资审批周期较长，投资许可证审批制度和外汇管制严格，而人民币汇率近年来持续波动，使企业对外投资、并购面临很大的汇率风险，对公司海外签约、施工、项目运作以及整个经营发展往往造成很大阻碍和压力。[②] 此外，项目所在国债台高筑也常造成项目无法如期启动。

---

① 李秀中《中国建筑海外市场已逾百个 承建世界一半超高层建筑》，腾讯网，2017 年 5 月 11 日，https://news.qq.com/a/20170511/026712.htm。

② 胡鞍钢、地力夏提·吾布力、杭承政、高宇宁《一带一路“先行军”与“主力军”——对央企的调研与分析》，《清华大学学报》（哲学社会科学版）2017 年第 3 期。

四、发展建议：“一带一路”企业实践中的国家引导与企业创新

中国企业加快推进“一带一路”实践，一方面需要国家和政府从顶层设计上支持、引导企业的海外经营与发展，营造“一带一路”沿线良好营商环境，以保障企业海外各项活动的顺利开展；另一方面，也需要企业在实践中灵活应对，积极开展创新，实现与沿线国家和地区的互利共赢。

（一）国家从顶层设计层面加强支持与引导

第一，从外交层面谋求对外友好关系，为中国企业在项目所在国营造良好的营商环境。如从国家层面推动与项目所在国的高层领导互动，加深与“一带一路”沿线国家友好关系，促进双边合作关系稳定，带动中国企业与当地政府、机构、企业的对接，加强与“一带一路”沿线国家的外贸谈判力度，为企业在外发展寻求业务拓展空间，提供良好的关税及法律支持。此外，国家还需增强对“走出去”企业的海外安全保护，避免由于项目所在国政府更迭、内乱或其他原因造成的个别国家政府不承认或停止相关项目实施的可能性，给中国企业造成重大损失。①

第二，从政策层面助力中国企业海外融资或提供相关优惠扶持政策。很多“一带一路”沿线国家和地区经济欠发达、融资环境较差，而发展投资建设项目所需资金规模大、周期长，国家可出台相关政策为企业海外投资提供帮助，鼓励中国驻外金融机构为中国企业做好“一带一路”沿线项目的金融服务；也可利用财政支持、免税等办法有效降低企业融资成本，帮助中国企业推动业务开展。②

第三，国家驻外使领馆或可提供信息资源交流、法律法务培训等服务，建立同企业的顺畅沟通渠道，让出海企业有困难能在当地找到“娘家人”。在劳工签证方面，或可放开以产能合作关系入境的签证限制，简化手续，降低费用，提高效率；法律法规方面，可协调相关机构对中央企业进行当地法律法务培训，尤其是关于国际重点法律法规的指引。

---

① 官庆《“一带一路”：中国建筑的机遇与挑战》，《企业文明》2016年第12期。

② 同上。

（二）企业从实施践行层面加强创新与突围

第一，保持战略定力，加强战略引领。战略的失误乃是最大的失误，践行“一带一路”倡议要以战略领航，科学规划，良性发展，不能为了“走出去”而“走出去”，盲目追求扩张，定位不清。中国建筑在海外市场开拓中，亦高度重视基于国际市场动态、行业发展趋势形成准确战略研判，注意审时度势，分层次厘清企业海外发展的宏观战略和微观目标，做好科学、合理、健全、有前瞻性的经营规划，为践行“一带一路”倡议提供坚实的战略指引。

第二，强强联合，抱团取暖。“一带一路”沿线国家和地区市场潜力大，但蕴藏的市场风险也不小。为此，中国建筑一方面还要加强与其他中资企业的沟通与交流，积极建立合作，形成中资企业间有序良性竞争，避免资源浪费。另一方面，也要重视与“一带一路”沿线国家和地区当地知名企业的战略性合作，通过和世界一流企业的战略联盟，借船出海，加快市场开拓进程。

第三，继续提高创新能力，谋求高质量发展。践行“一带一路”倡议不能盲目追求扩大产业规模、提高效益，而是要以提高发展质量为核心，把高质量发展作为最鲜明的导向。在此导向下，中国建筑未来也仍将坚持巩固与创新的有机统一、速度与质量的有机统一、公平与效率的有机统一、投资与承建的有机统一，推进结构性管控思路，强化在施项目履约，持续优化业务结构，发展创新优势，切实提升发展质量。

第四，进一步加强风险防控机制建设，为企业海外发展保驾护航。中国企业海外运营活动面临着“一带一路”沿线地区局势动荡、营商环境及投融资环境不稳定的严峻挑战，加之全球经济的不确定风险趋势性上升、行业发展的各项挑战趋势性加大、金融环境趋势性收紧，在此背景下，中国建筑未来还需进一步建立健全境外经营风险评估体系、风险防范机制和境外风险应急体系，提高风险预判水平，提高风险预警能力，有效控制风险，为企业海外运营保驾护航。

点评：五大意识引领发展

中国建筑在参与“一带一路”建设过程中，通过多元主体推行“大海外战略”，坚持“海外资源优先配置，海外市场优先布局，海外事项优先决策”，这种清晰的战略效果显著，“一带一路”业务日益成为中国建筑海外业务的主战场。在发展实践的过程中，中国建筑逐渐总结梳理形成五大意识，即大局意识、品牌意识、战略意识、创新意识、风险意识，在这五大意识的引领下稳步推进“一带一路”建设工作。

“一带一路”建设的实施不仅有机遇，也充满了挑战和风险。部分沿线基础设施建设项目目前仍存在政治风险高、市场不规范、经济环境差、法律不健全、文化沟通难以及安保环境不稳定等负面因素。强化风险意识，坚持合规经营，对于基础设施建设行业尤为重要。中国企业必须做到对项目所在国和所在地区的法律环境、政治环境和宗教文化等情况进行详细的调查和研究，对项目的全生命周期情况也要提前把控。

翟崑，一带一路百人论坛专家委员会委员，北京大学区域与国别研究院副院长，国际关系学院教授

中欧班列："一带一路"名片

中铁集装箱运输有限责任公司

党的十八大以来，我国开放型经济的基础和条件发生了深刻变化，中国与世界的互动关系也发生了历史性演变。国家主席习近平深刻洞察新时代特点，深刻思考中国和世界发展大势，提出了共建"丝绸之路经济带"和"21世纪海上丝绸之路"的重大倡议。这是将我国改革发展置于更广阔的国际空间来谋划的主动开放，标志着我国步入了深度开放、积极参与、主动引领的新时代。"一带一路"倡议赋予了铁路重大的历史使命。2015年3月，《推动共建丝绸之路经济带和21世纪海上丝绸之路的愿景和行动》提出了"建设中欧通道铁路运输、口岸通关协调机制，打造中欧班列品牌，建设沟通境内外、连接东中西的运输通道"的内容。目前，中欧班列已成为"丝绸之路经济带"建设的重要组成部分，也成为"一带一路"建设的助推器。中铁集装箱运输有限责任公司（以下简称"中铁集装箱"）作为中欧班列的统一经营服务平台，抓住难得的发展机遇，提高中欧班列开行数量和质量，为中欧间经贸发展做出贡献。

一、抓住"一带一路"倡议下中欧班列发展的机遇

中欧班列（CHINA RAILWAY Express，缩写 CRexpress）是指按照固定车次、线路、班期和全程运行时刻开行，运行于中国与欧洲以及"一带一路"沿线各国的集装箱国际铁路联运班列，分别从中国重庆、成都、郑州、武汉、苏州、义乌等城市开往德国、波兰、西班牙等国家的主要城市。

（一）中欧班列的现实意义与发展机遇

自20世纪90年代初期新欧亚大陆桥连通运行开始，铁路部门围绕新亚欧大陆桥的发展始终进行着不断的探索与尝试。2007年和2008年先后成功开

行了深圳—捷克布拉格和北京—德国汉堡的集装箱试运列车，打通了中国至欧洲的铁路运输通道。2011 年 3 月 19 日，重庆市政府以富士康等 IT 企业生产的笔记本电脑等为主要货源，通过给予财政补贴，组建了由中铁、哈铁、俄铁、德铁相关企业参股的合资公司，开行了首列重庆—德国杜伊斯堡中欧班列。随后，成都、郑州、武汉、苏州、义乌、西安等地相继开行了成都—波兰罗兹、郑州—德国汉堡、武汉—捷克帕尔杜比采、苏州—波兰华沙、义乌—西班牙马德里等中欧班列。2016 年 10 月 8 日，国家推进“一带一路”建设领导小组办公室印发了《中欧班列建设发展规划（2016—2020 年）》，全面部署了此后五年中欧班列建设发展任务；这也是中欧班列建设发展的首个顶层设计。此后，中欧班列进入快速发展时期。

中欧班列旨在倡导快捷准时、安全稳定、绿色环保的货运方式，促进中国与欧洲及“一带一路”沿线国家间贸易便利化，现已成为欧亚国际物流陆运运输的骨干方式，受到国际社会的广泛好评和沿线各国的普遍欢迎，成为推进中国与沿海国家经贸交流的重要载体和“一带一路”建设的重要抓手。

中欧班列的迅猛发展主要得益于以下三个方面：

第一，铁路行业优势和作用充分发挥。在经济全球化大背景下，各国进一步加强战略对接，深化经贸关系，推进产能合作，促进人文交流，对加快实现基础设施互联互通、交通运输高效便捷提出了更高要求。铁路具有通达性好、运量大、成本低、全天候、绿色环保、安全快捷等行业优势。在构筑形成中欧铁路物流大通道、大力拓展国际运输新方式等方面创新思路，积极作为，对于拓展“一带一路”沿线区域发展新空间，提高沿线国家经贸合作水平，促进沿线国家经济社会发展起到积极的推动作用。

第二，地方政府对中欧班列发展高度重视。中国政府已将打造中欧班列品牌纳入“一带一路”倡议，作为一项重要任务持续大力推进。中国“一带一路”建设工作领导机构统筹协调中欧班列的有关工作，研究解决重大问题；有关地方政府将中欧班列作为拉动地区外贸发展的重要平台，在政策、资源等方面给予大力支持，为中欧班列持续快速发展提供了良好环境和条件。

第三，沿线国家全力支持中欧班列发展。“一带一路”沿线国家对共建“一带一路”已形成广泛共识，对加快中欧班列发展、推动互联互通、促进商贸往来抱有很高的期待，并给予了全力支持和配合。几年来，围绕中欧班列运行图铺划、运价优化调整、运到时限压缩、货源市场开发等，铁路合作组织（简称"铁组"）、国际铁路联盟（简称"铁盟"）等国际铁路组织，以及沿线国家政府有关部门和铁路企业多次组织论坛、召开会议，沟通情况，研究措施，解决问题。一些国家政府和企业采取政策倾斜、收入让利等措施，推动了中欧班列发展。

（二）中铁集装箱中欧班列的目标任务

按照国家《中欧班列建设发展规划（2016—2020年）》确定的目标，到2020年，基本形成布局合理、设施完善、运量稳定、便捷高效、安全畅通的中欧班列综合服务体系。具体而言，中欧铁路运输通道基本完善，中欧班列枢纽节点基本建成，货运集聚效应初显；中欧班列年开行5000列左右，回程班列运量显著提高，国际邮件业务常态化开展；方便快捷、安全高效、绿色环保的全程物流服务平台基本建成，品牌影响力大幅提升；通关便利化水平大幅提升，"单一窗口"模式基本实现全线覆盖。

要实现以上目标，需要国内中欧班列涉及的各个地方政府、有关部委和相关企业等抓住机遇，开拓创新，协调推进，按照"共商、共建、共享"的原则，实现中欧班列开行数量和质量的新突破，持续提升中欧班列品牌建设，为更好地服务"一带一路"建设做出更大贡献。

第一，完善中欧班列铁路合作机制。发挥好中欧班列联合工作组的作用，开好联合工作组会议，积极推动会议取得的重要成果。第二，强化国内协调机制建设。搭平台、建体系，健全运输协调委员会及秘书处的工作制度和管理办法，及时收集梳理各方意愿和诉求，研究和协调解决班列货源组织、运力调配、运输时效、价格政策、口岸关务等问题，促进班列组织有序、增长稳定。第三，积极协调提高国外段运输效率。协调完善国外物流设施，创新运输组织方式，提高通道运输和口岸接运能力。第四，打造精品中欧班列。优化往返开行方案，组织重去重回。班列全程按图运行，单程运输时间控制在14天以内；通过双向运输组织，进一步降低物流成本，提高开行效率和效益。第五，推进中欧班列信息化建设。加快构建依托互联网的中欧班列信息服务网站，推动与沿线各国铁路间和与海关间班列运输电子信息交换工作，提高通关效率。

二、“一带一路”倡议下高质量开行中欧班列的实践

作为中国铁路总公司中欧班列统一经营服务平台，在中国铁路总公司的领导下，中铁集装箱公司充分发挥平台和网络优势，加强多方协调，完善服务内容，目前形成了一套系统完整、顺畅高效的中欧班列运营模式，面向国内外客户提供跨境全程物流服务。

（一）中铁集装箱公司推动中欧班列高质量发展的成效

近年来，在国家各有关部委、各地方政府、各地平台企业等支持下，在沿线各国铁路部门的共同努力下，由中国铁路总公司主导开行的中欧班列，发展日新月异，开行数量实现了爆发式增长。自 2011 年首列开行以来，截至 2018 年 7 月，中欧班列已累计开行 9675 列（历年中欧班列开行数据见表 1）。

表 1　历年中欧班列开行数据

年份	开行总计 / 列	同比增长 /%	其中			
			去程 / 列	同比增长 /%	回程 / 列	同比增长 /%
2011 年	17	—	17	—	0	—
2012 年	42	147	42	147	0	—
2013 年	80	91	80	90	0	—
2014 年	308	285	280	238	28	—
2015 年	815	165	550	96	265	846
2016 年	1702	111	1130	105	572	116
2017 年	3673	116	2399	112	1274	123
2018 年 1—7 月	3038	67	1806	49	1232	104

中欧班列第一个 1000 列历时 54 个月，第二个 1000 列历时 8 个半月，第三个 1000 列历时 5 个半月，第四个 1000 列历时 4 个半月，第五个 1000 列历时 3 个月，第六个 1000 列仅用了 2 个半月，发展势头十分迅猛。2018 年 1—7 月开行 3038 列，同比增长 67%（班列增长趋势见图 1）。

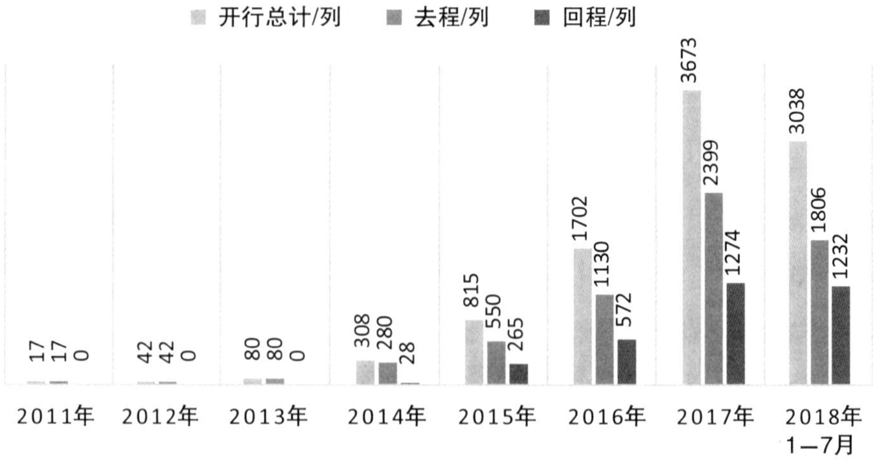

图 1　中欧班列增长趋势图（2011—2018 年）

1. 构建中欧铁路大通道

目前，中国铁路总公司根据各地的中欧班列开行需求，根据货源货流分布情况，依托铁路网和运力资源，铺划了西、中、东 3 条中欧班列通道。西部通道由我国中西部经阿拉山口（霍尔果斯）出境，中部通道由我国华北地区经二连浩特出境，东部通道由我国东南部沿海地区经满洲里（绥芬河）出境；并打通了西部南通道。目前，中国境内稳定开行中欧班列的城市已达到 48 个，到达欧洲 14 个国家的 43 个城市。中国铁路根据货源货流分布情况，统筹铁路网和运力资源，按照"干支结合"的方式铺划了重庆、成都、郑州、武汉、苏州、义乌、西安等直达欧洲的 65 条中欧班列线（具体见表 2）；按客车速度等级、日均运行 1300 公里组织，全程运行时间一般在 12—15 天，最快 10 天，比海运节约 20—30 天。同时，中铁集装箱与相关国家铁路部门积极沟通，正在推进到达波罗的海、环里海、西亚和东南亚的中欧班列新通道，进一步适应中欧班列发展需要。

表 2 中欧班列开行周期表

序号	国内运行车次	发到城市	口岸站	境外发到（途经）国家
1	X8001	郑州（西安）—汉堡、杜伊斯堡、慕尼黑	阿拉山口境	哈萨克斯坦、俄罗斯、白俄罗斯、波兰、德国
2	X8003			
3	X8005			
4	X8069		霍尔果斯境	
5	X8202/3	郑州（武汉）—汉堡、莫斯科	二连（境）	蒙古国、俄罗斯、白俄罗斯、波兰、德国
6	X8013	重庆—杜伊斯堡	阿拉山口境/霍尔果斯境	哈萨克斯坦、俄罗斯、白俄罗斯、波兰、德国
7	X8019		阿拉山口境	
8	X8075		霍尔果斯境	
9	X8083		阿拉山口境	
10	X8434		二连（境）	蒙古国、俄罗斯、白俄罗斯、波兰、德国
11	X8412/1	重庆—切尔科斯克	满洲里（境）	俄罗斯
12	X8016/5	成都—罗兹/纽伦堡/蒂尔堡	阿拉山口境	哈萨克斯坦、俄罗斯、白俄罗斯、波兰、德国、荷兰
13	X8056/5			
14	X8086/5			
15	X8090/89			
16	X8078/7		霍尔果斯境	
17	X8062/1			
18	X8064/3			
19	X8406/5	武汉—明斯克/莫斯科/汉堡	满洲里（境）	俄罗斯、白俄罗斯、波兰、德国
20	X8017/8/7	武汉—帕尔杜比采/罗兹/汉堡/杜伊斯堡	阿拉山口境	哈萨克斯坦、俄罗斯、白俄罗斯、波兰、捷克、德国
21	X8011/2/1		阿拉山口境	
22	X8024/3	义乌—马德里、杜伊斯堡	阿拉山口境	哈萨克斯坦、俄罗斯、白俄罗斯、波兰、德国、法国、西班牙
23	X8074/3	义乌（南京）—明斯克、莫斯科	满洲里（境）	俄罗斯、白俄罗斯
24	X8088/7	义乌—伊斯坦布尔	霍尔果斯境	哈萨克斯坦、阿塞拜疆、亚美尼亚、格鲁吉亚、土耳其
25	X8066/5	合肥—汉堡	阿拉山口境	哈萨克斯坦、俄罗斯、白俄罗斯、波兰、德国
26	X8402/1	苏州—华沙	满洲里（境）	俄罗斯、白俄罗斯、波兰

（续表）

序号	国内运行车次	发到城市	口岸站	境外发到（途经）国家
27	X8410/09	南京—莫斯科	二连（境）	蒙古国、俄罗斯
28	X8082/1	连云港—伊斯坦布尔	阿拉山口境	哈萨克斯坦、阿塞拜疆、亚美尼亚、格鲁吉亚、土耳其
29	X8057	营口、大连—莫斯科	满洲里（境）	俄罗斯
30	X8209/10/09	沈阳—汉堡	二连（境）	蒙古国、俄罗斯、白俄罗斯、波兰、德国
31	X8059/60/59	沈阳—莫斯科	满洲里（境）	俄罗斯
32	X8428/7	长沙—汉堡	阿拉山口境	（哈萨克斯坦/蒙古国）、俄罗斯、白俄罗斯、波兰、德国
33	X8422/1	长沙—汉堡	二连（境）	（哈萨克斯坦/蒙古国）、俄罗斯、白俄罗斯、波兰、德国
34	X8426/5	广州、东莞、深圳—莫斯科、杜伊斯堡	满洲里（境）	俄罗斯、白俄罗斯、波兰、德国
35	X8302/1	天津—莫斯科	满洲里（境）	俄罗斯
36	X8212/1	天津—莫斯科	二连（境）	俄罗斯
37	X8303	赤峰—车里雅宾斯克/萨列普塔/克列希哈	满洲里（境）	俄罗斯
38	X8098/7	厦门—汉堡、布达佩斯	阿拉山口境	哈萨克斯坦、俄罗斯、白俄罗斯、波兰、德国、斯洛伐克、匈牙利
39	X8208/7	厦门—莫斯科	二连（境）	蒙古国、俄罗斯
40	X8218/7	厦门、赣州—莫斯科/华沙/明斯克/杜伊斯堡	满洲里（境）	俄罗斯、白俄罗斯、波兰、德国
41	X8432/1	临沂、济南—莫斯科、明斯克	满洲里（境）	俄罗斯、白俄罗斯
42	X8072/1	南通—马扎里沙里夫	霍尔果斯境	哈萨克斯坦、土库曼斯坦、阿富汗
43	X8031	哈尔滨、大庆—莫斯科/华沙/汉堡/泽布鲁日	满洲里（境）	俄罗斯、白俄罗斯、波兰、德国、比利时
44	X8205	乌兰察布—莫斯科	二连（境）	蒙古国、俄罗斯
45	X8492/1	胶州—安员	凭祥（境）	越南
46	X8002	汉堡—郑州	阿拉山口境	哈萨克斯坦、俄罗斯、白俄罗斯、波兰、德国
47	X8008	汉堡—郑州	阿拉山口境	哈萨克斯坦、俄罗斯、白俄罗斯、波兰、德国
48	X8040	杜伊斯堡、纽伦堡、蒂尔堡、罗兹—重庆/成都	阿拉山口境	哈萨克斯坦、俄罗斯、白俄罗斯、波兰、德国、荷兰
49	X8220/19	杜伊斯堡、纽伦堡、蒂尔堡、罗兹—重庆/成都	阿拉山口境	哈萨克斯坦、俄罗斯、白俄罗斯、波兰、德国、荷兰
50	X8050	杜伊斯堡、纽伦堡、蒂尔堡、罗兹—重庆/成都	霍尔果斯境	哈萨克斯坦、俄罗斯、白俄罗斯、波兰、德国、荷兰
51	X8306/5	杜伊斯堡、纽伦堡、蒂尔堡、罗兹—重庆/成都	二连（境）	哈萨克斯坦、俄罗斯、白俄罗斯、波兰、德国、荷兰

（续表）

序号	国内运行车次	发到城市	口岸站	境外发到（途经）国家
52	X8042/1	罗兹 / 纽伦堡 / 蒂尔堡—成都	阿拉山口境	哈萨克斯坦、俄罗斯、白俄罗斯、波兰、德国、荷兰
53	X8092/1		阿拉山口境	
54	X8308/7		霍尔果斯境	
55	X8226/5	新西伯利亚—西安	二连（境）	蒙古国、俄罗斯
56	X8054/3	马德里、杜伊斯堡—义乌	阿拉山口境	哈萨克斯坦、俄罗斯、白俄罗斯、波兰、德国、法国、西班牙
57	X8044/3	汉堡—武汉	阿拉山口境	哈萨克斯坦、俄罗斯、白俄罗斯、波兰、德国
58	X8408/7	布列斯特—苏州 新西伯利亚—南京	满洲里（境）	俄罗斯、白俄罗斯
59	X8058	布列斯特—沈阳	满洲里（境）	俄罗斯、白俄罗斯
60	X8030/29	新西伯利亚—武汉	满洲里（境）	俄罗斯
61	X8204/1	汉堡—郑州 / 武汉	二连（境）	蒙古国、俄罗斯、白俄罗斯、波兰、德国
62	X8028	施瓦茨海德—长春 （新西伯利亚—哈尔滨）	满洲里（境）	俄罗斯、白俄罗斯、波兰、德国
63	X8034/3	新西伯利亚—重庆、西安	满洲里（境）	俄罗斯
64	X8206	沃尔西诺—集宁	二连（境）	俄罗斯、蒙古国
65	X8216/5	新西伯利亚—厦门、赣州	二连（境）	俄罗斯、蒙古国

2. 积极推进统一品牌建设

随着各省市地方政府开行中欧班列积极性不断提高，班列开行过程中带来的无序竞争、通道不畅等问题也不断显现。为了将中欧班列打造成为具有国际竞争力和信誉度的国际知名物流品牌，在国家推进“一带一路”领导小组办公室以及国家发展改革委等有关部委的协调支持下，2016 年 6 月 8 日，中国铁路正式启用中欧班列统一品牌，对班列命名、品牌标识等进行了统一，标志着中欧班列驶入了统一规范、合作共赢、健康持续发展的新阶段。中欧班列的品牌标识（见图 2），整体以具有代表性的缩写英文字母为基础元素，以奔驰的列车和飘扬的丝绸为基本造型，巧妙地将中国铁路路徽、中国铁路英文缩写、快运班列英文字母相融合，以中国红、力量黑为主色调，结构简洁稳重、动感自然；既突出铁路特色和国际元素，又凸显出中国铁路稳重、诚信、包容、负责和实力的品牌形象。当日，统一品牌中欧班列分别从重庆、成都、郑州、武汉、长沙、苏州、东莞、义乌等八地始发。2016 年 6 月 20 日，统一品牌中欧班列首达欧洲（波兰）仪式在波兰华沙布拉格货运站举行，中国国家主席习近平与波兰总统杜达共同出席仪式。

图 2　中欧班列统一品牌视觉标识

3. 不断提高班列服务品质

2016 年 8 月 25 日，中铁集装箱在哈萨克斯坦阿拉木图成立了境外第一家全资子公司，专门负责回程货源开发、到达货物分拨配送、中铁箱管理等工作，进一步提高了境外市场经营和物流操作能力，为客户提供更加便捷、优质的全程物流服务。2017 年 5 月 26 日，由中国铁路总公司倡议组织，中铁集装箱等八家单位在北京发起成立了中欧班列运输协调委员会，中铁集装箱作为秘书处单位与其他单位合力推进中欧班列健康有序发展，为国家统筹优化中欧班列发展奠定了基础。同时，中铁集装箱与中欧班列沿线铁路建立了班列运行信息交换机制，及时向客户通报班列途中运行、口岸作业和境外信息；开发了单证制作系统，积极推广使用统一运单，提高通关效率；推出了全程保险服务，使用卫星定位的电子防盗锁，与沿线铁路共建全程安全防控体系；开发了覆盖中欧班列铁路集装箱的定位管理系统，先行将在 5800 只中欧班列专用箱安装定位终端，实现对中欧班列专用集装箱位置信息的实时掌控。

4. 全面加强铁路跨国合作

借助 2017 年 5 月中欧班列被纳入"一带一路"国际合作高峰论坛成果清单的契机，公司积极参与七国铁路中欧班列运输联合工作组工作，创建了中欧班列国际协调机制。2017 年 9 月，中铁集装箱作为跨西伯利亚运输协调委员会（CCTT）常务会员，在北京成功承办了该委员会第 26 届全体大会，进一步扩大了中欧班列的品牌影响力，提升了中国铁路在国际上的话语权。同时，中铁集装箱与立陶宛铁路、西班牙铁路、伊朗铁路、哈铁快运、远东陆桥、俄铁物流、芬兰纸浆、RTSB、Eurosib、TK、日本日新公司、韩国铁道公社等境外铁路（公司）建立了良好的合作关系。

5. 进一步加大班列货源组织

中铁集装箱充分发挥铁路网络优势，加强与各地方平台公司的合作，以中欧班列开行城市为支点，通过实施价格优惠、安全正点运行、提供全程服务等措施，大力吸引集聚国内欧洲方向的货源。同时，加强与沿线国家铁路和物流企业合作，丰富中欧班列运送的货物品类。运输货物品类已由开行初期的手机、电脑等 IT 产品逐步扩大到服装鞋帽、汽车及配件、粮食、葡萄酒、咖啡豆、木材、家具、化工品、机械设备等品类。来自中欧班列沿线各国的产品正随着中欧班列的不断发展，越来越多地走进千家万户。运送货物总值从 2011 年的不到 6 亿美元逐步增长到 2017 年的 140 多亿美元（见图 3）；截至 2017 年底，中欧班列运送货物总值达 330 亿美元以上，有力促进了中国与班列沿线各国经济贸易的快速发展。

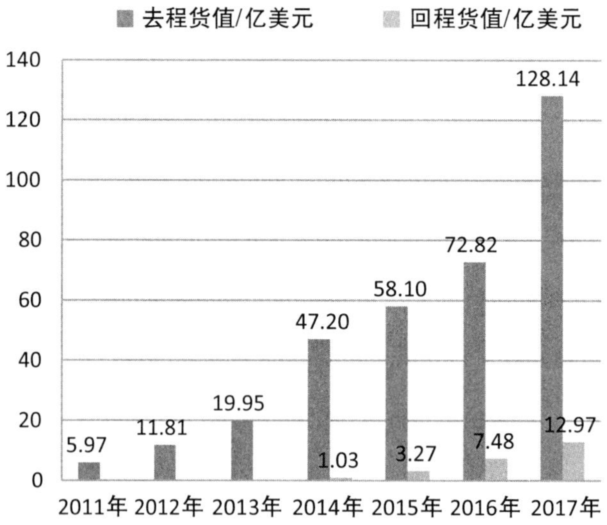

图 3　历年中欧班列运送货物总值（2011—2017 年）

以汽配汽车、食品、饮料、木材等物流项目为牵动，共同开发返程货源，促进回程班列比例大幅提高；中欧班列回程占去程比例已上升至68%，更加趋于双向均衡运输。运输重箱比例达到87%；其中，去程班列重箱率为94%，回程班列重箱率为75%。2017年2月23日，法国总理贝尔纳·卡泽纳夫在中国访问期间，专程来到中铁集装箱武汉中心站，出席了里昂至武汉中欧班列接车仪式，亲眼见证了法国红酒通过回程班列运抵中国的情景。2018年6月13日，中欧班列（比利时根特—中国西安）沃尔沃汽车整车进口专列抵达西安；作为陕西省首趟进口整车专列，这是中铁集装箱公司与地方政府、生产制造企业借助横贯“丝绸之路经济带”的中欧班列，践行以“一带一路”倡议实现共同发展、合作共赢的又一写照。

6. 不断降低全程物流成本

在全程物流成本方面，为提高中欧班列的市场竞争力，按照贴近市场、覆盖成本的原则，对中欧班列国内运价实施优惠。同时，与中欧班列沿线国家铁路企业建立价格协调机制，秉承共建共促、互惠互利理念，按照量价捆绑原则，共同给予班列优惠价格，大力实施“三并二”“二并一”重联运输组织模式，大幅降低全程物流成本。目前，中欧班列全程运价较开行之初已下降30%以上，每40英尺重箱综合运费为6000—7000美元，约为海运综合运费（2000—4000美元）的2—3倍，是空运综合运费的1/5—1/4。

（二）中欧班列发展过程中面临的问题和挑战

随着“一带一路”建设的深入推进，给中欧班列带来了重大发展机遇。中铁集装箱在中欧班列发展中，始终坚持问题导向，积极探索实践，不断在实践过程中发现问题、解决问题，总结经验，取得了一定的成效。但是也要看到，中欧班列仍处于发展初期，还面临着诸多挑战。

1. 沿线通关效率低，影响班列开行质量

（1）信息采集重复分散。货物通关是涉及海关、检验检疫、铁路等多个部门和机构的一项系统工程。中欧班列货物途经沿线各国办理通关手续时，相关信息采集是最重要的一项工作，必须按照要求提供海关报转关信息、商品检验检疫信息、铁路运输信息、保险保价信息、电子支付信息等各类信息后才能办理通关手续。目前各国通关信息采集方式大同小异，各个部门或机构内部虽然都已实现数据电子化，但都相互独立，与其他部门的信息系统不能实现信息共享，形成信息孤岛，造成大量信息采集工作需要分散进行、重复作业，导致操作复杂、差错率增加，效率很低，难以适应中欧班列快速通关的需要。

（2）放行条件存在差异。一是国内通关时，虽然国家层面一直在努力推行通关一体化，但在操作层面，各地海关、商检对政策的解读以及掌握仍存在很大差异；同时，由于中欧班列国内城市海关、商检的监管经验以及对部分进出口货物的认知存在差距，在通关放行条件上存在差异，导致同样的货物在不同地区的通关要求不一致，影响了班列的开行。二是各国海关对通关放行的要求也不尽相同。发往欧洲的中欧班列，沿线要经过三到四个国家，需要面对不同的海关要求，补充更换单证资料，重复办理相关手续，直接影响中欧班列的运行时间。

（3）口岸查验影响时效。以西线通道到达波兰为例，中欧班列沿途要经过中哈、哈俄、俄白、白波等四个口岸。由于各国海关针对铁路口岸进出口以及过境货物，都要求有不同的查验比例，有的是要掏箱查验，有的是查验关封；如果掏箱查验，必须将集装箱卸下，在监管场地内进行掏装箱。由于中欧班列都是整列编组，一个集装箱查验就会造成整列滞压，不仅延长了全程运行时间，还会产生滞留费、吊装费等额外费用。查验关封虽然简单，但如果箱箱查验，也会影响班列通关时间，在中欧班列大量开行的情况下，很容易导致口岸积压，影响班列运行时间。

2. 班列分散经营，对外未能形成统一合力

（1）各地运营不统一，削弱对外谈判的话语权。自 2013 年以来，重庆、成都、武汉、郑州等多个城市相继组织开行了中欧班列。但是由于受区域性经营的局限性，各地以自身利益为导向，各个城市始发的中欧班列相互间视为竞争对手，各地方政府在境外纷纷建立办事处或经营性机构，背对背分头与境外铁路公司、班列运营商开展谈判，无法形成合力。一方面，各条班列向国外铁路公司提报的运量需求，叠加后远远大于国内市场实际需求，传递出需求远远大于供给的错误信号；另一方面分头谈判不但没有摸清国外铁路的价格，反而被外方分析出我们的成本底线，增加了进一步降低运输成本的难度，没有形成对外议价合力，极大降低了中欧班列对外议价的话语权。

（2）国外到站重复，造成出口方向货源分流。目前，中国境内稳定开行中欧班列的城市已达 48 个，但由于各地开行的中欧班列缺乏统一的规划，造成欧洲到达地过于集中。仅以汉堡为例，就有郑州、武汉、沈阳、长沙、兰州等多个城市组织开行到达汉堡的中欧班列，并在国内相互争抢货源。目前，去程班列欧洲终到站 80% 以上主要集中在汉堡、杜伊斯堡、罗兹、纽伦堡、蒂尔堡等少数几个城市。到站过于集中将导致目的地城市物流设施设备能力不足，造成物流分拨速度下降，场站拥堵；同时也造成国内同方向货源分流，加大了班列的组织难度，降低了运营效率。

（3）国内发站缺乏规划，货源组织无序竞争。由于没有强制性规划，各地政府或企业为了落实国家“一带一路”倡议，纷纷组织开行中欧班列；但由于部分区域班列开行过于密集，比如长三角地区同属江苏的苏州、南京，以及珠三角地区同属广东的广州、东莞、深圳等，造成班列分布不合理。另外，为了追求班列开行数量，吸引周边以及更远区域的货源，有的地方大幅降低价格，致使不同城市开行的班列之间无序压价竞争，不利于中欧班列健康发展。

3. 缺乏统一标准，各国信息交换不畅

（1）商品编码不统一。中欧班列沿线各国及多个国际组织关于商品编码有多个不同的执行标准，如铁组的通用货物品名编码、世界海关组织的 HS 编码、独联体国家统一的货物编码、中国铁路的编码系统等。海关的商品编码，各国也不同，如液晶显示屏，国内商编是 9013803020，欧盟是 8529909244。商品编码标准不一致，需要企业在沿途更换有关单证；不仅在报转关时操作复杂，效率低，容易造成混乱，而且延长了通关时间，给客户增加了物流成本。

（2）运输单证不统一。中欧班列运行国家跨越了冷战时期形成的两个铁路运输体系——国际铁路联盟（UIC）和铁路合作组织（OSJD）。UIC 是由欧洲主导的非政府铁路国际合作组织，OSJD 是由苏联主导的社会主义阵营间的铁路合作组织。从区域来看，OSJD 和 UIC 分别覆盖了中欧班列宽轨段和欧洲准轨段；从法规空间来看，两大体系使用的运输单证不同、工作语言不同。中国铁路属于 OSJD 成员，因此发往欧洲地区非 OSJD 国家的班列，需要在进入欧洲的铁路口岸更换单据，即由国际货协运单（OSJD 运单）更换为国际货约运单（UIC 运单）。由于目前单证尚未实现电子化，大量的纸质单证要随车到口岸，不但增加了口岸作业量，降低了口岸作业效率，也增加了货主的运输成本和途中出现问题的概率。此外，中欧班列运输运单均是按照每个箱（车）来办理，填制过程烦琐，而且铁路联运运单仅是一种运输合同，不能作为物权凭证，无法满足国际贸易中普遍实行的信用证结算方式，对客户及时办理结汇、控制交易风险等造成影响。

（3）运输安全标准不统一。中欧班列途经多个国家，行程近万公里，确保安全稳定至关重要。但是中欧班列沿线各国铁路运输安全标准不统一，如入箱装载加固方案认定标准不同，危险品认定标准以及运输防护措施不统一，都有可能造成安全隐患，影响班列的开行安全。

4. 境外基础设施能力不足，影响班列规模开行

（1）铁路场站以及物流配套设施能力不足，亟待投资。中欧班列开行六年来，年运量从 17 列迅速增长到近 4000 列，日均超 10 列，年运送集装箱达 20 万标准箱（TEU）以上，这对于境外铁路来说全部是新增运量。相比中国铁路的高速发展，中欧班列沿线各国铁路场站能力目前已经无法适应中欧班列的发展速度，特别是中亚、俄罗斯以及欧洲内陆部分主要班列到站，既有的场站装备条件差，场地面积小，现在已经趋于饱和，无法满足班列新增运量的需求。同时，中国出口货物到达欧洲中欧班列沿线国家及内陆国家后，需要与之配套的物流设施，满足其分拨、仓储、加工等后续全链条的物流服务，而这部分物流设备设施的不足也影响到中欧班列的发展。

（2）铁路口岸通过及作业能力不足，急需改善。由于铁路轨距的差异，中欧班列运输的集装箱要经过两次换装作业，一次是在中国出境时，一次是进入欧洲时。进入欧洲的中欧班列绝大部分都经过白俄罗斯和波兰之间的布列斯特—马拉舍维奇口岸进行换装作业。目前该铁路口岸的换装能力已经不堪重负，波白双方的铁路设施均超负荷运营；中欧班列在该口岸的通过时间由最初的几个小时已经延长到几天，大幅延长了班列运输时间。部分从白俄罗斯、拉脱维亚、立陶宛进入欧洲的铁路口岸设施设备仅具备每天一列的作业能力，无法满足中欧班列快速发展的需要。

（3）车辆能力不足，无法满足运输需求。中欧班列沿线各国铁路均为网运分离模式，运输车辆私有化，大部分班列运输车辆属于班列运营商。特别是宽

轨段的运营商，由于其自身的体量、资金限制，集装箱专用车保有量最多的有1000多辆，少的仅有200—300辆。按照目前中欧班列的发运量计算，每天在宽轨段需要有5000辆的集装箱专用车辆才能满足运输需要。今年以来，在满洲里—后贝加尔、二连—扎蒙乌德、阿拉山口—多斯特克三个口岸，都已经出现因宽轨段缺少车辆造成的班列延误。同时由于车辆不足，宽轨段车辆使用费居高不下，提高了全程运营成本。车辆能力不足已经成为制约中欧班列发展的重要因素。

5. 回程货源少，双向班列开行不平衡

（1）进口货源不足，与海运价格差异大。由于中欧经济发展水平不同，产业结构不同，贸易不平衡，中国与欧洲货物存在贸易顺差。目前欧洲出口中国的货源主要是高档消费品、高技术设备等高附加值产品，货值高，运量小，因此欧洲返程货源从运量上看远远小于去程。同时，海运作为中欧间货物运输的主要方式，欧洲返程中国的海运价格极低，最低时只有几百美元，也给中欧班列返程货源组织带来更大的难度。

（2）内陆场站口岸功能不足。我国的口岸主要设置在沿海、沿边地区以及能够直接进出国境的内河港口，内陆城市的口岸大多设在空港，很少有铁路口岸；即使有，在功能上也有所欠缺。中欧班列的开行，虽然为内陆城市带来了进出口的新通道，但由于缺乏功能完善的铁路口岸，部分货物如汽车整车、肉类、木材等无法在内地城市完成清关，直接影响到进口货源的组织。

三、中欧班列服务"一带一路"建设的展望

中铁集装箱将围绕落实和服务"一带一路"倡议，不断扩大中欧班列的"朋友圈"，与"一带一路"沿线国家铁路和国内各地方政府一道，共同升级打造中欧班列国际物流品牌。

（一）中欧班列高质量发展的思路

1. 加快推进便利化通关

一是与中欧班列沿线国家海关建立国际合作机制，进一步推进信息互换、

监管互认、执法互助的海关合作，扩大海关间监管结果参考互认、商签海关合作协定等，推行中欧“经认证经营者”互认合作，提高通关效率。二是推动全国通关一体化，让企业可以选择在任何一个海关申报、缴纳税款，实现一次申报、指运地（出境地）一次查验，换装地对不改变施封状态的直接放行。三是海关、检验检疫等口岸查验机构以及铁路部门间加强协作，加快信息数据交换和共享，提高多式联运管控的信息化、智能化、规范化水平，建立集约、快速、便捷、安全的多式联运监管模式，使班列在口岸停留时间不超过6小时。建立一个以中欧班列为基础的国际铁路多式联运通关制度和体系，进而上升为“一带一路”建设便利通关的相关规则，实现“一带一路”沿线国家贸易畅通。

2. 统一班列运营主体

按照统一品牌标志、统一运输组织、统一全程价格、统一服务标准、统一经营团队、统一协调平台、强化机制和装备保障（简称“六统一、两保障”）的原则，打造快捷准时、安全稳定、绿色环保的中欧班列国际物流品牌，不断提高中欧班列竞争力。一是强化铁路在中欧班列通道建设、运营组织、品牌维护等方面的主体责任和主导作用，充分发挥各地方政府的平台企业在组织货源、拓展贸易、提供线下服务等方面作用。二是优化运输组织。按照“干支结合、枢纽集散”的班列组织方式，在国内主要货源地、主要铁路枢纽、沿海重要港口、沿边陆路口岸等地规划设立一批中欧班列枢纽节点；依据境外货源集散点、通道路径及铁路枢纽情况，合理设置若干中欧班列境外节点；在宽轨段采取班列合并开行、欧洲段再分开的重联运输组织模式，进一步降低境外运输成本。三是统一全程价格。充分发挥中欧班列运输协调委员会主导作用，按照量大从优的原则，与中欧班列沿线国家铁路运营企业开展价格谈判，扭转目前国内各自为政、各自对外议价的被动局面，以市场换价格，逐步形成统一对外、统筹建设、统一协调的发展格局，在提高中欧班列运营管理能力、运输组织水平和市场竞争能力方面实现新突破。

3. 统一标准规则

一是加强与铁路合作组织、国际铁路联盟、世界海关组织、万国邮政联盟等国际组织的合作，建立统一互认的商品代码、单证格式、货物安全、保险理赔、通关便利、数据共享等相关规则和技术标准，提高班列运行质量和效率。二是整合国内相关行业、部门、企业信息资源，建设中欧班列信息服务平台，逐步实现与沿线国家铁路、海关、检验检疫等信息系统的电子数据交换与共享，打通物流信息链；推行海关、检验检疫、铁路、港口单据电子化，打造"数字化"中欧班列。三是建立以中欧班列多式联运提单为主的运输单证体系，解决铁路国际联运运单不具备物权凭证属性和不适应国际贸易操作需求的问题，实现与海运及空运以提单运输和交付的国际通行方式接轨。通过以上努力，逐步形成"一带一路"沿线国家铁路国际联运统一的标准体系。

4. 推进通道及装备建设

一是充分发挥"一带一路"建设的外交、投资、合作和技术等优势，积极协调波兰、白俄罗斯、蒙古国等相关国家，加快对既有线路进行升级改造，对口岸换装站作业能力进行扩充；积极支持波罗的海、环里海、黑海国家和中东欧国家开辟新的中欧班列运输通道。二是与相关国家合作，规划建设若干境外集疏运枢纽，加快形成与中欧班列干线运输能力相适应、多式联运功能完备的集散分拨中心；采取多种形式，解决中欧班列宽轨车、冷藏等特种集装箱设备数量不足的问题。三是发挥亚洲基础设施投资银行、丝路基金等金融投资作用，鼓励国内企业"走出去"，在国外重要节点城市和与我国产能合作密切的城市，通过收购、合资、合作等方式，加强物流基地、分拨集散中心、海外仓等建设，提升物流辐射和服务能力。通过上述努力，使我国既有的基础设施及铁路装备的设计、建设、制造和投资优势得以充分发挥，使沿线国家铁路等物流装备能力得到有效改善，使中欧班列运输通道更加完善。

5. 扩大回程货源组织

从国家、地方、企业等多个层面强化协调组织，促进中欧班列双向均衡发展。一是国家有关部门、单位在对外投资、物流园区建设时，要将中欧班列作为物流配套方式，同步规划、同步建设、同步推进。加强与沿线国家政府相关方面的合作，以国际产能和装备制造合作为契机，推动中欧班列向我国在沿线国家建设的境外经贸合作区、有关国家工业园区、自由港区延伸，吸引更多货源通过中欧班列运输。二是地方政府要积极支持区域内企业扩大与中欧班列沿线国家的产能合作、贸易往来，增加中欧班列货源。三是铁路部门要加强与国内外大型物流企业、港口企业、货代公司合作，发挥集货作用，促进优势互补。四是鼓励我国企业在境外重点区域设立办事机构，推进合资建立经营网点，提高境外物流经营能力；吸引外国企业在我国建立全球或区域物流配送、高科技技术装备研发和制造基地；扩大向“一带一路”沿线国家的物资商品采购，为中欧班列发展增加更多的货源支撑。

（二）中铁集装箱下一步的发展方向

1. 进一步优化班列组织

以现有稳定开行的各主要中欧班列货源为核心货源，拓展国际联运中转集结服务，采用箱中转、车中转等方式，大力组织开行国内各主要城市对欧洲节点城市的往返中欧班列，加快形成覆盖中欧全境的班列开行格局。

2. 完善协调机制建设

在推进“一带一路”建设工作领导小组办公室指导下，积极参与中欧班列专题协调机制，发挥中欧班列运输协调委员会秘书处作用，协调解决中欧班列日常运行、货源组织、价格政策、品牌管理等问题。通过落实签署的七国铁路《关于深化中欧班列合作协议》，加强与沿线各国铁路、物流企业的政策沟通与融合发展。

3. 开发新的运输产品

在中欧班列既有线路的基础上，继续开发新的线路和运输产品，与各地方政府以及沿线各国铁路加强中欧班列的营销宣传，加强返程货源组织，鼓励支持本地区企业通过中欧班列运输。

4. 加快实现便利化通关

进一步加强与海关、质检部门和境外铁路信息交换工作，争取在信息交换、便利通关上取得突破性进展，做到报关、查验与中欧班列开行班期密切衔接，口岸转关、换装时间控制在 12 小时以内，实现中欧班列 10 日运达的目标。

5. 加强规章制度建设

共同推动中欧班列沿线国家铁路、海关、邮政、商贸等部门进一步优化完善相关规章制度，强化运输安全保障，完善运输理赔服务，放开运输品类限制，为中欧班列发展创造更加有利的制度环境。

6. 强化境外经营和服务能力

加快注册成立中铁集装箱俄罗斯和德国境外子公司，既作为铁路箱回程揽货的平台，也为国内各平台公司提供境外协调服务，充分利用公司境外子公司积极开展市场营销和运输协调，不断提升国际物流经营能力。

中欧班列的发展凝聚着沿线各国铁路、政府和企业等各界的智慧与汗水，是各方融合发展、合作共商的产物。在"一带一路"建设深入推进的时代背景下，中铁集装箱运输有限责任公司秉承"共商、共建、共享"的理念，发挥中欧班列桥梁和纽带作用，形成中欧班列持续健康发展的良好运行机制，打造"快捷准时、安全稳定、绿色环保"的中欧班列国际联运物流品牌，为更好地服务"一带一路"建设、促进中欧间经贸发展做出积极贡献。

点评：钢铁通途助力"一带一路"

如习近平主席所说，互联互通是"一带一路"的血脉经络。中欧班列是"一带一路"建设的先行者，也是与沿线各国共建"一带一路"的典型案例。该案例从企业具体实践出发，提供了翔实的数据。概括地看，中欧班列的快速发展呈现出开行规模增长迅速、运输覆盖范围不断扩大、运输货品种类持续增多、运营模式较为清晰等特点。中欧班列经过近几年的快速发展已经形成较为成熟的格局，进入优化升级的整合阶段。

基础设施互联互通是"一带一路"建设的基础性优先领域，在"一带一路"建设和发展中起着先导性作用。从某种意义上理解，"一带一路"倡议和中欧班列的发展互为因果，正是因为中国与沿线国家围绕"一带一路"建设在政策沟通、贸易畅通、设施联通等领域达成积极合作，不同程度地支持了中欧班列的各项工作。反过来，中欧班列的迅猛发展也可以看成是"一带一路"共建的一项重要成果，中欧班列建设发展的持续深入可以继续推动沿线国家的基础设施互联互通。

基础设施建设包括的领域很多，铁路、信息设施、管道、电网、港口、公路等。这类企业在发展过程中要紧紧围绕共建“一带一路”目标，起到带动中国与沿线国家的经济发展的重要作用，同时兼顾自身的健康可持续发展。

翟崑，一带一路百人论坛专家委员会委员，北京大学区域与国别研究院副院长，国际关系学院教授

由点到面的“投建营”一体化模式

中国铁建股份有限公司

中国铁建股份有限公司（以下简称“中国铁建”）是国务院国有资产监督管理委员会管理的特大型建筑企业，在美国《工程新闻纪录》（ENR）公布的“全球承包商250强”中稳居第3位，在2018年“世界500强企业”中排名第58位。

中国铁建业务涵盖工程承包、勘察设计咨询、房地产、投资、装备制造、物资物流、金融及其他新兴产业，经营范围遍及全国34个省（市）、自治区、特别行政区以及全世界119个国家。企业具有科研、规划、勘察、设计、施工、监理、运营、维护和投融资完整的行业产业链，能够为业主提供一站式综合服务，在高原铁路、高速铁路、高速公路、桥梁、隧道和城市轨道交通工程设计及建设领域确立了行业领导地位。

中国铁建是最早“走出去”的工程承包企业之一。早在20世纪60年代末，公司所属中土集团的前身——铁道部援外办公室就带领铁路系统企业参与了当时中国对非最大援助项目——坦赞铁路的建设，在中非合作史上写下了壮丽篇章。20世纪60年代末70年代初，中国铁建的前身——铁道兵所属单位还参与了朝鲜平壤地铁的建设，为中朝友谊做出了重要贡献。

在20世纪后30年，中国铁建“走出去”历经了劳务分包、施工分包、施工总承包等几个阶段，在拓展海外市场的过程中，逐渐开拓了国际视野，培养了一批国际商务人才，积累了一批国际合作伙伴，为日后的发展积蓄了力量。

进入新世纪以来，中国铁建的海外业务迅猛发展，先后多次刷新中国对外承包工程的历史纪录，相继成功签约了土耳其安伊高铁二期、阿尔及利亚东西高速公路、尼日利亚铁路现代化项目、尼日利亚沿海铁路。在深度参与国际市场的过程中，中国铁建承揽和实施大型项目的能力显著增强，设计—施工（DB）、设计—采购—施工（EPC）总承包项目份额不断扩大，投融资项目的地位和作用日益凸显，多元化经营稳步推进，海外业务进入跨越式发展的“快车道”。

一、书写“一带一路”建设新篇章

党的十八大以来，我国政府奉行互利共赢的开放战略，发展更高层次的开放型经济，努力开创对外开放新局面。2015年对外发布了《推动共建丝绸之路经济带和21世纪海上丝绸之路的愿景与行动》，为企业参与对外经济合作指明了方向，提供了新的机遇。在新时代、新愿景、新征程中，中国铁建充分认识到“一带一路”建设是实现中华民族伟大复兴“中国梦”的顶层设计，是习近平同志构建人类利益命运共同体的伟大实践，是企业深度融入国际市场、提升国际化能力、打造国际化品牌的历史机遇，中国铁建理应担当使命，主动作为。自“一带一路”倡议提出以来，中国铁建站在历史发展、国家进步、企业竞进的高度，从战略规划、组织保障、实施路径上进一步确立了“一带一路”建设在企业改革发展中的重要引领作用，紧紧依靠、坚决服从党和国家的正确领导，奋力抢抓“一带一路”历史机遇，全方位融入对外开放新格局，以担当基础设施“走出去”主力军为己任，充分发挥企业主体作用，充分遵循商业原则和国际惯例，瞄准互联互通关键通道、关键节点和重点工程，全面参与“一带一路”建设。海外业务范围不断拓展，经营规模稳步增长。截至2017年底，中国铁建的经营范围已覆盖“一带一路”沿线42个国家，拥有在手项目合同额超过220亿美元。总体而言，中国铁建的转型升级迈出实质性步伐，企业品牌影响力显著增强，在国际化进程中取得了新成就。

（一）在参与双边合作项目上取得显著成效

在党和国家领导人的批示指示或高访见证下，中国铁建参与了一批政府间合作项目。其中，承建的项目有：中国企业在海外承建的第一条高速铁路土耳其安伊高铁二期，在非洲采用中国标准修建的第一条现代化铁路尼日利亚阿卡铁路，采用中国标准在海外一次性建成的最长铁路安哥拉本格拉铁路，中国企业在欧洲铁路既有线改造市场承揽的第一个项目黑山修复改造项目，丝绸之路框架下首个开工并建成的铁路项目塔吉克斯坦瓦亚铁路，我国首条集设计标准、投融资、装备材料、施工、监理和运营管理为一体的“全产业链中国化”铁路埃塞俄比亚亚的斯亚贝巴至吉布提铁路等，目前都已相继完工或建成通车；承建的我国海外高铁“第一速”、设计时速360公里的高铁沙特阿拉伯麦加至麦地那高铁项目建设稳步推进。此外，中标的中国企业在海外单体合同额最大项目——尼日利亚沿海铁路分段实施工作也在稳步推进；中标合同额19.79亿美元的沙特阿拉伯内政部安全总部第五期军营项目，刷新了近年来沙特阿拉伯房建项目合同额的最高纪录。

（二）在服务经济外交大局中彰显责任与担当

中国铁建发挥企业属性及专业优势，积极参与国际论坛、境外铁路规划研究、技术与装备展览等科研及公共外交活动。在2017年5月份举办的“一带一路”国际合作高峰论坛上，中国铁建先后与3个国家的元首、13个国家的30多位部长进行了高端对接。中国铁建主动参与国家发展改革委、交通运输部、商务部、国资委领导赴境外市场考察或项目推进活动，在企业层面为国家部委提供专业性意见或建议；积极参加新加坡高铁展、德国轨道交通技术展、伊朗装备展、中阿博览会等展览活动，以企业身份广泛推介中国高铁施工装备和技术品牌；发挥企业在沙特阿拉伯、尼日利亚、阿尔及利亚等国的属地优势，在所在国大使馆的统一领导下，先后配合完成了习近平主席访问沙特阿拉伯等重大外事活动的后勤保障工作；积极配合中联部开展党际交往活动，先后参与了中俄政党论坛、亚洲政党丝绸之路专题会、中国共产党与世界政党高层对话会等，配合接待了阿尔及利亚、格鲁吉亚、古巴、印度尼西亚等多个国家的党政领导人；受部委委托，先后承担了吉尔吉斯斯坦、塔吉克斯坦、阿富汗、哈萨克斯坦、印度、蒙古国等的铁路规划研究，为部分项目推进提供了高水平的技术方案支撑；先后组织对法国、德国等欧洲铁路技术标准、规范进行翻译、整理和内部学习，并以利比亚沿海铁路、土耳其安伊高铁等项目实践为载体，掌握并融入了国际标准体系；加强自主技术体系适应性研究，完成《海外重载铁路维修模式研究》《中德铁路技术标准及体系研究》《海外项目接触网工程量清单报价系统研究》，为铁路“走出去”提供了前沿性技术支撑。

（三）开拓中高端市场取得实质性突破

中国铁建始终将进入中高端市场作为提升国际化经营能力的重要抓手，依托国家“走出去”战略及自身经营网络、专业优势及技术支撑，先后在欧洲、美洲等市场取得实质性突破。继进入欧洲铁路既有线改造市场，成功实施黑山铁路修复改造项目后，又中标塞尔维亚铁路修复改造项目，在东南欧铁路市场实现滚动发展。继承建以色列红线轻轨后，与深圳地铁等单位组成联合体中标该项目的运营合同，在拓展发达国家地铁运营市场上取得重大突破。2015 年 3 月，中国铁建下属铁一院组成的联合体成功中标秘鲁利马地铁 2 号线综合监理服务项目，标志着中国公司首次进入南美地铁咨询业务领域；2017 年 1 月，中标俄罗斯莫斯科地铁第三换乘线项目，标志着中国公司首次进入俄罗斯地铁建设市场；2016 年 8 月，下属铁一院成功中标加拿大 Ring of Fire 地区铬矿基础设施走廊铁路工程项目可行性研究及咨询服务合同，首次进入北美铁路咨询服务市场；承建的总高度 342.5 米的马来西亚四季酒店项目于 2017 年 5 月成功封顶，成为吉隆坡中心区域的又一地标性建筑。虽然中标的墨西哥城至克雷塔罗高铁项目因墨方单方面违约导致合同终止，但通过参与项目投标，中国铁建进一步掌握了欧美重大项目的招标流程、标准体系及运作模式，积累了进军欧美发达市场的经验。

（四）参与境外产能合作取得务实成果

通过投资境外工业园、铁路等基础设施，以及参与境外重大项目建设，中国铁建积极带动中国装备、技术、标准、品牌“走出去”。先后参与了厄瓜多尔铜矿、几内亚西芒杜铁矿、尼日利亚莱基自贸区、吉布提铁路等项目的投资和开发，在海外成功布局了一批矿产、工业园区、铁路股权投资项目；先后参与了埃塞俄比亚德雷达瓦工业园、阿瓦萨工业园、孔博查工业园、阿达玛工业园的建设，以及其中部分工业园的投资及运营，成为中埃产能合作的重要参与力量；在建设尼日利亚阿卡铁路、安哥拉本格拉铁路、埃塞俄比亚的斯亚贝巴至吉布提铁路、新加坡大士西延长线项目的过程中，累计带动超过 20 亿美元的机械设备、建筑材料、铁路机车车辆的出口；承建的尼日利亚阿卡铁路、安哥拉本格拉铁路、尼日利亚拉伊铁路、埃塞俄比亚的斯亚贝巴至吉布提铁路、尼日利亚阿布贾城铁等项目均采用中国标准、中国技术，助推中国铁路技术标准成为非洲各国建设铁路的参照样板。自主生产的盾构机成功销往俄罗斯、土耳其、伊朗等国家和地区；2017 年 12 月签订了中国台湾捷运万大线盾构机销售合同，标志着大陆地下施工装备首次进入台湾地区，成功打破日本对该市场长达 30 多年的垄断。

（五）推动产业链延伸取得开创性成效

中国铁建充分发挥自身的全产业链优势、投融资优势及建设优势，在巩固境外工程承包主业的基础上，积极向上下游产业链拓展，不断提升产业链集成能力。目前，在铁路“走出去”过程中已实现规划研究、勘察设计、项目咨询、工程承包、监理服务、车辆供应、运营维护的全产业链覆盖。近年来，中国铁建先后参与了塔城（中国）至阿亚古兹（哈萨克斯坦）铁路、中吉乌铁路、阿富汗铁路等项目的可行性研究；先后参与了尼泊尔梅奇至马哈卡利电气化铁路、巴基斯坦 1 号铁路干线（ML1）等项目的前期可研及初步设计；先后参与了土耳其安伊高铁、塔吉克斯坦瓦亚铁路、沙特阿拉伯麦加轻轨、沙特阿拉伯麦麦高铁、格鲁吉亚铁路现代化等项目的工程总承包；先后实施越南北方铁路三线一枢铁路通信信号工程、斯里兰卡南部铁路等项目的施工监理；先后实施泰国、尼日利亚、坦桑尼亚等国的机车采购与供应合同；先后参与麦加轻轨、以色列红线轻轨、埃塞俄比亚亚的斯亚贝巴至吉布提铁路、尼日利亚阿布贾城铁一期等项目的运营。

（六）国际业务收入和利润稳步增长

近年来，受益于国家外向型经济发展，尤其是“一带一路”建设带来的众多机遇，中国铁建境外业务规模、效益及质量稳步提升。2013 年至 2016 年，公司实现境外收入逐年增长，年平均增长率达到 14.8%，2016 年突破 500 亿元人民币大关；境外利润年平均增长率为 86%，2016 年突破 30 亿元人民币。海外业务对公司整体经营的贡献率不断提升，2016 年，公司占比只有 5% 左右的境外收入，贡献了占比达 16.98% 的利润。截至 2017 年底，公司拥有海外在手项目合同额超过 5500 亿元人民币，拥有境外资产超过 500 亿元人民币，境外资产配置的效率、效益及质量不断提升。

（七）履行企业社会责任亮点突出

中国铁建坚持正确的义利观，秉承“企业发展与社会进步、民众福祉相结合”的宗旨，切实履行“企业公民”的责任和义务，推动当地可持续发展。在沙特阿拉伯，公司在参与麦加轻轨运营的五年间，累计运送朝觐者超过 1600 万人次，期间未出现任何安全事故。在尼日利亚爆发埃博拉疫情期间，项目部向当地社区捐赠消毒洗手液、香皂、电子测温仪等，受到拉各斯州政府的高度赞誉。在埃塞俄比亚，利用施工用的内燃机车，组织百余名员工，将累计 10 万吨的散装粮食从吉布提港口运转至埃塞俄比亚，为缓解埃塞俄比亚人道主义危机做出了重要贡献，被称为“值得信赖的合作伙伴”。在修建埃塞俄比亚亚的斯亚贝巴至吉布提铁路的过程中，累计雇用 20,000 多名埃塞俄比亚员工和 5000 多名吉布提员工，主动为沿线村镇捐款、捐献办公用品，帮助当地村庄义务修筑乡村公路。在阿尔及利亚，项目部协助中国驻阿尔及利亚大使馆、阿尔及利亚人民报组织“传承中阿友谊，共圆美好梦想”主题征文活动，为当地捐款 100 万第纳尔，为项目所在地小学生捐赠 500 多个书包。在瓦努阿图，项目部赞助当地体育赛事，资助当地 TFA 足球队，该足球队获得当地联赛冠军，并代表瓦努阿图出席了 2018 年太平洋地区冠军赛。

二、铸就“一带一路”建设新丰碑

“一带一路”倡议提出以来，已走过五个年头，在全球范围内的影响力不断增强，吸引了越来越多国家的支持与参与，已成为全球治理的新方案。在参与“一带一路”建设的过程中，中国铁建以项目建设为纽带，主动融入当地社会，履行企业责任，争做所在国经济发展的参与者、贡献者，搭建起了设施联通、民心相通、文化融通的桥梁，彰显了央企的责任与担当，塑造了一座又一座建筑丰碑。

（一）亚吉铁路——“新时期的坦赞铁路”

埃塞俄比亚亚的斯亚贝巴至吉布提铁路项目（米埃索—吉布提段），合同额 19.8 亿美元；线路起自埃塞俄比亚的米埃索，向东连接吉布提出海口，全长 430 公里。其中，埃塞俄比亚境内有 340 公里；吉布提境内有正线 78 公里，另有港口支线12公里。作为设计—采购—施工（EPC）的交钥匙工程，该项目的EPC总承包商为中国铁建所属的中土集团，中国国际工程咨询公司为项目咨询。埃塞俄比亚段铁路70%的资金和吉布提段85%的资金由中国进出口银行提供融资支持。

该项目是中国政府支持非洲"三网一化"的重点项目。亚吉铁路是第一个集设计标准、设备采购、施工、监理、融资、运营为一体全流程"中国化"的电气化铁路项目。该铁路项目连接埃塞俄比亚和吉布提两国，是中国企业在非洲修建的第二条跨境铁路，被誉为"新时期的坦赞铁路"。该项目于2012年4月开工，2015年6月全线铺通，2016年10月举行了通车仪式，2018年1月1日开始商业化运营。项目建设期间，成功带动4亿多美元的中国机械设备、通信及四电设备、建筑施工材料走进非洲市场，并为埃塞俄比亚、吉布提提供了30,000多个工作岗位。亚吉铁路的实施，创造了"由一条铁路带动一条经济带"的亚吉模式。中土集团以承建亚吉铁路为契机，相继承建了埃塞俄比亚阿瓦萨、德雷达瓦等工业园，亚吉铁路沿线一座座工业园正在兴起；阿瓦萨工业园已建成投产，吸引了20多家本地及国际企业入园，未来将创造60,000个就业岗位。

亚吉铁路的建设及开通运营，极大促进了埃塞俄比亚和吉布提经济的发展。目前，亚吉铁路成为埃塞俄比亚乃至东非腹地物资出口、交通运输的主要通道，极大地改善了埃塞俄比亚、吉布提两国的交通基础设施现状和物流贸易效率，并将辐射周边国家和非洲内陆地区。据初步测算，基于铁路及沿线工业园建设、运营带来的拉动效益，埃塞俄比亚国内的经济增速将提高两个百分点以上。

通过修建铁路、配套投资运营工业园区，中国铁建创造了"由一条铁路带动一条经济带"的亚吉模式，为埃塞俄比亚和吉布提经济发展注入了强劲动力。亚吉模式不同于以往单纯的援建和"两优"项目，涉及铁路及铁路之外的多领域投资合作开发，有利于增强当地的"自主造血"功能和双（多）方的互利合作共赢，高度契合"一带一路"建设"共商、共建、共享"的理念，让相关国家有更多的、实实在在的获得感，有助于更好推动"一带一路"建设的具体落地。通过亚吉模式，中国铁建不仅掌握了铁路运营权，而且全方位参与了铁路沿线的经济开发，参与建设铁路的出海港口——吉布提港，实现了"路港一体化"，这对保障我国在该地区的战略依托、拓展利益、提升影响力具有重要作用。在项目的建设和运营过程中，公司采用“中国标准”为当地培养了一大批铁路专业技术人才和运营管理人才，通过“潜移默化”式的培训代替“主观植入”式的宣讲，对推广中国铁路技术标准、推动中国铁路“全产业链走出去”具有重要意义。

（二）卡拉奇—拉合尔高速公路——“一带一路”上的璀璨“明珠”

巴基斯坦卡拉奇—拉合尔高速公路Ⅲ标段（以下称“卡·拉高速公路项目”）位于旁遮普省，起于木尔坦（阿卜杜勒哈基姆），止于拉合尔，起讫里程Km917+000至Km1146+950，全长229.95公里，设计时速120公里/小时，路面宽度31.5米，为双向6车道；采用美国及巴基斯坦技术标准。该项目于2016年1月29日签订合同，2月19日下达开工令，合同工期30个月，合同额为1486.54亿卢比（约合93.76亿元人民币，资金来源为巴基斯坦政府）。项目采用EPC总承包模式，由中国铁建所属中铁二十局与巴基斯坦第二大建筑承包商ZKB公司组成联合体承建；中铁二十局为联合体牵头方，承建138公里（60%），ZKB承建92公里（40%）。

在项目建设过程中，中铁二十局项目管理团队始终坚持开放思维和国际化眼光，始终坚持在质量创优中铸品牌，在强化管理中创效益，在加速施工中创信誉，在深化合作中共建友谊路、平安路，按照“稳增长、重质量、树形象、可持续”的管理方针，以人为本，推行“半军事化”管理模式，取得了显著成绩。2016年8月22日及2017年5月10日，巴基斯坦前总理谢里夫两次视察，对项目建设中创造的“中国速度”和“中国质量”给予了高度赞扬，称赞中铁二十局是“中巴友谊的典范、高速公路建设的先锋”。2018年5月28日，该段高速公路提前80天建成通车，巴基斯坦总理阿巴西出席通车典礼并致辞，称这条高速公路的建设使拉合尔与巴基斯坦其他地区之间建立了快捷的交通线，将推动相关地区实现前所未有的发展，并将持久地造福巴基斯坦人民。

在建设过程中，项目部积极履行社会责任，帮助当地水利部门疏浚灌溉水渠和改移乡镇道路，项目工地医院无偿为当地警察和民众看病治病1500多人次。沿线各驻地营房在工程结束后将无偿赠送给当地作为学校、幼儿园和医院。项目部多次组织中巴方员工，安排机械设备，专门清扫当地村镇公路，受到了当地政府和沿线居民的称赞。

卡·拉高速公路连通巴基斯坦首都伊斯兰堡与南部最大港口城市卡拉奇，是贯通巴基斯坦南北的“大动脉”，也是“一带一路”的关键线路。它将辐射周边地区近亿人口，促进旁遮普省及周边地区物资流通和人员流动，对区域经济发展和社会稳定具有深远影响。卡·拉高速公路项目建设带动了中国设备物资进出口，据统计，建设过程中共从中国进口设备、仪器 500 余台套，各类物资 30 余批次，共计价值约 4 亿元人民币。项目部积极推进属地化管理，大量使用当地机械设备和人力资源，整合当地施工机械设备 2000 余台（套），雇用巴籍员工 8000 余名，累计万余名巴籍人员参与了项目建设，有力带动了当地建筑业的发展。

（三）莫斯科地铁第三换乘线西南段项目——新时期中俄合作的标志性工程

莫斯科地铁第三换乘线西南段项目是中国铁建在俄罗斯在建的最大项目。项目施工合同额 229.8 亿卢布，初步设计合同额 3 亿卢布，施工图设计合同额 1.3 亿卢布，合同总额共计 233.69 亿卢布（约 25.62 亿元人民币）。项目全长 4.6 公里，共 3 个车站和 4 个区间。

拥有 80 多年历史的“莫斯科市地铁系统”是世界上最繁忙的地铁线路之一，更因其地下宫殿般的精美设计而闻名于世。经过数十年的发展，中国在地铁设计、施工工艺等方面已走在了世界前列。莫斯科市有关领导在参观完中国铁建承建的北京地铁项目之后，对中国地铁的建设、管理、运营水平由衷赞叹，坚定了其将中国建筑企业引进莫斯科地铁市场的决心。

2014 年 5 月 16 日，中国铁建和莫斯科市政府在上海签署莫斯科地铁项目合作谅解备忘录。经过不懈努力和坚持，2017 年 1 月 24 日，中国铁建俄罗斯有限公司在莫斯科城市建设局签署莫斯科地铁第三换乘环线西南段施工安装商务合同。该项目的中标，标志着中国企业凭借先进的技术首次挺进俄罗斯地铁领域，有力地带动了中国重型装备“走出去”，为进军俄罗斯及其他欧美发达基建市场奠定了坚实基础。同时，该项目的中标是继中苏北京地铁一号线后，进入新世纪以来中俄第一个地铁合作项目，也是中资企业在欧洲的第一个地铁项目。

中国铁建负责该项目的设计和施工，将中国先进的设计理念和施工工艺深度融合到俄罗斯地铁领域。此外，公司还根据莫斯科当地的气候和地质条件为该项目设计和生产了5台大型隧道盾构掘进机。中国铁建自主研发的隧道盾构掘进机已占莫斯科市场的15%，成功打破了欧美公司对俄罗斯的市场垄断。该项目的签约和实施，将为“一带一路”倡议与俄罗斯欧亚经济联盟的对接创造良好平台，为中俄两国政府和人民的友好关系做出积极贡献。

三、推进“一带一路”互联互通重大项目建设的新思考

“一带一路”倡议顺应历史发展潮流，顺应各国加快发展的愿望，为全球提供了一个包容性巨大的发展平台，正在引领全球治理新变革，孕育新的经济增长动力，打造国际合作新样本；其对全球政治、经济的深层次的影响将会随着“一带一路”建设的深入推进而愈发显现。但是，“一带一路”宏伟目标的实现不可能一帆风顺、一蹴而就，在推进过程中会遇到挑战，遭受质疑，引发误解，出现不同声音。为更好地推进“一带一路”互联互通重大项目建设，我们提出以下建议：

首先，在国家层面应建立由国家相关部委共同参与的“一带一路”沿线重大项目协调、推进机制，集中各方力量，协调各方面资源，加大对重大项目的协调、推进力度，提升协同推进效果。加大“一带一路”倡议与沿线有关各国倡导的“欧亚经济联盟”“光明之路计划”“中间走廊计划”“欧亚倡议”等的对接力度，吸引更多的国家主动参与到“一带一路”建设进程中，提升各国对“一带一路”建设的认同感、参与度和积极性。

其次，应加大对“一带一路”沿线重大项目的统筹协调力度，突出中央企业的专业优势，减少我国企业内部恶性竞争，提高沿线重大项目建设管理水平。建立“一带一路”沿线重大项目设计咨询专项资金，推动国内企业从项目规划与可行性研究入手，赢得经营的先机和主动权，带动更多的装备和产品“走出去”。

再次，在行业层面应委托国内专业设计院、研究院对“一带一路”沿线各国铁路、公路等基础设施的设计、建设标准进行研究，比较中国标准与沿线各国标准的差异，积极推动中国与沿线国家的设计建造标准、产品标准以及工程师资格互认。组织行业学会、协会、有关企业加强与“一带一路”沿线有关交通主管部门、行业组织、主流媒体的沟通交流，宣传中国在基础设施建设领域取得的成就，展示中国建造的专业优势、技术优势、成本优势和一流品质。

中国铁建在参与“一带一路”建设方面，摸索出了一些好的做法，积累了一定的经验。例如，公司在建设亚吉铁路的过程中，实现了中国的设计标准、装备材料、施工、监理和运营管理的全产业链输出，参与了该铁路吉布提段和沿线工业园的投资建设，助推了国际产能合作，打造了沿线产业经济带，产生了良好的政治、经济及社会效益，受到了国内有关部委和埃塞俄比亚、吉布提政府的支持和认可。中国铁建开创的亚吉模式对于中资企业在海外进行“投建营”一体化，推动重大项目合作，打造可持续的基础设施，具有重要的参考价值和借鉴意义，建议在行业、企业层面进行推广和学习。

“一带一路”建设行稳致远，需要全世界的参与，需要政府部门的引导、支持，需要中资企业的共同努力。在参与“一带一路”建设的伟大征程中，中国铁建将始终践行“共商、共建、共享”的原则，坚持正确的义利观、发展观，在更大范围、更高层次、更广领域上参与“一带一路”建设，融入全球经济发展。同时，中国铁建将坚持合作共赢、共同发展的理念，加强与所在国政府、金融机构、企业以及民间组织的沟通、交流与合作，打造最广泛的利益、命运共同体；将牢固树立可持续发展的理念，统筹好项目建设、产业联动和环境保护之间的关系，坚持依法合规经营，遵循国际惯例，履行社会责任，参与当地公益事业，促进所在国经济、社会、财政、金融和环境等全方位可持续发展。

点评：由一条铁路带动一条经济带

中国铁建创造的亚吉模式很有新意，通过修建铁路、配套投资运营工业园区，促成铁路及铁路之外的多领域投资合作开发，成功带动 4 亿多美元的中国机械设备、通信及四电设备、建筑施工材料走进非洲市场，并为埃塞俄比亚、吉布提两国提供了 30,000 多个工作岗位。有利于增强当地的“自主造血”功能和双（多）方的互利合作共赢，高度契合“一带一路”建设“共商、共建、共享”的理念。由一条铁路带动一条经济带，让相关国家有实实在在的获得感，有利于提高沿线国家对“一带一路”倡议的认同感和配合度。

"一带一路"建设的本质是内外联动的发展战略，"一带一路"融通内外有由低到高的五个层次，其中一个是从中国标准到国际规则。在"一带一路"建设初期，中国倡导中国技术、中国制造"走出去"。中国铁建在项目的建设和运营过程中，采用"中国标准"为当地培养了一大批铁路专业技术人才和运营管理人才，通过"潜移默化"式的培训代替"主观植入"式的宣讲，对推广中国铁路技术标准、推动中国铁路"全产业链走出去"具有重要意义。

翟崑，一带一路百人论坛专家委员会委员，北京大学区域与国别研究院副院长，国际关系学院教授

从“经济走廊”到“经济发展带”

中国中铁股份有限公司

中国中铁股份有限公司（以下简称“中国中铁”）是中国铁路工程总公司于2007年9月12日以整体重组、独家发起的方式设立的股份有限公司。中国铁路工程总公司的前身是1950年3月成立的铁道部工程总局和设计总局。自2006年起，中国中铁连续13年进入世界企业500强，2018年在世界企业500强中排名第56位，2018年美国《工程新闻纪录》（ENR）发布的“国际承包商250强”中排名第17位，“全球承包商250强”中排名第2位。长期以来，中国中铁高度重视国际化经营，致力于培育具有全球竞争力的世界一流企业，积极参与“一带一路”建设和周边基础设施互联互通，成功推动了一批有重大影响力的基础设施建设项目落地实施，逐步发展成为“一带一路”建设基础设施领域的行业标杆。

一、中国中铁国际业务概况

自20世纪70年代参与建设长达1861公里的坦赞铁路项目起，中国中铁先后在亚洲、非洲、欧洲、南美洲、大洋洲等建设了一大批精品工程。“十二五”期间，中国中铁累计实现海外新签合同额434亿美元，营业额229亿美元。

随着“一带一路”倡议的提出和贯彻落实，中国铁路“走出去”深入推进，中国中铁作为“一带一路”建设的开路先锋和主力军，大力推动海外管理体制和机制的改革与创新，积极推进海外重大项目的运作与建设，在重大基础设施，特别是在高铁勘察设计、建造施工、工程装备等拥有核心技术的方面充分发挥综合优势，整合、调动各方资源，全力推进企业“走出去”，海外生产经营取得长足进步。2016年2月，中国中铁海外业务最高决策机构——中国中铁“一带一路”建设工作领导小组成立，在其直接领导和推动下，中国中铁国际化经营工作在“一带一路”沿线国家收效显著。2015年至2017年，中国中铁在“一带一路”沿线国家累计新签合同额252亿美元，占公司海外整体新签合同额的63%。目前，中国中铁在“一带一路”沿线27个国家有在建项目130个，涉及合同金额134亿美元；其中，中国中铁作为项目建设主力军深度参与的雅万高铁、中老铁路、亚吉铁路、匈塞铁路等项目，在国家主席习近平2017年5月“一带一路”国际合作高峰论坛的开幕致辞中均得到重点凸显。

2015年至2017年，中国中铁累计新签海外合同额401亿美元，完成海外营业额177亿美元，并在盾构装备、道岔、钢结构、城市轨道交通接触网产品等方面形成品牌优势，产品出口30多个国家和地区。截至2017年底，中国中铁海外业务覆盖83个国家和地区，境外在建项目近500个，从事海外业务的员工近10,000人，雇用当地员工超过42,000人；中国中铁国际化经营业务向稳向好，并扎实拓展。

二、中国中铁融入“一带一路”建设的实践和经验

在积极参与“一带一路”建设过程中，中国中铁及时梳理、总结经验教训，摸索并逐步形成一套适应公司实际的做法。

（一）认真领会“一带一路”倡议精神内涵，做好基础工作

中国中铁认真学习领会习近平同志新时代中国特色社会主义外交思想的核心要义和创新观点，及中央“一带一路”工作会议精神，积极响应“一带一路”倡议和周边国家互联互通与铁路“走出去”战略的要求，强化国际化经营规划研究，组织海外经营专题会议深入研讨推进“一带一路”倡议的实施路径和路线图，组织专家团队现场勘察“一带一路”的相关区域和线路，分析、整合资源，系统开展区域和重点国别研究，形成调研报告，并适时向相关政府机构汇报工作成效，力争获取政策支持和工作指导。

1.“一带一路”交通领域的分析

由于经济落后和历史原因，丝绸之路经济带沿线中亚地区的交通基础设施供给严重不足，运输效率低下。近年来，中国和中亚各国及亚洲开发银行、联合国开发计划署等一直努力改善“丝绸之路经济带”中国至中亚段南北、东西走廊沿

线交通基础设施状况。目前，在铁路方面，中国沿陇海铁路、兰新铁路深入中亚地区的铁路干线与新亚欧大陆桥并没有完全连接起来，中国与哈萨克斯坦、乌兹别克斯坦、吉尔吉斯斯坦、土库曼斯坦、伊朗、巴基斯坦、阿富汗等国家的铁路均没有实现互联互通；在公路方面，中国与周边大多数国家虽然已经相连，但公路等级级别低，路况较差，急需升级改造；中国与俄罗斯和中亚国家的天然气管线项目也仍在建设中。以铁路为主体，包括公路、航空、管道、通信和口岸设施在内连接中国—中亚的交通走廊硬件设施建成和完善还需要相当长的时间。丝绸之路经济带交通走廊的建成，将为中国和中亚各国开辟新的合作空间，最终实现从“交通走廊”向“经济发展带”的转型。

“21世纪海上丝绸之路”的建设则需要尽快解决两个问题：一是前期的互联互通；二是综合基础设施的相互对接，尤其是由港口牵动的铁路、公路综合交通枢纽的建设。中国应加快海上丝绸之路大通道建设，尽快打通与老挝、缅甸、越南、泰国等国的“断头路”“瓶颈路”，并积极与印度、孟加拉国的铁路、公路相连接，形成放射线、网络化的交通布局。

2.“一带一路”交通领域建设的基本思路

一是立足铁路。“丝绸之路经济带”交通路线的选择应充分考虑地理环境、经济效益与政治协调。在新技术尤其是中国成熟的高铁技术的支持下，铁路和公路建设将极大降低陆地运输成本，节约运输时间。总体上，经济带的干线仍需以铁路交通为主，其次才是公路和石油管道以及港口等，最后是其他配套设施。

二是慎重选线。“丝绸之路经济带”途经地带多高山、沙漠，地理环境较为复杂。其规划应统筹考虑与本地既有基础设施衔接问题，最大限度发挥既有设施的效用，缩减早期投入和重复建设，充分考虑经济因素。

三是稳妥推进。“丝绸之路经济带”沿线国家很多，协调、建设难度大，投资高。特别是近年来，沿途地区政局动荡，工程建设时有停顿，签署的协议无法执行。因此在项目推进过程中，应综合考虑风险因素，确保项目积极稳妥推进。

四是考量差异。独联体国家仍沿用宽轨铁路，与欧洲和中国所使用的国际标准铁轨不同，列车沿途存在换装。中亚国家铁路电气化程度低，缺乏保养，路段病害严重，更新难度大。开展基础设施互联互通需充分结合当地现状，选择性地推荐相关升级改造或新建方案。

（二）围绕贯彻落实“一带一路”倡议，大力构建海外开发新机制

1. 明确海外发展新战略

明确构建“大海外”经营格局的战略思路，以创新国际化经营体制机制为重点，加快搭建海外经营集中管理平台，优化资源配置，完善市场布局，强化区域经营，加强政策扶持，加快人才培养，健全风险防控体系，促进转型升级，全面提高公司国际化经营水平。抢抓“一带一路”、互联互通和铁路“走出去”的历史机遇，努力打造“大倡议、大平台、大旗舰、大布局、大政策”海外经营格局和“中国中铁”国际品牌，实现海外业务的跨越式发展。大力推进国际化进程，积极响应“一带一路”倡议，参与非洲“三网一化”建设，促进国际产能合作，巩固传统市场，开拓高端海外市场。

2. 整合海外资源

逐步优化国际化经营管理格局。2015 年中国中铁总部成立了国际事业部，作为全公司海外业务大平台，重点负责大项目的经营开发，牵头组织协调“一带一路”重大项目；按照有利于海外资源优化配置、优势互补原则，整合重组两家专业外经公司，充分发挥“商务引领、平台聚焦”专业化外经公司的作用，实现集团化、集约化、规模化和专业化发展。

3. 完善大项目开发机制

进一步强化重大项目领导推进机制，制订具体项目的开发行动计划，明确责任目标，指定专人负责，出台相关措施，促进国内外分工协作。针对重点跟踪的国外铁路项目，积极推进联合设计院、施工单位、铁路设备供应商组建联合体；加快推进项目规划，及早完成项目可行性研究报告并报有关国家机构审批；明确技术方案、融资方案、商务合同、执行合同等重点事项的牵头单位。

4. 加强海外市场高端经营工作

主要领导亲自参与境外重大项目市场营销工作，强化与国家部委、金融机构的沟通与联系，努力推动海外重大项目的经营开发，为“走出去”过程中抢占先机创造了良好的外部氛围。利用“一带一路”国际合作高峰论坛的契机，精心策划、主动出击，在高峰论坛期间策划组织 15 项重大外事活动，与参会的相关国家领导人、官员和企业进行互访交流，就重点项目推进交换意见并达成广泛共识。在总结中老和雅万铁路等已实施项目经营开发经验的基础上，继续推进匈塞铁路、

巴基斯坦ML1铁路、隆新高铁、菲律宾南北铁路南线、中缅铁路、中泰铁路、两洋铁路、阿曼铁路的修建，坦赞铁路的重建，赞比亚既有线的改造等项目的经营开发，力促项目早日落地，为境外新签合同额持续增长积蓄力量。

5. 加大海外人才队伍建设

一是大力培养、引进国际化人才。公司“十三五”人才培训规划将国际化人才作为公司“八支人才队伍”之一进行规划、培养和建设，提出具体人才队伍建设目标。自2015年开始，公司启动“3+1”国际工程班人才培养项目，与中南大学等7所高校合作开设国际工程班，对口培养一批外经专业的大学生；共计招收1200多名优秀学生，其中500多名毕业生已赴中国中铁海外工程项目和机构工作。二是加大对驻外人员提拔交流任用力度，完善激励约束制度。对海外员工职称评定给予政策倾斜，加大海外业绩考核的权重；认真落实海外员工休假轮岗制度；并通过设置职（执）业资格津贴、长期出国津贴、境外地区津贴等，提高海外薪酬。同时，坚持每年开展评选，表彰“十大优秀海外员工”活动，激发广大员工的工作热情。三是加强对驻外人员的生活保障、人文关怀。通过调研总结海外员工担忧与期盼的问题，不断加强工地生活、工地文化、工地卫生“三工”建设，努力做到在思想上解惑、在精神上解忧、在文化上解渴、在心理上解压。

（三）抓好“一带一路”重大项目建设，形成辐射效应

作为中国乃至全球最大的建筑企业之一，中国中铁在“一带一路”沿线已承揽大量的交通基础设施项目。抓好重大项目的实施，对获得当地政府、业主和民众的支持，展示中国企业的实力和形象具有重要的意义。中国中铁高度重视“一带一路”在建项目施工组织力度，采取措施确保重点工程的质量、进展和安排；并为此成立境外重点项目管理机构，由公司主管安全质量的领导挂帅，实现对境外重点在建项目的垂直管理。此外，中国中铁编制海外项目实施及管理指南、境外重点项目案例汇编，强化对系统内从事海外项目建设单位的项目管理的指导与经验交流；认真总结具有外经特点的项目管理体系，大力宣传推广马来西亚MRT等国际项目管理模式，为国际项目的精细化管理打下坚实基础。

1. 已建成重点项目

埃塞俄比亚亚的斯亚贝巴至吉布提铁路（亚吉铁路）项目是非洲首条跨国准

轨电气化铁路，被誉为“新时期的坦赞铁路”，其设计、建设、运营均使用中国标准，是中国第一条全产业链出口的铁路，已形成参与铁路沿线经济带建设的亚吉模式。同时，作为中非“十大合作计划”重要早期收获项目，亚吉铁路已成为中非“三网一化”和产能合作的标志性工程。

埃塞俄比亚亚的斯亚贝巴轻轨项目是“一带一路”倡议早期收获项目，也是中国技术标准、贷款资金、设计建设、装备制造和运维管理等全产业链“走出去”的典型示范性项目，现已成为亚的斯亚贝巴市中心一张最亮丽的名片。

乌兹别克斯坦安琶隧道项目是乌兹别克斯坦独立25周年政府的献礼项目、国家一号工程，同时也是“丝绸之路经济带”铁路网的重要组成部分，对促进乌兹别克斯坦政治、经济、社会发展具有重大意义。

2. 在建重点项目

印度尼西亚雅万高铁项目系中国和印度尼西亚两国政府间合作的重要交通基础设施项目，是两国政府间共同合作推动的“一带一路”建设标志性工程；也是中国高铁全方位整体“走出去”的第一单项目，标志着中国从引进高铁技术、标准和设备到开始向全球输出中国技术、标准和设备。

中老铁路项目是第一条以中方为主投资建设运营，并与中国铁路网直接连通的境外铁路项目，是泛亚铁路重要组成部分，对推动“一带一路”建设和互联互通具有重大意义。

孟加拉国帕德玛大桥项目被誉为孟加拉国的“梦想之桥”，建成后将彻底结束孟加拉国南部21个区与首都达卡之间居民摆渡往来的历史；是连接中国及泛亚铁路的重要通道之一，也是中国“一带一路”倡议的重要交通支点工程。

孟加拉国帕德玛大桥铁路连接线项目系孟加拉国历史上最大的铁路项目，也是孟中印缅经济走廊铁路南通道的重要组成部分，将打造孟加拉国东西部客货运输主通道，将对孟西部区域发展及东西部经济联通起到关键性作用。

哈萨克斯坦阿斯塔纳轻轨项目不仅对深化中哈产能合作，促进中资企业“走出去”，服务“一带一路”倡议起到积极作用；更是中国标准的轻轨建设工程第一次走进中亚邻国，在本地区乃至国际上具有开创性和示范意义。

越南河内轻轨项目为越南首都河内新建的第一条轻轨，采用中国资金及技术标准。项目将极大缓解河内市的交通拥堵，对于带动中国城市轨道技术及设备进入东南亚地区具有巨大的示范效应。

埃及斋月十日城项目一期将成为往返开罗和新行政首都的重要交通方式，将有效缓解开罗交通压力，便利10余个卫星城近500万居民的日常通勤，是中埃在“一带一路”倡议下务实合作取得的重大成果。

此外，中国中铁通过实施海外工程项目，大力推动中国装备“走出去”。道岔和桥梁钢结构产品出口市场覆盖北美、东南亚、中东、非洲等30多个国家和地区。中国中铁拥有中国最大的盾构制造企业，先后研发制造了拥有自主知识产权的土压平衡盾构、泥水盾构等系列产品，成功销往以色列、马来西亚、新加坡隧道装备市场；自主设计研发的铺轨机、桩工机械、盾构后配套电机车等装备产品，逐步销售到东南亚、非洲、中东和南美市场；积极推动高速接触网零件出口意大利、德国、印度等国家和中国香港地区，分段绝缘器等电气设备远销阿联酋、印度、韩国等国家和地区，有力推动了中国装备“走出去”。

（四）发挥专业优势，密切追踪开发铁路项目

在国家有关部委及各方的支持和帮助下，中国中铁依托在铁路建设方面设计、咨询、施工、运营等全产业链优势，坚持长期经营，精耕细作，持之以恒抓好重大铁路项目的开发。当前，中国中铁正以“一带一路”倡议为指引，紧盯重点项目，投入优势资源运作，有多个项目进入深度开发状态。

如匈塞铁路项目匈牙利段定位于打造希腊比雷埃夫斯港登陆北上的新的海陆联运通道，缩短我国商品进入欧洲的路程；是中国—中东欧合作的旗舰项目，也是中国企业首次进入欧洲铁路市场项目。巴基斯坦ML1铁路项目系中巴联委会确定的中巴经济走廊交通基础设施领域优先推进的项目，建成后将打破巴基斯坦基础设施的瓶颈，对充分释放巴基斯坦国内经济活力将起到“四两拨千斤”的作用，对我国打造西部出海港具有重要意义。中泰铁路项目是“一带一路”建设和周边基础设施互联互通的重大项目，将有利于推动“一带一路”建设和国际产能合作，有利于加强中国与中南半岛的区域经济合作，深化中国与泰国的双边经贸关系。中缅铁路项目是泛亚铁路的重要组成部分，有利于打通我西南地区出海口，发挥皎漂港项目的重要支点作用，实现中国西部地区与缅甸基础设施的互联互通，开展区域和产能合作，对于服务“一带一路”倡议具有重大意义。菲律宾

南北铁路南线项目系2016年10月菲律宾总统访华以来两国经贸务实合作的重要成果，对于打通菲律宾吕宋岛经济大动脉、拉动当地经济发展，以及促进中菲双边关系具有重要意义。俄罗斯莫喀高铁项目是中俄基础设施和互联互通建设的亮点，也是务实推进“一带一路”倡议与俄罗斯“欧亚经济联盟”构想相互对接的重要内容。

（五）加强内外联动，实现携手出海

实行“集中管理、两级经营”的海外经营模式，除公司总部直接牵头负责重大海外项目的经营与管理外，各专业外经公司、工程局、设计院、装备制造企业依托各自专业优势积极参与海外市场的经营开发工作。为规范经营秩序，强化内部合作，集团制定国际业务内部合作指导意见，建立内部国别商会制度，推行立体经营，妥善解决内部发展与竞争的关系。

同时，作为中央企业高铁“走出去”产业联盟的主要成员，中国中铁积极履行相关责任与义务，与中国交通建设股份有限公司（中国交建）、中国建筑集团有限公司（中国建筑）、中国铁建股份有限公司（中国铁建）、中国电力建设集团有限公司（中国电建）、中国中车股份有限公司（中国中车）、中国铁路通信信号股份有限公司（中国通号）等企业精诚合作、携手出海，以多种方式和模式联合推进印度尼西亚雅万高铁、中老铁路、马来西亚南部铁路等“一带一路”重大项目的落地与实施。

（六）立足专业优势，推动中国铁路标准“走出去”

从境外项目工程实践来看，工程技术标准“走出去”在推动中国铁路“走出去”方面非常关键。中国中铁在推动重大铁路“走出去”过程中，立足自身专业优势，积极采取措施，力促中国标准同时“走出去”。一是编制中外铁路双语词典，如组织编写了多种语言的铁路工程专业词典、中英文版的《现代铁路工程咨询——方法与实践》等专著，实现术语统一，促进技术交流。二是开展中外标准对比研究，收集翻译各国近2000册、超过300万字的铁路建设标准，系统研究中国和其他国家铁路技术标准的差异，完成了铁路工程建设标准国际版体系研究。三是搭建沟通交流平台。近年来通过下属设计院卓越国际教育培训中心，完成了近50

个国家合计800余人次的培训；培训内容重点突出中国铁路建设水平、建设成就及中国铁路技术标准，将各国交通运输行业的管理和专业技术人员培养成了中国铁路的国际“粉丝”。

（七）重视海外党建，为公司“走出去”提供保证

多年来，中国中铁党委在推进“一带一路”、互联互通建设过程中，高度重视海外党建工作。重点抓好“海外党建制度建设、海外人才队伍建设、海外项目文化建设、海外员工人文关怀、履行海外社会责任”五个关键因素，在海外党建工作中将海外党建制度建设作为根本、海外人才队伍建设作为基础、海外项目文化建设作为支撑、海外员工人文关怀作为要义、履行海外社会责任作为载体，充分发挥海外党组织“凝聚人心、稳定队伍，防范风险、维护安全，保证监督、促进发展”的作用，为企业“走出去”提供坚强保证。

（八）履行海外社会责任，树立企业品牌形象

履行海外社会责任是展示公司良好形象的有效载体。为此，中国中铁始终坚持“在国内代表央企、在海外代表中国”的理念，在出色完成各项工程建设任务的同时，充分履行海外社会责任，全力打造“责任中国、责任央企、责任中铁”的国际形象。中国中铁积极参与国际公益事业，通过捐款、捐物、捐资助学等形式，为改善工程项目东道国人民的生活水平提供物质帮助；通过义务修建道路、桥梁等基础设施和居民饮水、排污等利民工程，帮助东道国解决重大民生问题；通过推进海外工程项目属地化管理，坚持中外员工同劳动、同学习、同管理、同生活、同报酬“五同管理”，加强对当地人才的培养使用，每年为项目所在国提供就业岗位40,000多个，极大促进了当地社会经济发展。

三、进一步助力“一带一路”建设的工作重点及思路

（一）巩固既有市场，进一步扩大海外市场布局

通过实行区域化经营战略，培育出以马里、加纳为代表的西非市场，以埃塞俄比亚、坦桑尼亚为代表的东非市场，以安哥拉为代表的南非市场，以印度尼西

亚、老挝为代表的东南亚市场，以巴布亚新几内亚、斐济为代表的南太平洋市场，以塔吉克斯坦、乌兹别克斯坦为代表的中亚市场和以委内瑞拉、巴西为代表的拉美市场等一批特色鲜明的属地化区域市场。在此基础上，进一步分析研究非洲、东南亚、南太平洋等比较成熟的传统市场，寻找经营增长新机会，消除市场开发的盲点死角，不断完善海外市场整体布局。通过不同层级多渠道搜集项目信息，主动捕捉经营商机；以项目追踪为先导，大力开发海外市场，进一步增加国别市场占有率，为海外经营业务开展提供更加广阔的市场空间。

（二）打造示范工程，实施中国铁路品牌战略

做好重点项目实施管理，尤其是积极稳妥推进雅万高铁、中老铁路和帕德玛大桥铁路连接线等“一带一路”重点工程。通过工程质量、安全保障、工期控制、投资效益、环境保护、技术创新、本土发展、全产业链发展等全方位把控，进行精品工程建设，逐步将中国铁路的先进文化理念、全套技术优势、产业链优势、性价比优势、管理优势镶嵌到品牌价值中，树立企业高端品牌形象。通过拳头产品和高质量项目提升中国铁路品牌知名度和信誉度，打响中国铁路的国际品牌。

（三）强化转型升级，积极拓展国际化经营领域

亚的斯亚贝巴轻轨、亚吉铁路项目已突破简单的工程施工承包，实现中国铁路技术和铁路装备从设计、施工、设备采购到运营维护管理的一站式服务，从上游到中游直至下游完整的中国化铁路产业链出口，实现从单纯工程承包商向项目整体解决方案供应商的转变。在总结模式的基础上，坚持主业优势，以传统国际工程承包业务为基础，向上下游两端延伸产品和服务，不断优化产品结构，努力转变发展方式，积极推动传统优势产业转型升级，持续放大中国中铁的主业组合优势，不断拓展新市场、形成新能力、发展新模式。

（四）探索海外投资，加快创新外经增长方式

近年来，中国中铁在投资带动承包方面进行了一些有益的尝试；但与其他央企相比，在创新增长方式方面还存在一定差距。在重视传统的投标竞争项目、运作类 EPC+F（设计—采购—施工工程总承包＋融资）项目基础上，密切关注各类

贴近公司主业、具有良好收益的小投资带动大承包项目。目前中国中铁正积极探索实施海外并购重组，通过并购海外企业或资产，以获得当地企业的市场地位，利用当地企业品牌优势、既有销售渠道和客户及供应商关系，以便较快进入市场发展相对成熟的国家和地区，并在当地开展业务，寻求新的业务增长点，扩大国际市场份额。

（五）依法合规经营，积极做好海外风险防范工作

海外项目高风险、高回报，海外市场难以预料和掌控的不确定因素多，项目驻在国政治、政局、经济环境变化复杂等特点，都将直接影响海外经营生产。为此，中国中铁始终把风险防范放在首位，坚持充分论证、审慎决策、规范运作、缜密实施，科学合理地规避和防范风险；建立健全海外项目预警机制，严格把好"经营准入、项目选择、可研论证、依法合规、合同条款、过程管控"六道关口，以达到及时识别风险、量化风险、监控风险、化解风险的目的，努力把风险降到最低程度；在执行海外承包工程项目时，严把设计咨询、重要物资材料采购、工程标准等关键环节，努力实现项目预定目标；在开展境外投资业务时，进行充分调查论证，严格按照国家政策和公司制度履行决策程序，强化境外投资事前、事中、事后全过程监管。此外，进一步完善境外突发事件预警机制和突发事件处理机制，加大防疾病、防恐怖袭击、防自然灾害等方面的工作力度，切实保障出国人员的人身安全。

点评：从"交通走廊"到"经济发展带"

铁路是国民经济大动脉，是陆路大能力通道，"一带一路"倡议给中国铁路行业带来了巨大的发展机遇。在中国成熟的高铁技术支持下，逐步解决前期的互联互通和综合基础设施相互对接的难题，才能最终实现由"交通走廊"到"经济发展带"的转型。

中国中铁的案例具有典型性，它回答了"央企如何能够成功开展'一带一路'建设"这个重要问题。该案例细致介绍了中国中铁在战略层面、

在机制建设层面、在重大项目操作层面、在中国铁路“标准”“走出去”层面、在企业社会责任履行层面等各个方面的具体经验。

中国企业参与“一带一路”建设的过程中，应当注重企业自身的改革创新，制定有“一带一路”特色的新型发展战略，在经营管理层面制定符合“一带一路”精神、原则以及要求的管理机制和运营模式，为“一带一路”建设行稳致远做出应有的贡献。

翟崑，一带一路百人论坛专家委员会委员，北京大学区域与国别研究院副院长，国际关系学院教授

境外园区　产能合作

中白工业园："一带一路"明珠

境外工业园的"华丽"实践

走进几内亚，打造"赢联盟"

中白工业园："一带一路"明珠

中工国际工程股份有限公司

21世纪初，中国加速了经济全球化的进程，中国政府提出"走出去"的开放战略，中工国际工程股份有限公司（以下简称"中工国际"）在此时应运而生。中工国际的前身是中国工程与农业机械进出口总公司（以下简称"中农机"）的成套工程部。2001年4月，为了做大海外工程承包业务，同时完善公司治理结构，拓展融资渠道，利用资本市场的力量实现低成本快速发展，中农机联合设计院、建筑企业、生产制造企业等六家单位共同发起，在三个业务部门的基础上组建了中工国际。目前，中工国际隶属于中国机械工业集团有限公司（以下简称"国机集团"），核心业务为国际工程总承包、海内外投资和贸易，是国机集团响应国家"走出去"战略、参与国际工程承包市场竞争的重要载体，从丝绸古道到非洲平原，从极光之地到安第斯山脉，足迹遍布全球，传递中国工程价值。

一、中工国际发展脉络

中工国际成立之初，公司员工仅有54人，业务集中在东南亚地区，尤其是缅甸市场，承接的第一个大型项目就是中农机在缅甸签署的蒂洛瓦船厂项目。缅甸蒂洛瓦船厂是目前缅甸国内已建成的最大的船厂，也是当时我国最大的境外船厂建设项目。船厂中的5000吨级升船机，是我国自主设计、制造、安装的最大船用升船机。项目团队克服重重困难，出色完成了船厂工程建设。2002年3月，缅甸蒂洛瓦船厂正式投入运营，中工国际为船厂提供了全面技术服务，先后为缅甸海军修理各种舰船200余艘，建造军用及民用船舶20余艘。其中，中工国际建造的第一艘3000吨级护卫舰于2008年3月成功下水，缅甸海军给予了高度评价。缅甸蒂洛瓦船厂项目为新成立的中工国际积累了宝贵的国际工程总承包项目经验，也培养了一批从事国际工程承包的专业人才。以蒂洛瓦船厂项目建设为起点，中工国际在海外工程承包的蓝海中扬帆起航。

2001年至2018年，中工国际成功实现了业务市场的广泛拓展。东南亚是中工国际的传统市场，公司在缅甸、老挝、菲律宾等地实现了项目的持续开发，在当地树立了良好的品牌形象；在斯里兰卡、孟加拉国、尼泊尔等国家也签署了大型项目合同；在拉美，除传统的委内瑞拉、古巴市场外，中工国际成功在玻利维亚、厄瓜多尔、尼加拉瓜等国家实现了项目开发；在非洲16个国家签署了多个项目，在非洲大陆建立了成熟的商务网络；在西亚地区的沙特阿拉伯和伊朗也成功签署项目；中亚欧洲市场持续突破，成功打开了白俄罗斯、俄罗斯、乌兹别克斯坦、吉尔吉斯斯坦等市场。2017年签署的芬兰生物炼化厂（纸浆厂）项目实现了北欧市场的新突破。截至目前，中工国际工程承包业务遍及全世界50多个国家或地区。自2010年以来签约合同额1亿美元以上的项目累计超过40个，合计总金额超过110亿美元。

经过多年的发展，历经行业高速增长，跨越转型升级期，中工国际实现了市场和业绩的同步快速发展与突破，正朝着高质量发展不断迈进，从50余人的公司，已发展成为营业收入百亿元规模的知名对外工程承包企业，备受行业瞩目。在商务部发布的对外工程承包新签合同额及完成营业额排行榜中，中工国际始终保持前20位左右的排名，其中新签合同额最高排名行业第7位。2017年，中工国际新签合同额排名第16位，完成营业额排名第18位。目前，中工国际下设亚太、西亚非洲、拉美、中亚东欧4个事业部，内部包含9个成套工程部门，电力、糖业、浆纸3个专业部门以及委内瑞拉、古巴2个国别公司。公司总部约700人，分公司、子公司及国外人员约3500人。公司拥有8家国内经营性子公司，并在海外设立40余家驻外机构（含子公司），构建了高效快捷、反应灵敏的国际营销网络，在多个重点市场具有突出的品牌影响力。

“一带一路”倡议提出以来，中工国际进一步加强对沿线市场的开发力度，2013年以来，公司在“一带一路”沿线国家新签合同额超过40亿美元。在业务领域方面，项目涵盖工业、农业、水务、电力及交通工程等板块。此外石化和矿业工程领域的探索实践也取得了较大进展。

二、打造“一带一路”的标志性项目——中白工业园

中工国际在短短的十几年发展历程中承建了多个备受瞩目的国家战略性项目，其中，自 2010 年起开始跟踪开发的中国—白俄罗斯工业园（简称“中白工业园”）正是公司极具前瞻性的国际化战略思维落地的典范项目。如今，中白工业园被视为国家“一带一路”倡议下的标志性经贸合作项目，也是目前中国在海外建设的规模最大、合作层次最高的经贸合作区之一。

（一）中白工业园的建设过程

1. 项目缘起

2010 年春天，时任中国国家副主席习近平访问白俄罗斯，白俄罗斯总统卢卡申科提出，希望借鉴中国在工业园区开发方面的经验，在白俄罗斯境内建立中白工业园。彼时，中国“一带一路”倡议虽未提出，但就白俄罗斯所处欧亚经济带的特殊位置来看，以中白工业园项目作为“新支点”加速中国企业海外市场开拓，意义已经突显。对于这一互利共赢的合作，习近平与卢卡申科很快就达成共识，并写入两国备忘录。

中工国际是较早进入白俄罗斯市场的中国工程承包企业，凭借多年来的海外开发经验和在白俄罗斯市场的先发优势，敏感地从国家领导人此次访问中看到机会，及时部署，推动落地两国领导人共识。中工国际前期对白俄罗斯进行过市场调研与讨论，考虑到其特殊的地缘政治优势，将白俄罗斯作为独联体地区的重要市场进行培育，并且跟踪开发了 40 万吨的大型纸浆厂项目，在白俄罗斯具有一定知名度。白俄罗斯方面与中工国际就推动中白工业园进行洽谈。中工国际把握住了这个契机，积极响应了白方的建议，及时部署，组成专门团队对中白工业园项目进行研究与推动，于 2010 年 10 月就与白方经济部正式签署了《在白俄罗斯境内建立中白工业园的合作协议》。2011 年 9 月 18 日，两国签署了《中华人民共和国政府和白俄罗斯共和国政府关于中白工业园的协定》，正式将该项目纳入两国政府间合作项目。

2. 攻坚克难

海外园区这种合作模式，对于中白双方都是一个全新的尝试，项目落地面临

着艰巨的挑战；项目所在区域是明斯克国际机场附近的一片森林，没有任何可供利用的现成的基础设施。面对重重困难，中工国际团队一方面借鉴国内中新合作开发的苏州工业园的开发运营思路，与白方共同推动搭建最有利于园区发展的管理架构；另一方面结合白俄罗斯地区的经济实际和产业基础，结合两国的合作发展方向，给白方提出了多项可行性建议，前期为中白工业园项目的推进做了大量重要的基础性工作。

“中白工业园项目不是一个企业简单地做一个项目，这件事情对中国和白俄罗斯两国都是一项长远的工作。公司做这件事情，就是积极承担央企责任，是为国家对外经济合作战略的落实而努力。”在回顾中白工业园项目的推进过程时，中工国际董事长、总经理罗艳感慨地说，“如果中工国际当时不去坚持，园区项目有可能会停滞甚至取消。因此，我认为这样的努力是非常有意义的”。

2010 年至 2014 年，在中工国际的努力和协调下，完成了中白工业园项目选址、总体规划和一期控制性详细规划的编制和审批、可行性研究报告以及设计等。为了推进解决园区建设所需资金问题，中工国际又多方协调项目融资，争取金融机构的支持，与国家开发银行和中国进出口银行进行了多轮会谈和协商，分别于 2012 年 10 月和 2013 年 1 月与国家开发银行和中国进出口银行签署了融资框架协议。这一系列工作，为园区今后的稳步发展奠定了坚实的基础。

园区按照“政府引导、企业主体、市场运作、科学规划、分步实施”的发展方针，坚持企业主体和市场运作。园区成立之初，中工国际于 2012 年 8 月与明斯克州执委会、白俄罗斯地平线公司成立了中白工业园区开发股份有限公司（以下简称“中白合资公司”），中工国际占股 60%，白方占股 40%。之后，国机集团、招商局集团、哈尔滨投资集团陆续加入，目前，中白合资公司共计 6 家股东，注册资本为 1.5 亿美元，中方占股 68%，白方占股 31.33%，德方占股 0.67%。中白合资公司作为园区开发运营的主体，采取中白合资共建共管的模式，不论是管理层还是普通员工，既有中方人员，也有白方人员，在很多问题上都是积极沟通交流，求同存异。在日常招聘中，更侧重招聘白俄罗斯当地员工，按需扩大白方员工的比例，有效提高本土化程度。截至 2018 年 9 月，公司有 139 名员工，其中，白俄罗斯籍 102 人，中国籍 31 名，俄罗斯籍 3 人，乌克兰籍 3 人。

按照中白两国政府的要求，双方于 2014 年底组建了中白工业园协调工作组，定期召开工作组会议，协调解决园区发展进程中的问题。园区管理设置了三级管理架构，体系运行高效有序。第一级，中白政府间协调委员会，由两国政府部门组建，统筹推进中白工业园事务；第二级，园区管委会，负责园区的政策制定、企业服务、行政审批、协助招商；第三级，中白工业园区开发股份有限公司，负责园区土地开发、招商引资和经营管理。在中白双方政府的高度重视和大力推动下，中白工业园的发展进入快车道。

3. 政策保障

为了在法律政策和规章制度上保障园区的长远运营，2010 年至 2012 年，在中国商务部的组织下，中白双方代表先后赴北京、天津、苏州等地就中国园区管理和运营经验进行学习、培训、开展相关调研，并与白方就园区《总统令》草案、合资公司的章程及合资公司的注册问题进行协商，达成了基本共识。第一版《总统令》于 2012 年 6 月 5 日签发，以国家最高立法形式赋予园区一系列优惠政策；又于 2014 年签发了第二版《总统令》。随着园区的不断发展，为了使政策更加符合企业发展需求，增强政策竞争力和吸引力，中白双方共同组建了专家组，在广泛调研国内外产业园区发展的基础上，结合中白工业园的自身特点，提出了较为系统的政策建议，推动白俄罗斯政府实现政策创新和改革。2017 年 5 月 12 日，签发了第三版《总统令》，进一步加强了政策优惠力度，如企业所得税自盈利年度起 10 年免收，之后至 2062 年 6 月 5 日减半征收，免除土地税和不动产税，土地租用年限最长可达 99 年，也可以转为私有，降低了企业准入投资门槛，扩大了主导产业范围，园区内可经营公共保税区业务，企业用工自由，股东利润可自由汇出，等等。

（二）中白工业园的建设成效

基础设施建设方面，中工国际作为园区基础设施总承包商，仅用了一年半时间于 2016 年底就提前完成一期起步区 3.5 平方公里基础设施建设，达到"七通一平"，使园区具备了全面对外招商引资的基本条件。在建设过程中，中工国际结合了中国和白俄罗斯建设企业的特点和优点，同白俄罗斯本地的企业在项目建设过程中开展了良好的互补合作，有效规避了两国标准产生的差异，保障了项目的质量符合白俄罗斯规范，按照"中国速度"提前完成。目前，一期发展区 5 平方公里“七通一平”正在稳步推进，预计将完成515公顷可租售土地的开发。

中白合资公司投资建设的1.25万平方米办公楼和两栋共1.9万平方米标准厂房已投入使用并全部出租。正在建设总面积1.7万平方米的两栋标准厂房，中国政府援助白俄罗斯中白工业园首栋住宅楼项目已举行开工仪式。

2018年8月7日，中白工业园一期起步区市政基础设施建设项目、开发公司办公楼及标准厂房等项目荣获“白俄罗斯杰出工程奖”。

招商引资方面，面向全球，坚持精准招商，专注于引入面向未来的新兴产业。近两年来，入园企业数量大幅提升。截至2019年1月3日，已入园企业已达42家，协议投资总额约11亿美元。42家入园企业中，中国25家，白俄罗斯9家，其余8家为德国、美国、奥地利、立陶宛、以色列等国企业，园区的国际化特色初步显现。其中，10个项目已正式投入运营：中白商贸物流园、成都新筑、中电科38所、华为研发推广项目、白俄列万达医疗设备、超频三LED生产项目、中白联合设计院、潍柴马兹项目、中国一拖、建谊数字城市项目。

园区在招商过程中积极促成投资商与当地企业合作、合资，双方各占一定的股份，可以出技术，也可以出资金、出设备，同时也使投资商借助当地企业更快、更全面地融入当地及周边市场，发挥各自优势，实现共赢。例如，国机集团、中工国际充分利用在机械制造领域的业务资源，与潍柴动力公司深入对接，在该公司已初步确定在俄罗斯投资的情况下，积极促进其与白俄马兹集团（白俄罗斯大型载重汽车生产企业之一）强强联合，在园区内设立了潍柴马兹合资公司，依托中白工业园的平台优势和白俄罗斯的工业基础，打造一个“丝绸之路经济带”上专注于柴油发动机的重要研发制造基地。项目先期投资2000万美元，达产后将年产20,000台柴油发动机，达到欧洲Ⅵ排放标准，将成为白俄第一家能够自主生产发动机的工厂。目前，该项目已于2018年4月5日动工建设。马兹集团董事长卡捷里尼奇认为，马兹集团是世界上仅有的几个没有自产发动机的车辆制造厂家之一，选择与潍柴集团合作是看中了其强大的制造能力和研发能力；与潍柴集团的合作让马兹集团解决了这一窘境，具有战略意义。

中白工业园致力于打造绿色生态、节能环保的新型高科技产业园区。园区总体规划中保留了园区现有居民点和生态保护区，园区内总体绿化率近50%。各项环保设施齐全，在开发建设过程中采取严格的环保措施，多措并举，保护当地生态环境。第一，聘请了通过欧盟环境管理与审计计划证书（EMAS）的环保管理与审核系统公司，对中白工业园进行环保评测和认证，使中白工业园在环境保护上符合欧洲的统一标准。EMAS 被认为是世界上最先进的符合可持续发展原则的体系；2017 年 1 月，中白工业园开发股份有限公司也获得 EMAS 证书，是白俄罗斯首家获得该证书的企业。第二，制定了中白工业园区环保及绿化保护措施制度，要求园区的基础设施建设及入园企业的建设均按照措施内容执行，最终使园区符合总体规划的绿化标准。目前已完成的基础设施建设工作中，道路两侧的绿化全部建设完成，并要求后续入园企业在完成自身建设后须及时植树绿化，以保证园区整体绿化率达标。此外，园区还规划有住房、医院、学校等配套设施，这里将建成一个宜居宜业的新城，园区排放标准也很高。

2015 年 5 月 12 日，正在白俄罗斯访问的国家主席习近平和白俄罗斯总统卢卡申科共同视察了中白工业园项目现场，听取了国机集团董事长任洪斌介绍园区发展总体情况，共同见证了首批 7 家企业入园。两国元首在"共建中白工业园，谱写合作新篇章"工业园发展蓝图上题名。习近平主席提出要把中白工业园建设作为合作重点，将园区打造成"丝绸之路经济带"上的明珠和双方互利合作的典范。中白工业园是中白务实合作的"升级版"，是"丝绸之路经济带"上的标志性项目。卢卡申科总统指出，要将中白工业园打造成奠定中白友好合作的巨石。

2016 年 10 月 1 日，白俄罗斯总统卢卡申科在北京大学发表演讲时指出，中白工业园项目将为欧洲以及全世界国家彰显出中国日益进步的科技水平和中国当今的新面貌。中白工业园是中白两国投资合作的典范，确切说来，中白工业园是一个国际项目，因为世界上多个国家的企业都致力于到那里入园、投资。中白工业园拥有绝佳的地理位置，位于地区交通物流中心；此外，中白工业园生态环境良好，可在工业园采用绿色环保科技。卢卡申科总统还表示，中白工业园应成为一个示范性综合体项目，让其他国家看到后都争相前来与中国开展合作。同时，当今世界经济领域竞争异常激烈，许多国家对中国发展经济的努力和倡议进行诋毁，是因为他们不希望中国扩大自身经济影响力。他表示，中国提出的发展"丝绸之路经济带"的倡议是正确的，这样一来"丝绸之路经济带"沿线国家都将加强合作，成为好朋友、好伙伴。

2018 年 5 月，国家副主席王岐山视察中白工业园，肯定了中白工业园三年来发生的巨大变化和取得的成绩。在听取了罗艳对中白工业园开发建设的汇报后，王岐山副主席称她为“中白工业园第一人”。这不仅是对罗艳，也是对中工国际历时八年矢志不渝推动中白工业园建设的高度评价，是对国机集团和中工国际担当央企责任、承担“一带一路”建设中坚力量的有力肯定。

2018 年 8 月 29 日，成都新筑奥威超级电容研发及生产中心正式投产运营及产品下线仪式举行，这是中白工业园首家竣工投产的中国高科技生产型企业。作为一家能在公共交通及民用建筑领域提供集成产品和服务的企业，新筑路桥与白俄罗斯方面的合作项目是：由白方提供车辆制造技术，新筑路桥提供车载超级电容、充电桩、供电柜等核心动力技术，对白俄罗斯整个国家的公共交通进行升级改造。由于白俄罗斯的公共汽车都是以汽油和柴油为主，并不环保，因而非常欢迎新筑路桥提供的超级电容技术。目前，双方合作的第一批 12 米和 18 米长的超级电容城市公交车已投入运营。行走在明斯克市街头，一辆辆黄色的超级电容城市公交车穿行在大街小巷，与街边独特的城市建筑构成一道风景。下一步，该公司还计划将其合作的产品在欧亚经济同盟的五个国家进行销售。该公司副总裁杜晓峰说：“我们对未来的前景非常看好，现在有合作意向的国家，已经远远超越欧亚经济同盟国了，包括南美的墨西哥、亚洲的印度尼西亚以及俄罗斯周边的国家。在‘一带一路’倡议的引领下，企业可以得到很多层面的支持，从商务部、大使馆、银行到地方各级政府，都积极支持企业发展。中国与白俄罗斯两国建立了全面战略伙伴关系，白俄罗斯政局稳定，中白工业园为企业搭建了沟通平台，化解了很多风险。如果‘走出去’只是企业自身的行为，那太难了。”

三、以中白工业园进一步推进互联互通

政策沟通方面，在商务部的指导下，利用中白专家工作组，在广泛调研的基础上，充分借鉴中国产业园区经验，积极反映投资者的意见，全程参与关于园区的《总统令》修改，使各项政策更加有利于企业投资和园区的整体开发运营。另外，对其国家物流产业规划修编提供了大量的咨询意见。

设施联通和贸易畅通方面，园区积极谋划与周边国家的紧密合作，分别与立陶宛铁路公司、拉脱维亚铁路公司、德国杜伊斯堡港集团签订了合作意向。白俄

罗斯是中欧班列通向欧洲的必经之国，布列斯特是通向欧盟的口岸城市，是所有中欧班列必经的宽窄轨铁路换装站点，也是辐射东欧及独联体国家的铁路、公路物流中心。通过园区持续不断地对外宣传和招商，有一些企业实现了入园发展；另外一些投资者或商家即使没有入园投资建工厂，也和白俄罗斯的贸易企业建立了联系和贸易往来，陆续将白俄罗斯高质量的纯牛奶、果汁、啤酒、伏特加、巧克力、饼干、蜂蜜、亚麻、水晶杯等商品运回国内，进入到大型超市和商场甚至开设专卖店进行销售。中白工业园项目的高速发展，有力促进和推动了北京与明斯克两地于 2015 年 5 月开通了直航航班，将以往烦琐的转机交通路线缩短到仅 8.5 小时的直飞航程，为两国商务往来提供了极大的便利。

资金融通方面，把灵活的金融手段引入到园区，多方合资发起设立了中白产业基金，基金规模达 5.85 亿美元，致力于投资优质入园产业项目，推动招商引资。

民心相通方面，在白俄罗斯遭遇特大风灾期间，国机集团、中工国际第一时间参与救灾捐款，支持灾后重建，并积极开展社会公益活动，为当地捐款捐物，受到当地居民的好评；园区内中国工程建设企业提高了当地用工比例，通过雇用当地劳务人员，或向当地施工企业分包工程，加大了在当地采购建材、生产资料、设备租赁，促进当地生产，支持当地就业，目前已累计为当地提供了超过 5000 个就业岗位。园区的开发建设也增强了当地民众学习汉语的热情，白俄罗斯国立大学孔子学院于 2015 年在斯莫列维奇区中学设立了汉语教学中心。白大孔院院长托济克在"孔子学院日"活动现场说，中白工业园正在快速开发建设，日益成为白俄罗斯新型创新经济发展的平台。他希望斯莫列维奇区的学生及家长们能够认识到，在当地学习汉语是有前途的，将来能够在家门口找到待遇不错的工作。据明斯克市斯莫列维奇区中学老师列翁琴科介绍，在明斯克市斯莫列维奇区推广汉语教学时，学校为了提高学生对汉语的兴趣，专门组织学生到中白工业园参观，让他们切实了解家门口的巨大项目，以及汉语人才的需求潜力。

从"群策群力积极推动"到"中白工业园打造为'丝绸之路经济带'上的明珠和双方互利合作的典范"，从"一片空地"到"中白合作的巨石"，一路走来，中工国际敢于首创、勇于探索的精神与古丝绸之路精神交相辉映。

四、中白工业园的未来展望

中白工业园总面积112平方公里（开发面积91.5平方公里），根据园区2018年至2020年三年发展规划，预计到2020年，实现园区一期8.5平方公里整体开发建设及运营，引进入园企业总数60至80家，实现签约投资总额约20亿美元，实现40至50个项目投入运营，形成园区基础规模，为园区长远、健康可持续开发打下坚实基础，成为白俄罗斯经济发展的重要增长点、丝绸之路经济带上的重要发展支点、中白两国合作的综合性战略平台。

白俄罗斯是连接欧亚经济联盟和欧盟两大市场的重要枢纽，也是欧亚经济联盟成员国。中白工业园内企业的产品可以免关税销往俄罗斯、哈萨克斯坦、亚美尼亚、吉尔吉斯斯坦等多国市场，涵盖人口总数超过1.7亿；还可以广泛进入欧盟市场及其共同体成员国市场。随着欧亚经济联盟统一市场范围不断扩大，金融、医药、电力、天然气、石油、交通等重要行业进一步融通，中白工业园将打开前所未有的广阔空间，促进欧亚经济联盟所产生的磁场效应进一步放大；联盟国之间的共同市场也将为世界各国投资商带来巨大的商机。

中白工业园将有效促进国际产能合作和产业布局调整，成为中国企业“走出去”发展的重要平台。我国“走出去”企业往往对国外政治制度、政策法律、语言文化不熟悉、不适应，同时面临着所在国工业基础设施薄弱、产业配套不足等诸多困难。随着国际产业结构调整和资本加速转移，资本流动进一步向发展中国家扩张，世界经济全球化、一体化趋势更加明显。中白工业园必将成为承接国内各省份参与“一带一路”的发展、为中国企业“走出去”搭建的最完整的海外投资平台。

园区还将同步跟进商业配套及居住用地的开发，改善园区的生活环境和商务氛围。将来还将进一步完善园区至明斯克市中心的公共交通服务体系，打造园区至明斯克的“半小时生活圈”。园区距离首都明斯克市中心25公里，距离适中，既考虑到了园区与城市的居住人群互动和城市功能互补，又为未来明斯克与中白工业园的发展预留了足够的空间。未来，中白工业园将最终形成结构布局合理、产业协调发展、科技水平含量高、社会经济效益明显的综合性开发区，实现产城融合，打造一座中西文化交汇的国际空港新城。

境外经贸合作区是中国企业“走出去”践行“一带一路”倡议的重要载体，园区的建设和发展不是为了淘汰我国的落后产能，也不是转移过剩产能，而是在寻找多方资源互补的合作新空间；也不是去占有别国的廉价资源，而是要在全球化过程中，共享资源，互惠互利；更不是去搞无偿援助，而是以尊重市场规律为前提。为此，一要进一步加强政府引导，帮助和支持企业更好地“走出去”进行国际化经营。当前，国际市场环境变化较大，海外经营风险进一步增加。希望政府能建立完善的机制，进一步帮助企业加强对“一带一路”沿线国家的国情进行研究和分析，聚焦金融、税收、法律等方面的热点难点问题，为企业提供市场机遇、风险研判等相关专业信息，为企业更好地进行国际化经营提供指导。同时通过多种方式，加强与企业的沟通，开展组织专题类、基础性调研工作，了解企业的困难与需求，及时反馈至有关部门，切实帮助企业解决业务困难。二要更加充分发挥各类行业组织的平台作用，促进企业间协同发展，共同“走出去”。企业单打独斗“走出去”很难在更高层次、更高质量的国际竞争中获得胜利，因此需要政府及行业组织充分发挥平台协调作用和资源优势，搭建多种形式的企业合作与交流平台，加强行业内优秀企业的资源对接，帮助和鼓励企业开展多种形式的创新合作，共同赴海外开发大型复杂的工程项目和投资项目，为企业更好地践行“一带一路”倡议提供强大的助力。

作为国家“走出去”战略的排头兵、深刻践行“一带一路”倡议和实现互联互通的生力军，中工国际在海外多国市场运营多年，对中国企业海外发展理念有着深刻的认识。随着“走出去”的中国企业越来越多，与当地经济融合越来越深，国际社会对中国企业的关注度持续加强，对于中国企业的表现要求也越来越高。企业积极承担社会责任，不仅有利于为企业发展创造更好的外部环境，对企业理解项目所在地的文化、更好地承担相关工程项目也有着重要的意义。

中工国际把践行社会责任、回报社会作为一项重要使命，在海内外项目所在地积极履行企业责任，坚持实施属地化运营战略，结合工程行业特点，积极完善社区基础设施建设，创新开展社会公益活动，参与关乎国计民生的重大社会活动，为项目所在地的社区发展贡献中工力量，为社区居民创造更优越的生活环境。

在改革开放40周年、“一带一路”倡议提出五周年之际，跨入新时代的中国以“一带一路”建设为抓手，用实际行动表明了继续扩大开放、坚持开放共赢、勇于变革创新的决心和勇气。在“一带一路”的倡议下，世界各国的开放与合作更加深远而紧密。作为践行国家“一带一路”建设倡议的行动者，“走出去”的中国企业正在迎接新的机遇与挑战。中工国际将在新时代焕发新风采，中工国际的新航程已经开启！

点评：以高质量的管理推动海外工业园区发展

白俄罗斯是中国与欧亚经济联盟和欧盟这两大市场进行紧密连接的重要枢纽，中白工业园是“一带一路”倡议下的标志性经贸合作项目，也是目前中国在海外建设的规模最大、合作层次最高的经贸合作区之一。该案例阐述了中白工业园的主要创新之处：一是中白双方采取合资共建共管的模式，逐步明确三级管理架构；二是招商引资注重精准性、多元化，既包括符合白俄罗斯当地发展需求的企业，也专注引入面向未来的新兴产业；三是以园区为支点，注重谋划与德国、立陶宛等白俄罗斯周边国家的紧密合作，发挥园区的对外辐射作用；四是重视打造绿色生态、节能环保的新型高科技产业园区，按照欧盟环保标准建设宜居宜业的新城。该案例通过介绍中白工业园建设和发展的经验，展现“一带一路”倡议对于国际经济合作的切实推动作用，具体体现在以中国制造促进国际产能合作、以中国经验助推东道国区域振兴、以中国平台形成双边战略合作、以中国形象增进双方互信等诸多方面。值得注意的是，该案例体现了中国企业参与“政策沟通”的重要性，如及时将企业所需反映给两国政府，参与白俄罗斯相关《总统令》的完善，为企业发展营造良好的政策环境。此外，该案例还强调了“民心相通”的重要性，通过提高当地用工比例、推动社区基础设施建设、开展社会公益活动等，中工国际扩展了在该国的社会影响力，为企业的长远发展增加了有利条件。

赵明昊，一带一路百人论坛专家委员会委员，中共中央对外联络部当代世界研究中心研究员

境外工业园的“华丽”实践

华立集团股份有限公司

“一带一路”倡议，十九大报告“推动形成全面开放新格局”的新发展理念，都为中国制造业参与国际竞争指明了新的方向、注入了新的动力。从“为什么‘走出去’”“能不能‘走出去’”到“往哪走”“怎么走”，在国际化经营的问题上，民营企业需要有自己的思考。

华立集团股份有限公司（以下简称“华立集团”）作为在国际化经营道路上探索了近30年的制造业企业，尤其在国际产能合作重要载体“境外工业园”建设中，积累了多方面的实践经验。

一、华立集团概况

华立集团创立于1970年9月28日，是以华立集团股份有限公司为母体、多个产业集团公司组成的多元化投资发展的民营企业集团，专注于企业运营孵化、产业投资、整合与经营。投资、培育涉足医疗健康服务、中医国药、处方药产业、清洁能源及物联网产业、新材料产业、创新创业服务等，在全国各地及海外雇员逾12,000人。

目前，华立集团控股了昆药集团（SH 600422）、健民集团（SH 600976）、华正新材（SH 603186）三家A股上市公司，参股华媒控股（SZ 000607）、步长制药（SH 603858）和新三板厚达智能（870688）。华立集团曾多次入选中国企业500强、全国500家大企业集团、中国民营企业500强、中国机械工业企业核心竞争力百强、“一带一路”建设示范企业等。华立集团自身及旗下“华立”“健民”“龙牡”“云昆及图”“昆明及图”“络泰”“华正”7个商标先后荣获中国驰名商标殊荣；华立牌电能表为行业内首批“出口免验产品”；龙牡壮骨颗粒为国家一级中药保护品种，是儿童健康成长药物领域的领导品牌。

截至目前，华立集团已在泰国、乌兹别克斯坦等国投资建立了各类产业的生产基地；在美国、法国、俄罗斯以及非洲的十多个国家设立了业务机构，代理和销售的产品遍及五大洲 120 多个国家和地区。2005 年华立集团在泰国东部罗勇府投资开发的“泰中罗勇工业园”，开辟了中国企业“走出去”的新模式，已成为国家“一带一路”建设的金名片。

图 1

二、华立集团参与“一带一路”建设的实践与成效

华立集团从 2000 年在泰国投资设立了第一家制造工厂，多年的经营积累了丰富的经验，锻炼了一支熟悉本土文化和本土经营的管理团队；同时华立集团也体会到泰国是一个人文环境与国内相似、投资环境十分优越、经济增长快速而又稳定的理想投资地，华立集团相信这里对于中国企业走向国际充满了无限商机。

华立集团在加快国际化步伐的同时也注意到，海外投资和经营对于大部分初出国门的中国企业充满了未知的风险。为了帮助中国企业降低在泰国的投资风险、形成中国企业在泰国的投资氛围和集聚效应，基于华立集团历年来“走出去”的经验和教训，2005年逐渐萌发了在境外为中国企业专门创建一个投资创业平台的想法。于是在2005年7月1日，华立集团与泰国最大的工业地产开发商——安美德集团，在北京签署了合作开发泰中罗勇工业园的备忘录，之后迅速展开了工业园的开发建设工作。

泰中罗勇工业园是中国首批境外经济贸易合作区，位于泰国东部海岸、靠近曼谷和廉差邦深水港（距离曼谷市区114公里，距离廉差帮深水港27公里）。园区规划总面积12平方公里，包括一般工业区、保税区、物流仓储区和商业生活区。园区充分发挥中国传统优势产业的集群效应，主要吸引汽摩配、机械、新能源、电子、建材等中国企业入园设厂。

园区自2005年启动开发以来，受到了中泰两国政府的大力支持。2016年8月17日，在北京人民大会堂举行的中央推进“一带一路”建设工作座谈会上，华立集团董事局主席汪力成作为唯一的民营企业代表，以境外工业园实践案例向大会做了汇报发言。经过十余年的建设，截至目前，工业园已开发完成6平方公里，成功吸引105家企业入驻，带动中国对泰投资超过29亿美元，累计实现工业总值超过100亿美元，已成为中国传统优势产业在泰国乃至东盟最大的产业集群中心和制造出口基地，并为泰国当地30,000人解决就业。

对于华立集团自身来讲，泰中罗勇工业园的开发与建设是华立集团国际化发展模式的又一次全新的探索和尝试，对华立集团在泰国的多元化发展、提升在泰国乃至东南亚的经营绩效都将产生重要影响。

北美华富山工业园是华立集团于2015年启动开发的第二个境外工业园区，规划面积8.5平方公里，由华立集团主导，富通集团、墨西哥桑托斯家族三方联合开发建设。园区位于墨西哥新莱昂州蒙特雷市北部约20公里处，距美国德州拉雷多市约200公里。园区规划为综合性工业新城，即以工业开发为主，综合配套各项公共服务功能和部分居住功能。园区定位主要吸引汽摩配、信息技术、机械设备、新能源、电子等中国企业入园设厂。2017年8月25日，华富山工业园举办了开业暨标准厂房奠基仪式，2017年12月第一期标准厂房建设完毕，2018年进入全面招商阶段。

在境外开发中国工业园，对于华立集团而言是一次没有经验可借鉴的挑战，需要在实践中逐步总结、提升。对于开发模式，华立集团也正在逐步升级迭代。以泰国泰中罗勇工业园为例，2007 年至 2014 年阶段为 1.0 版本，就是“买地卖地，或者建房租房卖房”的工业地产开发模式。从 2015 年开始，华立集团开始升级到 2.0 版本，即土地厂房的开发只是其中的一个内容，更重要的是华立集团要为中国制造企业在境外搭建一个全方位的生态化服务平台；同时华立集团的盈利模式也开始从简单的土地差价，逐步转向通过为入园企业提供全方位服务，寻找“双赢”“共赢”的长期盈利模式，如供应链融资、参与投资、合作扩大市场机会等。现在华立集团正在泰国尝试 3.0 版本，即在园区内选择一些规模较大的企业，帮助他们一起在曼谷申请跨国企业地区总部政策，抱团建立中国企业东盟总部，进一步促进人员、资金 / 资本、技术研发、投资等全方位的本地化经营，构建真正的跨国经营格局。

华立集团通过搭建成熟的海外中国园区，以资本利用、国际产能合作、技术输出的试验田，作为“一带一路”倡议实施的海外承接载体之一。未来，华立集团将升级“走出去”模式，会进一步布局全球“三大三小”的境外工业园——即在泰国（面向东盟和南亚）、墨西哥（面向美洲）、北非（面向欧洲、中东、非洲）分别开发一个规模达到 10 平方公里以上的中国工业园，可容纳至少 500 家中国制造企业落户；同时适时在缅甸、乌兹别克斯坦、埃塞俄比亚再各开发一个 3 至 5 平方公里的小型特色工业园，有计划、有组织地助力 300 家中小制造业进行产业梯度转移和发展。总体上，“三大三小”工业园将助力 1000 家中小制造业企业“抱团出海”。

在国家“一带一路”倡议的指导下，华立集团正在加快实施“走出去”战略。除了加大力度建设成熟的境外工业园外，位于乌兹别克斯坦的甘草项目基地、位于埃塞俄比亚的生产基地也都在积极建设中。此外，以青蒿素产业为先导，华立集团还将带动更多的传统中药走进国际市场，比如三七、天麻等，推动我国传统中医药国际化进程的发展。未来，华立集团旗下昆药集团将以三七系列、青蒿系列、天麻系列、中药产业现代化为重点发展领域，把国药推向全球。

三、华立集团融入“一带一路”的经验

中国企业“走出去”以及“一带一路”倡议的实施，制造业的输出是“主角”，同时必须有海外承接的载体，成熟的海外中国园区必然成为国家与社会资本利用、产业转移、技术输出的试验田。华立集团开发的泰中罗勇工业园迎合了中国企业“走出去”浪潮和对创业平台的需求，积累了极好的口碑和宝贵的经验。

（一）华立集团建设境外工业园的主要做法

1. 遵循市场规律，抱团取暖

华立集团决定在泰国建设中国工业园是顺应中国企业“抱团出海”的趋势和需求，是由企业自主决策的市场行为。华立集团从2000年在泰国设立第一家制造工厂开始，就感觉到会有越来越多的中国企业从简单的产品“走出去”跨越到企业“走出去”，并参与国际市场竞争。在中国企业“走出去”的过程中，华立集团发现企业首先碰到的最大困难就是对东道国法律法规、人文环境不熟悉，语言沟通障碍等，企业投资建厂容易走弯路、多交学费；同时中企“走出去”还存在着单打独斗、彼此间恶性竞争等问题。通过设立境外园区这个平台，既可以降低企业投资初期的“门槛”，减少风险，又可以增强中企在海外的抱团协作效应，规范企业在当地的经营行为。

2. 融入当地社会，实现合作共赢

即在当地找到一个有实力、有口碑、有社会责任感的合作伙伴，积极争取所在国政府及中国政府部门的认可和支持，使所引进的产业符合所在国的产业发展规划。泰中罗勇工业园的建设，华立集团选择了泰国安美德集团作为合作伙伴。安美德集团是泰国最大的园区开发商（上市公司），其所开发的两个园区占到了泰国工业总产值的8%，在园区规划与运营方面具有丰富的经验和极强的实力。华立集团与其合作，实现了强强联合、优势互补；同时积极争取中泰两国政府的支持，尽可能为入园企业创造良好的投资发展环境。

3. 秉持“选商胜于招商”的理念

引进的企业要有所选择，形成上下游协同的产业链，形成相对聚焦的产业，有意避免中资企业之间同质化过度竞争。泰中罗勇工业园的产业定位在汽配、机

械、电子等。如引进的中策橡胶是目前泰中罗勇工业园区内占地面积、生产规模、总投资额均最大的生产企业；该项目占地800余亩，一期、二期总投资额30亿元人民币。这家企业的入园，带动了国内橡胶轮胎行业多家配套企业跟着入园，取得了集群式“走出去”的效果，从单个企业的竞争转变为整个产业链的竞争，大大提升了中资企业的国际竞争力。

4. 提供全方位全流程“一站式”服务

园区向中资企业提供包括目标市场调研分析、产业政策咨询、法律法规解读、投资优惠政策争取、投资注册审批代办、税务及金融服务策划、劳动力招聘在内的“一条龙”服务。园区提出了“感动客户”的招商理念，实行24小时全天候“一站式”服务。作为园区的一个亮点，泰中罗勇工业园专设一支由中泰员工组成的专业团队为入园企业提供前期“一站式”投资服务。在企业入园后，为了更好地提供跟踪服务，园区不定期组织活动，方便入园企业交流在泰投资的经验教训，互相学习与合作；还不定期邀请泰国海关、税务、劳工、电力等政府部门的官员与专家来园区与企业进行交流，现场解答或解决企业投资过程中遇到的困难和问题。这些都体现了园区企业“抱团出海”的效应。

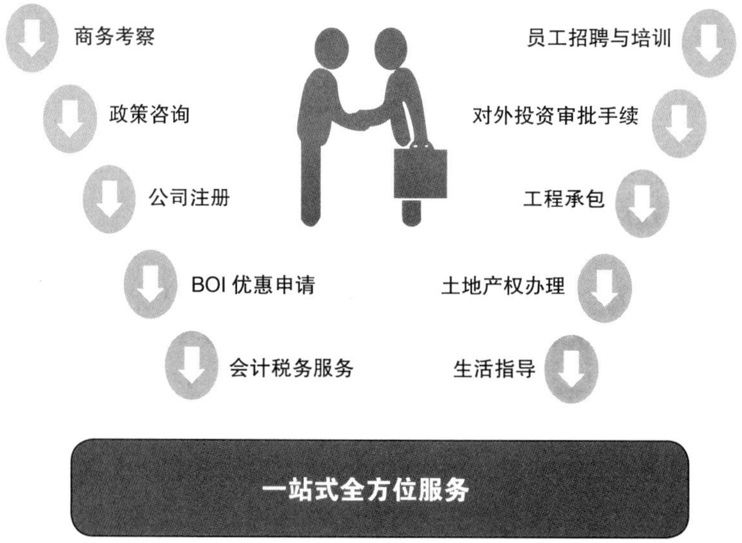

图2

5. 组建商会，提高园区企业组织化程度

在使馆的指导下，设立了泰国中资企业商会罗勇分会，围绕“合规企业”“关爱员工”“社会交流”“使馆活动”四个方面开展系列活动，加强对入园企业的服务与自律，维护企业合法权益，在当地积极履行社会责任。

十几载的海外耕耘、筚路蓝缕，华立集团也在实践中不断反思和总结，尤其在积极参与“一带一路”建设中，深刻认识到“政策沟通、设施联通、贸易畅通、资金融通、民心相通”的意义。

（二）中国制造业“走出去”十大投资选址要素

2000年初华立集团将国际化的第一站放在了泰国。通过华立集团自20世纪90年代开始的国际化过程以及泰中罗勇工业园开发过程中所积累起来的经验教训，华立集团董事局主席将中国制造业“走出去”归纳成以下十个方面的投资及选址要素。

1. 所在国与中华文化的融合度及其包容性

历史上许多国家都发生过“排华”事件，虽然有政治上及国家利益冲突的原因，但不可否认其中更重要的是民间和文化的认同度、融合度的问题。当时泰国的人工成本折合人民币已经达到2000元/月，工业土地成本折合人民币是20万元/亩；而杭州的工人工资还只有近1000元/月，杭州的工业用地成本大概是15万元/亩；柬埔寨工人工资只有200元/月，工业用地几乎可以免费；越南工人工资也只有300元/月，工业用地成本为5万元/亩。但华立集团认为成本差只是暂时的，更重要的是稳定和安全。泰国在历史上与华人关系融洽，泰国社会精英中大部分都有华人血统，这也是东盟国家中唯一一个没有发生过“排华”事件的国家。

2. 所在国自身市场容量及其市场辐射半径

泰国一直是东盟的地理中心，社会稳定性和经济发展水平、开放度一直是东盟国家的“老大哥”。泰国有近7000万人口，自身就有很大的市场容量，而且泰国人不喜欢存钱，消费能力也很强。泰国制造对于东盟大部分国家来说就像20世纪80年代初中国大陆人看“香港造”，所以中国制造业以泰国为基地辐射东盟是很好的选择。

3. 所在国与地缘国家的政治、经济关系

泰国一直奉行温和（也可以说是左右逢源）的外交政策，争取与所有国家都友好，所以与全球许多国家都有互免关税或者关税优惠条约。利用泰国作为产地，再出口其他国家会有许多便利。泰国也是少数几个既能与美国、日本保持友好关系，同时又与中国保持友好关系的东盟国家，足见其富有弹性的外交手腕。中国企业到泰国去投资设厂，只要达到出具“产地证”的条件，所生产的产品就变成“泰国制造”。国际贸易讲究商品的产地，而不管企业是哪国资本投资的，或者品牌、技术和管理来自哪个国家，都可以享受泰国与其他国家的贸易条件。

4. 所在国的工业基础和供应链协同能力

制造业企业不同于做贸易或者简单地做市场、推销产品，而是要在当地形成生产制造体系。初期虽然可以做一些组装（SKD/CKD），但为了缩短供应链距离、降低供应链成本或者满足“产地证”要求，一般都会将一些物流成本较高的零部件、辅料、元器件、原材料等在当地进行采购、分包。所以投资所在国已有的工业基础和供应链协同能力是选址的至关重要因素，否则供应链成本会很高，甚至还拿不到“产地证”，从而影响到享受本地产待遇或转口去其他国家的优惠。从某种意义上讲，当地的工业基础及供应链协同能力比土地价格、劳动力成本、税收优惠政策等还重要。泰国基本无本地化要求，尤其是出口产品，只有极少部分产品有 40% 的本地化产率要求。此外，泰国 20 世纪 80 年代初通过放宽进出口贸易管制措施，大量吸引了发达国家和地区（如日本、欧洲、美国）的制造业投资，是东盟中相对领先的工业化国家，工业门类相对齐全、配套服务业也比较发达，劳动力素质也相对较高。尤其是汽车、摩托车产业，几乎所有的日本品牌在泰国都建有整车厂，而著名的尼康相机和大金空调的主要产地就是泰国。虽然周边国家如柬埔寨、越南、老挝、缅甸的土地、劳动力价格远比泰国要低，但有可能光供应链成本一项就会抵消其他生产要素成本优势。

5. 所在国各项生产要素成本的性价比

制造业企业，尤其是处于产业链中低端的制造业企业，一定会非常注重生产要素成本，包括土地厂房价格、劳动力价格、水电气等能源价格、员工生活成本等。但在选择比较中，一定要注意“性价比”不是一味追求低价。如果制造过程工艺技术相对简单，所需工种也相对单一，且劳动力成本、土地厂房分摊成本占据总成本的比重较高（如制衣、制鞋业等），则可以选择在这方面具有明显优势的国家，如柬埔寨、缅甸、印度尼西亚、孟加拉国或者非洲国家，反之就要综合评估考虑。

十多年前，华立集团选择泰国作为东盟基地时，除新加坡（新加坡当然不适合去做制造业）外，泰国是土地价格、劳动力价格等生产要素成本最高的地方，甚至还大大高于中国沿海地区。但从性价比的角度来看，却是最佳的选择。事实证明华立集团的判断是正确的。至今，泰国永久产权的工业用地仅仅是 30 万元 / 亩左右，劳动力成本 3000—4000 元 / 月，劳动力素质与中国不相上下，能源价格与十多年前差距不大。

6. 所在国的物流效率、便利性及其成本

世界上经济发达地区的要素之一，就是物流高效便利且成本低廉。海运是首选，其次是铁路，再次是高等级公路。对于大部分中国制造业而言，在“走出去”选址的时候，必须要将面向供应链以及面向客户的物流是否高效便利、成本是否低廉作为一个重要的因素来考量。泰国本身的地理位置辐射整个东盟，而罗勇府是紧挨泰国湾最大的深水港；如果今后昆明与曼谷的铁路建设投用，中国至泰国的物流又多了一条快速便捷通道。

7. 所在国的政局、法律、安全及工会状况

所在国政局发生突变或者长时期动荡对“走出去”的企业无疑有极大的冲击。有些国家看上去政局非常稳定，执政者也非常有权威，但这种稳定的背后往往潜伏着未来重大的不确定性。对于不了解泰国的人而言，可能觉得泰国政局不稳，经常发生政变及红衫军、黄衫军对峙等，听起来好像很不安全。其实，泰国是一个政局相对稳定的国家，因为其实行君主立宪制，泰王在泰国民众心目中有着至高无上的神圣地位，泰王也是全球君主立宪制国家中最具有实际权威的国王。所以泰国的党派之争，虽然阶级矛盾和对立也非常严重，但其表现形式更有点像“全民娱乐活动”。在泰国基本上感受不到这种“动荡”对整个社会、经济的运行有什么大的妨碍。随着新泰王顺利继位，未来至少二三十年中，泰国政局不会出现革命性的变化，会保持相对稳定。

8. 所在国的货币管制政策及汇率的稳定性

投资建厂必然会涉及大量的、连续的供应链及产品交易，所以就不能不评估

所在国家的外汇管制政策及汇率的稳定性。当今世界上有许多国家实行外汇自由兑换政策，但同样有许多国家仍然实行外汇管制政策，即出口收汇必须按官方牌价强制与本国货币进行结汇，若要进口则必须申请换汇而且要经过漫长的等待。对于外汇管制国家，如果其汇率相对稳定，则一般问题还不算大，只是手续稍微复杂；但如果汇率不稳定且官方牌价与民间兑换价差额巨大的话，那就非常麻烦了，在这方面华立集团是有许多教训的，搞不好就会将几年累积的制造利润全部亏损。所以目的地国家最好选择外汇自由兑换的国家，同时其本国货币对美元或欧元的汇率相对稳定。当时华立集团选择泰国时也考虑到了其外汇自由兑换，除了 1997 年东南亚金融风暴时泰铢出现了大幅度贬值以外，总体上比较稳定。

9. 所在国的本地化金融政策及服务环境

中国企业在当地投资建厂后，一开始通常主要是靠中国母公司为其解决资本金及流动资金（通常通过供应链赊账等方式解决），但随着企业规模的扩大，如果不能在当地独立融资，对母公司也会造成一定的资金压力。所以能否在当地获得低成本的金融服务是一个重要的考量因素。泰国在东盟国家中属于金融服务业比较发达的国家，仅次于新加坡。中国银行和中国工商银行在泰国都已经开设了分行。经过几年的努力，目前围绕泰中罗勇工业园已经建立起了一个比较完善的金融服务体系，中行泰国、工银泰国以及泰国本地的汇商银行等均已经与泰中罗勇工业园公司签订了战略合作协议，携手为入园区的中国企业提供金融服务。如针对入园企业，只要在签订土地购买合同并支付首期 30%—50% 的土地款后，银行就可以为入园企业提供其余 50%—70% 的土地款以及厂房建设资金的融资服务，且融资周期长，融资成本低于国内。在投产后的流动资金融资及结算服务上，其服务条件和服务质量还优于国内。

10. 所在国社会经济的成长性和发展潜力

投资是一种中长期的经营行为，必须对目的地国家和地区进行多维度的评估选择，否则机会成本就可能很高。除了上述因素以外，目的地国家或地区是否正处于一种良好的发展趋势也很重要。有的国家和地区虽然目前社会文明程度还不尽如人意，但正在逐步提升；虽然经济还不算发达，但发展势头良好且健康；虽然还处于发展中，但发达国家企业和跨国企业也将其作为投资目的地等，都是我们应该考虑的因素。有些国家和地区，即使有些商机，但未来的不确定性很大，或是正在走下坡路或是已经陷入了“泥潭”，或是被自身的宗教矛盾、社会矛盾搞得焦头烂额等，都是我们需要谨慎看待的。

（三）华立集团建设境外工业园的经验

第一，建设境外工业园应成为中国企业利用两个市场、两种资源，实现资源有序、有效配置，参与国际竞争的重要途径。

虽然经济全球化是当前世界经济的主流，但事实上贸易壁垒日趋加剧，严重削弱了中国制造业的国际竞争力。在实施“一带一路”倡议中，通过有规划地建设境外中国工业园，有选择地引导中国优势产能企业在园区设厂，以SKD/CKD（半散件组装/全散件组装）方式或核心部件（材料）从中国进口的模式，可以有效规避贸易壁垒，提升中国制造的国际竞争力。如杭州中策橡胶入园前，轮胎产品从中国出口欧美市场频频受到反倾销的打击，几乎完全退出；在园区投资600万条轮胎生产厂后，既利用了当地丰富的天然橡胶资源，又以泰国的“产地证”出口欧美市场，获得了有利的竞争优势，同时还轻松地获得了东盟市场份额。又如杭州富通集团，原在东盟的市场几乎为零；自从2016年在泰国投资设立年产270万公里芯的光缆厂后，很快就占领了东盟市场，最核心、增值最大的光棒材料仍然由中国母体企业制造供应。

第二，中国制造“走出去”，有利于释放优势产能，助推国内企业转型升级。

从泰中罗勇工业园入园企业的实践看，一来没有一家企业是“举家外迁”至泰国的，都是为了开辟或扩大泰国和东盟市场，都是在做市场增量；也有企业通过产地多元化夺回已经或者即将失去的传统市场。如江苏天合光能，自从在泰国设厂后，利用泰国的“产地证”，重新夺回了在欧盟、美国的光伏组件的市场份额。二来促进了中国企业外贸出口，2016年泰中罗勇工业园中资企业从中国母公司进口的核心零部件或上游材料达到8亿美元，占园区销售额的1/3。三来完善了泰国的产业结构，提升了当地的制造装备水平。入园企业绝大多数都是国内行业的优势企业，虽然在国内面临着产业结构调整的形势，但在泰国都是重点鼓励和发展的行业。所以，华立集团认为在中国过剩的产能不等于在国外也是过剩的；同时中国的过剩产能也不都是落后产能，更不一定是污染产能。

第三，通过境外工业园引导中国制造业在当地投资建厂，有利于促进文化融合，发挥民间外交作用。

制造业能为当地带来就业、税收，并且拉动经济，可以改变过去中国企业只是在当地销售廉价产品、获取自然资源的不良形象，更受人尊重，真正实现与所在国人民合作共赢。泰中罗勇工业园已将20,000多名原来月收入不足5000泰铢（折合人民币1000元）的农民变成了月收入超过15,000泰铢（折合人民币3000元）的产业工人。中国制造业大量解决了当地农民就业问题，通过企业管理、传播中国文化、传递中国元素，分享企业发展成果，发挥了民间外交的作用。同时，华立集团已经在投资建设培养当地农民的技工学校，提高他们的职业技能。泰国每届新总理上任后，接见泰国商界领袖的名单中都有华立泰中罗勇工业园的总经理，并表明了"虽然政府更迭但经济政策不会变，吸引外资政策不会变"的态度。

民营企业参与"一带一路"建设，既要抓住历史性的发展机遇，也应练好内功，做好各项准备，诸如民族品牌的培育、人才的保障；同时，在"出海"模式上也可以尝试采用直接对外贸易、直接对外投资、深耕重点国家等组合拳；在践行"出海"形象的外交化上，也要强化公共外交意识，有效地利用区域性多边合作机制，运用多种公共外交手段，成为民间大使。

四、华立集团的实践对支持民企进一步参与"一带一路"的建议

（一）将境外工业园建设作为实施"一带一路"倡议的一项重要举措

首先，将境外工业园建设上升到国家战略层面，有重点、有目标、有步骤地推动境外工业园的建设，制定具体的财政、金融、保险、外交、商务等方面的扶持政策。

其次，建议对已出台的支持境外工业园区建设政策作用进行客观评估，充分考虑园区开发企业超前投资的实际情况，避免因政策突变、调整，挫伤民营企业参与境外园区建设的积极性。

最后，要防止"一窝蜂"建设境外工业园的现象。建议国家有关部门要形成工作合力，遵循市场为导向、企业为主体、商会为依托、政府为指导的原则，

有效防范境外投资风险，鼓励有条件、有实力、有准备、成熟的民营企业“走出去”。

（二）切实推动支持民营企业参与“一带一路”建设政策落细落地落实

国家出台了一系列鼓励民营企业参与“一带一路”建设的政策措施，但在实际操作中还存在不落地和歧视的问题。如在获取政策性银行的外汇信贷、政府间合作基金的支持等方面，大量的民营企业因标的小、抵押担保条件苛刻等原因很难得到实质性支持；在参与国外竞标的政府“背书”、争取买方信贷项目等方面，民营企业也无法享受与国企同样的待遇。建议制定针对中小民营企业尤其是制造业企业“走出去”的、能落地操作的配套政策，提高民营企业政策获得感。

点评：从十大指标优化境外投资地的选择

作为参与“一带一路”建设的民营企业代表，华立集团从深耕泰国开始，用近20年的时间探索国际化经营之道，积累了许多宝贵经验。

该案例聚焦“泰中罗勇工业园”，讲述了从工业地产开发到构建企业服务平台，再到优化跨国经营格局的模式之变。华立集团很早便看到了中国企业“抱团出海”的趋势，经过审慎的评估，最终选择在泰国投资兴业。它非常注重在当地寻找有实力、有口碑、有社会责任感的合作伙伴，并创造性地提出“选商胜于招商的”理念，明确工业园定位，吸引有竞争力的中资产业链入园。

该案例的一大亮点是，华立集团根据自身经验和教训，就中国制造业企业如何“走出去”归纳了“十大投资选址要素”，包括所在国市场容量和辐射半径、所在国的工业基础和供应链协同能力、所在国物流效率和便利性、所在国社会经济的成长性和发展潜力等。这些指标具有很大的启发性和实用价值。

华立集团的实践表明，中国境外经贸合作园区是“一带一路”倡议实施的海外承接载体，是资本利用、国际产能合作、技术输出的试验田。

"在中国过剩的产能不等于在国外也是过剩的"，民营企业参与"一带一路"建设，关键是选好市场，利用当地政策做强自己的优势产业。从国家层面而言，应对支持境外产业园区的各项政策进行再评估，在获取外汇信贷和政府间合作基金支持等方面给予民营企业非歧视待遇，鼓励更多有条件、有实力、有准备的中国民营企业"走出去"。

赵明昊，一带一路百人论坛专家委员会委员，中共中央对外联络部当代世界研究中心研究员

走进几内亚，打造“赢联盟”

山东魏桥创业集团

山东魏桥创业集团的前身是一家小型油棉加工厂。从1981年开始，伴随着改革开放的进程，历经37年的创新和发展，集团目前已发展成为一家拥有2家香港上市公司、国内外11个生产基地、13万名员工、2500亿元总资产，集“纺织—染整—服装、家纺”产业链及“热电—采矿—氧化铝—原铝—高精铝板带、新材料”产业链于一体的特大型企业，是全球最大的棉纺织企业和铝业生产企业。2012年以来，魏桥创业集团连续七年入选美国《财富》杂志“世界500强”企业排行榜，2018年名列第185位；2017年分别名列中国企业500强第36位、中国制造业企业500强第10位、中国民营企业500强第3位；2014年以来连续五年名列山东企业100强第1位。魏桥品牌连续15年入选《中国500最具价值品牌》排行榜，2018年以605.72亿元的品牌价值名列第62位。

一、魏桥创业集团参与“一带一路”建设的思路

在全部64种有色金属中，铝应用前景非常广阔，最有条件拓展市场。首先，新常态呼唤轻量化。面对资源约束趋紧、环境污染严重、生态系统退化的严峻形势，必须树立尊重自然、顺应自然、保护自然的生态文明理念，走可持续发展道路。而生态文明建设的重点和方向，是在资源开发和利用中，把节约资源能源放在首位；在环保工作中，把预防为主、源头治理放在首位；在生态系统保护和修复中，把利用自然力量修复生态系统放在首位。节约资源和能源，交通运载工具轻量化是一个重要的发力点，无论是轨道交通、航空航天、水路运载，还是普通的汽车，轻量化都是现阶段最为重要的目标。其次，政策扶持轻量化。在国务院制定的《中国制造2025》中，政策重点扶持十大领域的发展，其中有五大领域属于交通运载领域，是轻量化发力的重点领域；另五大领域也都是铝的主要应用领域。在国内

124个工业部门中，有113个部门涉及铝，铝的行业关联度高达91%。另外，国家相继颁布产业政策，对轻量化采取了鼓励和扶持的政策。铝是轻量化的首选材料，具有密度小重量轻、可以反复回收利用、不会生锈等很多优良特性。

但是，我国不但是一个铝土矿短缺的国家，并且国内铝土矿开发过快。据美国地质调查局公布的信息，2015年全球共探明280亿吨铝土矿，中国只有8.3亿吨，仅占世界总探明储量的2.96%；但却支撑起了世界21.9%的铝土矿产量。中国2015年国内开采的铝土矿高达6000万吨，仅次于澳大利亚；以此开发速度计算，14年后国内的铝土矿存量将会全部耗尽。而且，以国内铝土矿为消费主体的模式也是极不健康的，一旦国内资源耗尽，就会处处受制于人。同时，国内铝土矿品质也不理想，90%以上不适宜用流程短、能耗低、污染物排放少的拜耳法提取氧化铝，开发成本高。铝土矿60%依赖进口。2015年以前铝土矿分别来自印度、澳大利亚、印度尼西亚、马来西亚等国家。而国内不断扩大的需求又致使上述出口国不断抬高铝矾土的离岸价格，马来西亚、印度尼西亚等又宣布限制、禁止铝土矿出口。一旦失去来自这些国家的铝土矿资源，我国对澳大利亚等国家铝土矿的依赖就会大大增强，这是十分危险的。

魏桥创业集团所需铝土矿全部来自进口，充分利用国外矿石资源发展民族铝工业。2014年以前矿石采购大多来自印度尼西亚。印度尼西亚禁止原矿出口后，到国外建设氧化铝厂、开采铝土矿尤显突出与迫切。

二、魏桥创业集团参与“一带一路”建设的实践

近年来，魏桥创业集团按照国家“一带一路”建设的部署，大力实施“走出去”战略，到印度尼西亚、几内亚投资建设氧化铝厂、开采铝土矿，充分利用两个市场、两种资源，加快推动国际产能合作，加速企业国际化进程。

（一）印度尼西亚氧化铝项目

印度尼西亚矿产资源丰富，该国政府将发展氧化铝产业列为重点鼓励和支持的先锋产业——基本金属工业。2013年以来，魏桥创业集团旗下中国宏桥集团、魏桥铝电公司与印度尼西亚哈利达集团、韦立投资（香港）有限公司联合成立宏

发韦立氧化铝公司，共同投资10亿美元，在印度尼西亚西加里曼丹省可达邦县肯达旺甘镇建设年产200万吨的氧化铝生产线，并同步建设电厂、码头、生活区等配套设施。

该项目是中国首家海外氧化铝生产企业，也是印度尼西亚第一家大型氧化铝生产企业，2013年7月奠基，得到了中国和印度尼西亚政府的高度关注。2013年10月3日，国家主席习近平访问印度尼西亚期间，与时任印度尼西亚总统苏西洛共同见证了项目签约仪式。2014年11月10日，亚太经合组织（APEC）领导人峰会上，该项目再次被确定为两国领导人进行经济合作交流的三大项目之一。

该项目所在地肯达望甘镇是原始的热带雨林，建设者们经过两年多的拼搏，在一片荒芜的沼泽地上建成了集发电、冶炼、港口、物流为一体的年产100万吨的综合氧化铝项目。2016年5月9日，第一条50万吨生产线正式产出氧化铝，成为中国首条海外建成并投产的氧化铝生产线。2016年6月30日，第二条50万吨生产线正式投产。2016年8月1日，首批5万吨氧化铝产品装船，13日起航，23日顺利抵达中国山东烟台港，开启了中国有色金属海外加工运输的新模式，也掀开了各方全领域合作的新篇章。魏桥创业集团、哈利达集团、韦立集团、烟台港集团在印度尼西亚这块土地上创造了一个奇迹。

（二）几内亚铝土矿项目

几内亚素有“地质奇迹”之称，矿产资源丰富，主要有铝矾土、铁、黄金、金刚石以及镍、铜、钴、石油等。几内亚号称“铝矾土王国”，铝矾土储量丰富，分布广泛，易于开采。2015年全球探明的280亿吨铝土矿当中，几内亚铝土矿储量为74亿吨，占全球总储量的26.4%，居世界第1位；并且可露天开采，品位高达58%至62%，氧化铝含量45%至60%，二氧化硅含量1%至3.5%，属于在低温下易加工提炼的三水化合型矿物；矿产贮藏集中。但是，几内亚基础设施落后，没有高速公路、港口，没有开采条件，到2014年底几内亚和美国公司开采的铝矿年产量在1500万吨左右，铝矿出口占该国出口总量的80%。修建铁路需要投资15亿至20亿美元，修建深水港口需要25亿美元，建设期限3至5年，5年以后才能运出矿石。

2014年，魏桥创业集团旗下中国宏桥集团，联合新加坡韦立集团、中国烟台港集团和几内亚 UMS 等企业，组成企业联合体“赢联盟”。赢联盟按照几内亚法律程序，在几内亚注册成立了两家几内亚法人企业，分别为赢联盟博凯矿业公司、赢联盟非洲港口公司，分别承担矿山开采建设、港口建设运营以及社区建设管理工作。这是一个跨领域、跨资源、跨国界、跨文化合作的“三国四方”联合团队，充分体现出“合作共赢、国际化、本土化、包容性发展”的理念。

赢联盟成为中国率先在几内亚拿到铝土矿的企业，锁定了 15 亿吨的铝土矿，不但获得了矿权，还实现了河运、海运相结合的多式联运的完整产业链。按魏桥铝电有限公司当前原铝产量约 700 万吨 / 年匡算，需要铝土矿 2800 万吨；即使全部用几内亚博凯铝土矿也绰绰有余，可保证 50 年之用。至此魏桥创业集团所需的炼铝原料有了充分的保证，这对中国铝工业的发展有着重要的战略意义。

该项目一期投资 2 亿美元，充分利用矿区连接深海的一条运河，修建河港码头，在河港接驳水运后，运送到离港口 74 公里外的 20 万吨货轮深海锚地，通过浮吊船装大型散货船。项目 2015 年 3 月 26 日奠基，7 月 20 日博凯矿业公司及博凯港口正式建成投运，第一船铝土矿顺利装船，9 月 25 日首船 18 万吨铝土矿起运回国，自此开创了几内亚铝土矿出口到中国的先河。经过 40 多天的海上航行，11 月 15 日抵达烟台港，12 月 12 日转运滨州套尔河港区码头卸船，直送魏桥创业集团氧化铝厂堆场。该项目搭建了一条自国外矿山到国内工厂、集多式联运于一体的完整产业链条，也是经跨三大洋的新兴的铝土矿海运航线，形成了中国至几内亚、几内亚至中国的双向物流运输通道。可以说在几内亚创造了一个中国人的建设奇迹，为企业的持续发展奠定了资源基础，为中国铝工业发展提供了示范和创新发展模式，也成为中国通过“一带一路”建设实现互利互赢的鲜活例子。从项目奠基到建成投运，仅用了四个月时间，充分展现了“中国速度”，树立了中国企业负责任、敢担当的良好形象。这也是几内亚 15 年来出现的一个新型的铝土矿出口商。非洲博凯港从开工到投产仅仅 100 多天，让博凯港和烟台港这两个相距 10,000 公里的港口连接起来，创造了国际海洋交通史上的奇迹。二号港口三号泊位于 2016 年 10 月 3 日建成投用，2016 年运回矿石 1500 万吨，2017 年运回矿石 3000 万吨，以后预计每年运回矿石 4000 万吨。

三、魏桥创业集团两大境外项目的重大意义

第一，为我国铝工业健康可持续发展提供了战略支撑。几内亚正成为中国铝工业发展的新“后盾”。2016年之前，我国从几内亚进口的铝土矿少之又少；2016年，来自几内亚的铝土矿达到1500万吨；2017年，几内亚超越澳大利亚成为我国最大铝土矿来源国。这不但满足了我国发展铝工业的需求，而且有了这一资源通道后，我国结束了国外铝矿供应商依矿提价的历史，在一段时间内保证了铝土矿价格的稳定。中国企业牢牢把握了铝土矿采购的话语权。

第二，独树一帜的创新思路打造“中国速度”。肆虐的埃博拉病毒考验着赢联盟人的体质和毅力，雨季恶劣的自然条件更是检验着赢联盟人的智慧和头脑。但赢联盟人克服了这些困难。选矿之前，赢联盟就考虑到了“先找矿”还是“先找路”的问题；“路”找不准，开采出再多的矿也是徒劳。于是，一个沿着内河找矿、驳船倒大船、集多式水路联运于一体的运输模式被创造性地开拓出来，仅仅投资2亿美元，4个月就成功开采并运出矿石。赢联盟创新的运输模式可谓惊世创举，世界著名铝业公司如美铝、俄铝、力拓纷纷与其探讨合作。中国赢联盟创造了“中国速度”，刮起了“中国风”，更书写着继往开来的“中国赢”！

第三，在几内亚为中国企业走出了一条新路。中国有色金属工业协会副会长文献军曾说：“中国宏桥几内亚项目开创了海外矿业开发多方合作共赢的新模式，改变了过去资源为先的思维定式，以突破运输瓶颈为先导，发挥港口、物流企业优势，引入国有、民营、外资、本土等多元资本参与经营，对国内企业‘走出去’开发矿产资源有积极的引领示范作用。”山东社会科学院院长张述存说：“中非万里铝矿大物流航线的成功案例说明‘一带一路’项目，特别是资源开发和基础设施项目是系统工程，需要国际化的资源配置和优势互补；而创新思维使这一项目具有投资少、见效快的特点。况且，这一项目的可复制性为更多的‘一带一路’项目提供了宝贵经验。”除中国宏桥集团外，中国铝业股份有限公司、国家电力投资集团也已在几内亚开展了铝土矿资源开发业务。中国宏桥集团以积极开放的态度，欢迎中国铝业股份有限公司参观考察，毫无保留地分享成功经验，协助中国铝业股份有限公司快速推进海外资源利用项目。

第四，带动了中国企业更好地“走出去”。印度尼西亚氧化铝项目主要的工

程设计、大型工程承包均由中国企业承担，项目建设用主要关键物资均自中国采购出口供应，项目带动的出口总额达5亿美元。几内亚铝土矿项目带动了国内大型机械装备出口，国内生产的大型起重机、装载机、挖掘机、重型卡车等装备已先期“走出去”，到达遥远的非洲。多艘20万吨级巨轮往来于中国与西非海岸，把矿石运进国内的同时，也把国内物资运往非洲沿岸国家，形成一条长期稳定的“海上丝绸之路”。这条“海上丝绸之路”，践行了“21世纪海上丝绸之路”的战略构想，也是李克强总理关于推进国际产能和装备制造合作的战略思维的具体实践。

第五，促进了中印尼、中几之间的全面战略合作。魏桥创业集团印度尼西亚、几内亚两大境外项目，均创造了多个“第一”，是中印尼、中几企业合作的典范工程，有力地带动了当地的经济社会发展，得到了两国高层领导的极大关注，为推动中国与印度尼西亚、几内亚的全面战略合作发挥了重要作用。印度尼西亚西加里曼丹省省长科内里斯对中国宏桥的到来表示高度赞赏和感激。他说，印度尼西亚总统佐科非常关心项目建设，表示将给予全力支持。该项目的建成投产，促进了当地经济发展，带来了就业机会；厂区内同时建设了生活小区、学校、医院，给这里的人民带来福祉。希望地方政府和民众积极支持项目顺利运行，谱写中国与印度尼西亚两国经济合作的新篇章。几内亚总统孔戴亲自洽谈合作，分别参加了河港码头奠基仪式、医疗站捐赠仪式、铝矾土装船仪式及二号港口三号泊位投用仪式，给予项目充分肯定和高度评价。2016年10月30日，孔戴总统在对中国进行国事访问期间接见赢联盟负责人，双方就进一步加强矿产资源开发合作交换了意见。孔戴总统在奠基仪式上，称赞该项目是新几内亚的象征，会改变几内亚和几内亚人民的生活，会给几内亚人民带来福音。在装船仪式上，孔戴总统再次高度赞扬了这一项目的建设给几内亚带来的巨大影响：“在埃博拉病毒爆发期间，中国政府和人民给予了几内亚政府和人民全心的帮助；在此期间，只有中资企业不仅没有撤资，反而加紧建设。四个月前，当他们告诉我今天要进行起运仪式，我并不相信他们能完成；但是，今天，装船起运的仪式成功举行，中国企业兑现了自己的承诺！今后，我们要给予中资企业更多的支持和信任。感谢他们对几内亚发展带来的改变和做出的贡献。”在二号港口三号泊位投用仪式上，孔戴总统致以热情洋溢的讲话，高度赞扬了赢联盟团队勤恳敬业的工作态度和这一项目建设给几内亚带来的巨大影响，感谢赢联盟项目为几内亚、博凯地区带来的巨大发展。二号港口将带动达比隆地区的经济发展，造福更多的人民，几内亚各方将继续为项目建设提供支持。孔戴总统还欣然为赢联盟和项目建设写下寄语，祝愿赢联盟和项目建设取得更大突破，造福更多几内亚人民。几内亚交通部长 Aliou Diallo 在第一船“韦立信心号”载着 17 万吨铝矾土抵达烟台港接卸仪式上高呼：“中几合作万岁！赢联盟万岁！”几内亚矿业部长 Kerfalla Yansane 则兴奋地说：“我们拥有了一个从矿业开发到运输的完整矿业体系，并将源源不断地为国家财政做出巨大贡献！”

四、魏桥创业集团境外项目的合作理念

魏桥创业集团两大境外项目已成为“一带一路”建设的共赢样板工程。今后，赢联盟将继续信守对几内亚国家和人民的承诺，以国际矿业开采和环保标准，把几内亚铝土矿打造成世界第一的铝土矿项目，为几内亚的社会经济发展、人民福祉的提升做出贡献。同时，打造稳固的铝土矿供应链，服务于中国和世界铝业行业，创造合作共赢的格局。

（一）赢联盟的行动纲领与理念

赢联盟在几内亚立志成为一家遵纪守法、合规经营、绿色环保、公开透明、廉洁高效的国际化企业。通过与几内亚政府和人民的深入接触，思想碰撞，赢联盟深刻体会到几内亚人民发展经济、保护环境的诉求，决心通过矿业的发展，带动经济的发展，给这个国家带来改变。通过反复磨合、实践、凝练，形成了赢联盟的共同行动纲领：方针——真诚、平等、共享。理念——秉承“联接、合作、改变、奉献、创造”的 5C 发展理念；“公平、公正、合作、共赢”的合作理念；“尊重、交流、团结、发展”的行为准则。愿景——改善当地环境，建设美好家园。使命——超越矿业。道德规范——廉洁、透明。

（二）“赢联盟”的建设与运营标准

“赢联盟”在建设与运营期间，从矿业勘探、矿业开采许可，到矿业建设与运营，从劳动就业、社区建设与管理等方面，始终遵循以下基本原则：（1）国

际化、透明化——采用国际标准的招投标机制、公开透明的选择机制。（2）环保、安全标准化——采用国际一流的安全与环保评估标准和严格的执行机制。（3）开放化——吸纳国际顾问机构参与评估、检验。（4）本地化——吸纳本地人才参与管理，招聘本地人参工就业，公平对待本地分包商参与工程和服务。

赢联盟秉承严格遵守当地矿业法、环境法等法律及当地事务条例规定，本着保护当地环境、提高当地人民生活水平、扩展当地基础设施建设、促进几内亚经济发展、为博凯甚至几内亚人民带来福祉的发展初衷及与几内亚人民共赢的发展理念，在政府和人民的支持陪伴下已经在几内亚发展三年。从项目踏入几内亚开始，赢联盟从环评、科研、社会责任、专业财务审计、货物检验等各方面严格遵守几内亚矿业法及其相关法律，超额完成法律规定的矿业公司应该履行的义务和责任；聘请国际高级专业顾问公司对项目的运营体系、财务税务管理、社会责任、社区工作、培训管理等各方面进行规范和提高；开矿的同时，时刻将保护环境作为首要关注任务，进行大面积复垦、道路洒水整治扬尘、修建硬化村间道路等工作。三年间，赢联盟创造了前所未有的新型的开矿模式，即在符合几内亚法律及矿业标准的前提下，进行低消耗、低排放、环境友好的高效开发模式，这也是赢联盟结合几内亚当地条件与国际先进开矿模式综合创新形成的独一无二的开发模式。

（三）赢联盟积极履行社会责任

赢联盟始终把履行企业的社会责任放在重要位置，把社区建设看作与项目运营息息相关的大事，按照赢联盟的行动纲领和理念，开展社区建设工作，真正贯彻“提高几内亚人民生活，为几内亚人民造福”的初衷。赢联盟四大矿山作业板块严格遵守社区补偿标准，及时对项目涉及的村庄和村民进行法定经济补偿。2015 年在埃博拉疫情猖獗期，赢联盟及时援建了一座医疗站。2016 年赢联盟在 KAFERE 修建了含三间教室的小学，重修了 KABOYE AMARAYA 小学。此外，赢联盟在 KATOUGOUMA 开设了扫盲培训中心，修整养护了超过 40 公里的社区道路；关心帮助社区，确保社区粮食自给自足，在 KATOUGOUMA 成功复垦 37 公顷农田用于各类农作物种植；关心沿路居民的饮水问题，打水井 17 口；向社区提供 39 座太阳能路灯；关注河流航道沿线的渔民捕鱼及河道安全，提供相应资助；每逢大型节日或有大型宗教活动，均派出高管出席，并根据当地习俗，安排对矿区范围内所有村庄赠送大米、牛羊等。

赢联盟项目极大地带动了几内亚矿业开发的繁荣，给几内亚经济注入了活力；依法缴纳矿业资源税，每年上缴巨额美元税费，为几内亚创造了税收来源，带动了国家 GDP 的增长。根据国际货币组织的估计，这些对几内亚 GDP 的贡献率达 5%。此外，项目带动直接和间接就业 10,000 人。根据几内亚政府部门的评估，一个在赢联盟就业的几内亚人，可以支撑起 10 至 15 个几内亚人的生计；也就是说赢联盟项目为 10 万至 15 万几内亚人提供了生活保障，是几内亚最大的劳动就业项目之一。赢联盟创造的稳定的美元税收，改善了几内亚的外汇收支状况，拉升了几内亚货币几郎的币值，增强了国际组织对于几内亚经济和外汇收入的信心。赢联盟的成功，吸引和带动了更多企业和投资者进入几内亚，从事矿业、基础设施建设、农业等领域，为几内亚经济发展注入了动力。

赢联盟将继续稳定发展矿业项目，完善硬件与软件建设，尤其是合规、环保、社区等体系的建设，推进配套设施、管理职能的建设。同时，以矿业带动经济发展，促进非矿业项目的投资与发展，比如农林种植、工业加工与生产、旅游，发挥比较优势，破除单纯围绕矿业发展矿业相关产业的迷思，开辟一条更切合实际的、绿色环保的经济发展之路。坚持港口兴市，依托达必隆港区优越的地理位置，促进区域商贸物流、工业投资，逐步发展成有特色的港口小城镇。借鉴中国、新加坡成功的经济特区、工业园模式，向几内亚政府提出建设博凯经济特区的概念性建议。2017 年 5 月 4 日，孔戴总统颁布《总统令》，创建博凯经济特区，目前此项目已经被中国和几内亚两国列为国家重点关注项目。利用几内亚的区位和关税优势，开展加工生产，行销发达国家，带动几内亚的工业化发展和经济增长。组织亚洲企业家来几内亚投资考察，促进亚洲与几内亚的经济往来。借助几内亚天然丰富的农业资源，赢联盟也在考虑把农林种植（腰果、水稻种植及水产养殖等领域）作为后期发展的方向之一。赢联盟不遗余力地参与到首都城市清理及规划计划中，协助并支持几内亚政府治理首都卫生，提升首都形象；协助几内亚发展教育事业，着眼于培养几内亚青年人才，联合中国专业海员培训学院共同在几内亚建立海员培训学校，面向几内亚甚至整个西非共同体培养年轻海员，为几内亚输送专业人才。赢联盟注重与当地企业家的合作，共同致力于发展博凯地区矿业以及实现扶植当地企业的承诺。

点评：发展绿色矿业，实现合作共赢

山东魏桥创业集团的案例主要聚焦铝矿业发展领域，介绍了推动各国企业构建“赢联盟”，深度融入几内亚等国发展格局的经验。赢联盟包括来自中国、新加坡、几内亚等国企业，是一个跨领域、跨资源、跨国界、跨文化合作的“三国四方”机制，既为几内亚提供了重要的投资，又有助于保障中国国内的铝工业发展。

这一案例的重要启示在于：一是充分理解几内亚民众对于保护生态环境的诉求，在矿业开发过程中坚持落实绿色发展理念，采用国际一流的安全和环保评估标准；二是开创了海外矿业开发多方合作共赢的新模式，帮助几内亚突破物流运输瓶颈，践行“港口兴市”思路，发挥综合性产业优势，形成完整的产业链；三是以“超越矿业”为使命，促进非矿业项目发展，在农林种植、工业加工、旅游等领域发力，推动总体经济环境的改善；四是注重积极履行企业社会责任，为几内亚当地援建海员培训学校和医疗机构等。

应该说，赢联盟的实践，集中体现了“合作共赢、国际化、本土化、包容性发展”等理念。“一带一路”是绿色之路、开放之路、共赢之路，中国企业需要掌握和运用国际上通行的“多利益相关方”模式，尽量让国内外相关的利益方共同受益，实现国内外对接式、捆绑式的发展。

赵明昊，一带一路百人论坛专家委员会委员，中共中央对外联络部当代世界研究中心研究员

装备制作　国际布局

工程机械行业全面国际化战略的样本

打造“一带一路”农业装备的YTO模式

工程机械行业全面国际化战略的样本

广西柳工集团有限公司

广西柳工集团有限公司（以下简称“柳工”）创建于1958年，其核心企业广西柳工机械股份有限公司于1993年改制上市，是工程机械行业和广西第一家上市公司。集团公司现有全资及合资子企业12家，总资产约290亿元，净资产100亿元；集团总部及下属控股子公司现有员工13,000人，外籍员工约1500人。

柳工拥有比较丰富的产品线，涉及挖掘机械、铲土运输机械、起重机械、工业车辆、压实机械、路面施工与养护机械、混凝土机械、桩工机械、钢筋和预应力机械、压缩机、经济作物机械化设备、气动工具、工程机械配套件等13大类产品品种，32种整机产品线。主要产品有装载机、液压挖掘机、推土机、平地机、压路机、汽车起重机、叉车、旋挖钻机、混凝土泵车、压缩机、糖料蔗生产全程机械化设备、装载机传动件和柴油发动机等。柳工研制了中国第一台轮式装载机Z435，到2017年装载机累计产销突破35万台。

柳工还拥有运用于“中国天眼”（指位于中国贵州的、世界最大的、中国500米球面天文射电望远镜，英文简称“FAST”）、世界第一高大桥——贵州北盘江大桥的欧维姆（OVM）品牌的预应力产品（预应力锚具、桥梁拉索）以及DRESSTA品牌的推土机产品和合资的金泰品牌的旋挖钻机、液压连续墙抓斗等产品，连续多年居于行业前列。

一、柳工海外：持续国际化，布局全球，拓展空间

从2002年柳工提出建设“开放的、国际化的柳工”开始，柳工开启了国际化征程。历经15年的国际化征程后，柳工不忘初心，“二次创业”，并在公司的“十三五”战略中提出“全面国际化”的战略主题，推动公司继续追逐“成为工程行业世界级企业”的愿景。

至今，柳工在国内外拥有柳州、上海、江苏、安徽等制造基地和印度、巴西、波兰、阿根廷等海外制造基地，并在波兰、印度、英国、美国设立研发中心。其中印度工厂是柳工第一家海外绿地投资的海外制造基地；波兰制造基地是柳工在2012年并购波兰HSW公司的DRESSTA业务后的工厂；巴西工厂是柳工在2015年为了实现突破巴西市场壁垒，以“轻资产模式”租赁当地工厂并适度当地化的组装工厂。

柳工不断发展全球营销网络，拥有310家全球经销商；其中有9大海外营销子公司、9大海外区域配件中心和海外经销商209家，覆盖海外122个国家，产品远销全球140个国家和地区，为20,000多海外客户提供高效、专业本地化服务和支持。在“一带一路”地区，柳工有112家经销商的406个销售服务网点，在55个“一带一路”国家和地区服务沿线客户。

柳工产品积极参与全球各地建设。如中国南极和北极科考项目、中缅石油管道项目、肯尼亚蒙（巴萨港）内（罗毕）铁路、中（国）老（挝）铁路、巴基斯坦中巴经济走廊、马来西亚东部铁路、孟加拉国吉大港口、土耳其第三欧亚跨海大桥、印度尼西亚雅（加达）万（隆）高铁项目、马来西亚联合钢铁集团项目、塞尔维亚泽蒙—博尔察大桥、孟加拉国帕德玛大桥、坦桑尼亚KIGAMBONI大桥、迪拜哈翔清洁燃煤电站、巴基斯坦SK水电站、巴基斯坦卡洛特水电站、新加坡长崎机场项目、新加坡克利福德码头港口、马来西亚萨拉瓦克大桥、马来西亚吉隆坡布萨马大楼、埃及塞得港项目、哈萨克斯坦阿布达比广场、泰国曼谷地铁（蓝线）项目等。

2017年海外各区域发展态势良好，销售增速保持在两位数以上，全年海外销售收入同比增加27%。其中，俄罗斯区域同比增长超过150%；印度在2016年高速增长的基础上，2017年增长率超过50%。在销售迅速增长的同时，柳工的市场占有率也持续提高，出口占有率同比提升16%，海外市场占有率同比增长19%，竞争优势进一步扩大。在欧洲、北美、澳洲等高端市场，柳工携代表中国装载机最高技术水平的4F产品全系列导入欧美市场，提升了公司品牌知名度和销量。其中，在“一带一路”沿线国家和地区的收入占柳工海外总收入的60%，“一带一路”上的柳工收入同比增长47%。

二、全面国际化，践行“一带一路”新时代的使命

“一带一路”倡议是中国在新时代向全球提出“构建人类命运共同体”中的重要内容，获得了联合国的认同，并写入《中国共产党章程》和《中华人民共和国宪法》，成为中国和全球合作的主要模式。“一带一路”也是中国实现“两个一百年”奋斗目标和中华民族伟大复兴的中国梦的新动能。

作为工程机械行业第一家上市公司的国有企业和广西“走出去”企业的领军，柳工积极响应国家“一带一路”倡议，将“一带一路”纳入柳工“十三五”战略，并在 2015 年柳工全球经销商年会上正式启动柳工的“一带一路”项目，2017 年推动整个组织围绕“一带一路”创新和发展业务。柳工在以积极参与海外“一带一路”项目为核心，营销和推广柳工参与“一带一路”海外项目建设的同时，研究和参与国家和自治区的相关“一带一路”政策研讨等重大活动，并将研究成果贯彻到企业的“走出去”活动中。

柳工践行“一带一路”的思路如下：

第一，全球思维的战略思想和目标，把握“一带一路”历史机遇。

企业一旦有了通过“走出去”来追寻全球化的愿景和目标，首先面临的挑战就是需要企业领路人具有全球化思维及组织的全球化管理能力，也就是企业领导人是否具有超越自我过去经验模式、摆脱单一成功因素（产品、资源、模式等），以价值追求为目的，进行超越边界地创新组合的思维能力，并领导组织实施超越创新。

“一带一路”的合作共建原则是和平、交流、理解、包容、合作和共赢，所以在抓住“一带一路”的契机时，我们也应当充分理解“和平合作、开放包容、互学互鉴、互利共赢”为核心的“丝路精神”。我们必须牢记的是不仅要实现“走出去”，还需要“走上去”，最终达到“走进去”的全球化运营。

全球化战略思维和目标是引领企业“走出去”的内在驱动力；始终立意高远、清晰的全球战略目标和战略思路、积极进取的精神是柳工在“一带一路”征程中克服局势不稳定等各类风险挑战的战略定力；高远战略思想和国际化目标是柳工搏击海外的“定海神针”。

柳工从 2002 年提出“建设开放的、国际化柳工”的国际化战略开始，公司

高层始终坚定不移地推动柳工"走出去"，并在2003年于澳大利亚设立第一家海外营销公司，聘请当地行业人才加盟和管理，从澳大利亚这个发达国家开始国际化的探索。随着2013年习近平主席提出"一带一路"倡议，柳工高层就敏锐布局。根据2015年中央发布的《推动共建丝绸之路经济带和21世纪海上丝绸之路的愿景与行动》，在2015年11月的柳工全球经销商年会（南宁）期间，启动柳工"一带一路"项目，宣告柳工正式开启"一带一路"的全面征程。

公司领导以身作则，统筹公司资源参与"一带一路"的项目，谋划、布局、实施。公司董事长出席了2017年5月在北京举办的"一带一路"国际合作高峰论坛，成为中国工程机械行业代表，并接受了美国CNBC电台的独家专访。公司董事长、总裁每年出席在澳门举办的"国际基础设施投资和建设高峰论坛"，加深与各国承包商等相关方的合作。

同时，随着国家"一带一路"项目的不断推广和市场需求的不断变化，柳工在2017年11月，以智慧创新深度结合"一带一路"新时代的使命。

柳工在"一带一路"的前瞻性布局、持续建设和深度践行，造就了2018年上半年的良好业绩。2018年上半年，柳工海外收入同比增长45%；其中，"一带一路"收入占海外总收入的62%，比去年提高3个百分点。

第二，尊重当地商业惯例，深度本地化经营。

"一带一路"沿线国家主要分布在亚欧非大陆，各国之间有不同的种族文化、不同的商业圈、不同商业经济技术文化教育水平；由文化、价值观、行为和态度组合形成的跨文化差异和冲突是不可避免的。对此，企业在"走出去"的全球化思维引领下，还需要有本地化的行动，即企业要实施融合不同价值取向的本地化运营。

本地化就是适应当地的情况、实现当地的采购以及雇佣当地的员工。所有这些本地化活动都需要组织具有强大的融合当地价值取向的能力，这样才能利用当地的商业元素、文化创造符合企业利益的价值。目前，柳工海外业务的员工本地化率已达到92%。

柳工不仅要实现产品"走出去"，更立足于"走上去""走进去"的本地化深耕发展。本地化的核心就是人才的本地化、资源的本地化、管理者的本地化。为了能够更好地"走进去"，柳工布局海外，也是基于不同的国家和市场，进行了不同模式的进入和深耕方式。如印度是“绿地建设”，波兰是“并购”整合，巴西是“轻资产”方式租赁厂房建设，阿根廷是技术合作授权方式。

任何产品和技术都应当贴近市场和技术资源地，为此，柳工基于全球化的研发体系建设，实现总部研发中心和全球研发机构的互动和支持。柳工在印度设立了贴近市场的研发中心，为当地印度客户和南亚市场研发产品；欧洲研发中心和美国研发中心则是为了获得当今先进的技术。

柳工产品在2002年首次进入印度；2007年8月，柳工印度公司在印度首都新德里挂牌成立。2009年7月8日，柳工第一家海外制造基地——柳工印度公司工厂（以下简称“柳工印度工厂”）开业暨投产庆典在印多尔市皮顿普工业区举行，开启了柳工海外制造布局的开端。目前，柳工在海外拥有了印度、波兰、巴西、阿根廷的4家制造基地。

基于全面的本地化运营，在经过多年摸索和坚持不懈的努力和投入下，柳工印度公司实现产品、制造、研发布局和融合当地市场的持续聚焦耕耘。2016年公司扭亏为盈之后，2017年印度公司销售同比增长50%；2017年连续10年蝉联5吨级装载机市场冠军；拿下了印度十大建筑商中的7家，平地机和装载机的印度市场占有率获得中国品牌第1名，并分别进入国际行业第2名、第3名，荣获“中印榜样”奖章。

波兰柳工是柳工基于成为世界级企业的一个战略性的前瞻“并购”布局。2012年，柳工收购了中东欧最大的工程机械制造商、全球6家拥有完整推土机生产线制造商之一的波兰HSW公司下属工程机械事业部（第1事业部）及旗下全资子公司锐斯塔（Dressta）100%的股权。这是柳工在海外市场的首次并购，也是迄今为止中国在波兰最大的投资项目。2016年6月20日，在国家主席习近平访问波兰期间，广西柳工机械股份有限公司与波兰国家研发中心签署了共建柳工欧洲研发中心的协议。该计划投入超过1亿兹罗提（约1.7亿元人民币），用于柳工欧洲研发中心的建设和高端工程机械的研发，波兰国家研发中心拟对公司的研发项目予以资助。该研发中心和柳工欧洲总部在2017年9月在波兰开业，柳工波兰的新生产业投入运营。

柳工波兰正是基于深度本地化融合，才能克服“并购后的整合期综合征”，度过了生死攸关的并购整合阶段。柳工波兰为当地提供了超过1200人的就业岗位，荣获波兰2014年最佳雇主奖章、2014年和2017年最佳外国投资者的荣誉；是东欧地区“走出去”中国制造企业中唯一获此殊荣的企业。

通过不断深耕的本地化经营，柳工积极践行“一带一路”新时代使命。2018年9月9日，由国家发展和改革委员会国际合作中心指导、丝路国际产能合作促进中心主办的“首届丝路国际产能合作领军论坛”上，由丝路国际人才联盟、论坛组委会、丝路国际产能合作促进中心从450位候选人中评选出16位杰出企业代表，评为“2018丝路国际产能合作领军人物”，广西柳工集团有限公司党委书记、董事长曾光安获此殊荣。

第三，国际化人才的持续建设。

柳工业务覆盖海外140多个国家和地区，通过200多家海外经销商服务海外近20,000个客户。没有具有国际化思维的国际化人才队伍，就无法铸就柳工的国际化运营和支持客户能力，更无法实现柳工成为世界级企业的愿景。

任何美好的战略、组织能力都离不开正确的人才来实施。如何建设全球化思维的管理人才、本地化实施的专业人才都是追梦“全球化”企业的极大挑战，也是各卓越的全球化企业的“一把手”工程。因此，基于对人才核心价值的认识，柳工将人才作为企业文化和价值的重要内容——“以人为本”成为柳工四大价值观之一。

全球化运营的本地化实施过程中，都会面临来自不同文化和区域的员工的招募、储备、发展过程；基于本地化团队的赋能培训，是一项“本地化”和“全球化”相结合的、持续性的、有效的“组织赋能”工程。类似工程将会是对当地员工的职业技能和职业生涯的增值贡献，也是一种“同心”的融合工程，是“一带一路”的“新丝路精神”的践行。

柳工在过去的“走出去”历程中，深刻感受到国际化人才缺乏的紧迫性。为此，国际化人才建设成为柳工高层的重要课题和战略行动。从2003年在澳大利亚设立第一家海外子公司起，柳工就聘请了澳大利亚行业职业经理人作为柳工海外子公司总经理，由此拉开了柳工国际化人才建设进程。柳工全球员工中，有1500人来自全球30多个国家，海外人才比例超过20%，80%以上的海外区域负责人都是从柳工本土生产经营一线奔赴国际一线历练成长起来的。柳工不断培养领导力梯队，坚持海外员工的本地化，并把一批外籍高级管理人才招聘到中国本部。

没有柳工国际化人才队伍，就不会有今天国际化的柳工。

公司领导也身先士卒投身到国际化人才建设中，并致力成为国际化人才的榜样。公司董事长曾光安努力学习各种外语，铸就了其通过外语获得国际信息资源的前瞻性能力。他擅长通过外语和外国专家沟通，获取人才和市场信息，成为柳工“国际化能力”的倡导者、推动者和实施者。2002年，曾光安在一次展会上邂逅时任一家全球建筑设备公司运营部亚太地区董事的大卫·闭同葆（David Beatenbough）。曾光安对这位美籍高级人才深厚的技术背景很感兴趣，在邀其加盟柳工被婉拒后，曾光安坚持向他发出邀请，向其介绍柳工的企业文化。经过不懈努力，终于打动了对方。2007年1月，闭同葆作为高级技术顾问和总裁助理加盟柳工，成为正式加盟柳工的第一位外籍高管。加入柳工至今，闭同葆一直领导柳工的研发，为柳工的产品技术提升、研发体系建设和研发效率提高做出了卓越贡献。他主导产品开发流程LDP的推广应用，实施产品PLM生命周期管理项目，完成产品系列化研发工作，引进平台化开发思维。他大力推动共性核心技术提升，促进企业振动噪声技术达到国际领先水平。2014年，广西柳工股份公司建成国家土方机械工程技术研究中心，推动柳工成为我国土方机械行业科研开发、技术创新和产业化示范的重要基地，闭同葆作为筹建团队负责人功不可没。2015年，闭同葆荣获中国政府“友谊奖”，是广西当年唯一获此殊荣的外籍专家，也是柳工首位荣获国家级奖项的外专人才。闭同葆还为柳工人才国际化立下了汗马功劳。他通过自己在业界的影响，陆续从国际一流企业引入一批高端人才，如试验专家爱德华、工业设计专家盖里等。这些优秀人才的加盟，推动柳工在研发体系、流程规划、专业技术人才队伍等方面向国际化水准不断迈进。爱德华先生在柳工团队支持下，为柳工全球首创的垂直举升装载机做出突出贡献，为此荣获2017年中国政府颁发的“友谊奖”。

第四，不忘初心，高举品牌建设。

品牌是企业“独特、唯一”的个性化标识，良好的品牌可以给产品代理溢价收益。例如可口可乐公司2015年的市场价值是1200亿美金，如果去掉品牌的话它仅值500亿美金，其中有700亿美金的差距是溢价价值。简单而言就是一瓶可口可乐3.5元，2元就是品牌价值。

在过去很长时间里，大部分中国产品出口海外市场，因为缺乏有效的海外渠道网络支撑，难以给客户提供后续产品的维修和保养服务。尤其是作为生产设备的工程机械等机电产品，因为设备故障而造成停机，会影响客户的生产经营，即便是国内惯性思维认为的设备的一点小故障，也可能造成客户的生产停产，带来巨额损失。所以，即便中国产品相对日韩欧美产品价格低廉很多，但是海外客户经历了因为缺乏有效的售后服务支持而造成停机的巨大损失，就会将中国产品列入“价低质廉、无法依靠”的负面品牌清单中，从而使来自中国的优质产品也因为类似的负面影响而无法获得应有的价值体现。

柳工深刻认识到品牌及品牌价值的重要性，始终坚守品牌的持续建设。从迈出“走出去”步伐开始，柳工就先后聘请具有国际化思维和理念的咨询公司和国际专业品牌人才，主导柳工的全球化品牌建设。如已经加盟领导柳工品牌国际化建设将近 10 年的柳工品牌公关部部长史黛西·亚当斯（Stacie Adams）女士就是来自美国的专业品牌经理。2016 年 10 月 21 日，由联合国工业发展组织（UNIDO）主办的“‘一带一路’包容及可持续发展城市展览与对话”在奥地利维也纳举行。史黛西·亚当斯参与了此次活动并发表演讲，提高了柳工品牌在海外的影响力。

品牌建设是一个长期的系统工程。柳工从“走出去”征程开始，始终将品牌建设贯穿于公司战略、公司文化、价值观、产品研发、产品制造、产品质量、客户承诺、客户体验、客户服务、信息传播、企业社会责任、组织态度、政府和行业媒体沟通等全组织的思想、行为、态度、文化和信息方面，形成具有较高识别度的柳工品牌特质——柳工是在极限中日益强大的探索者和领导者。经过不断建设，柳工逐步构建出柳工品牌承诺——让客户自如应对工程领域的极限需求。

在“走出去”过程中，柳工始终牢记“产业报国”的初心，坚持建设柳工自主的品牌，坚决抵制“贴牌”等短期利益的行为。柳工一贯坚持以提升品牌知名度、美誉度的战略为原则，坚决不进入没有后市场支持和客户支持能力的市场，在渠道网络建设方面宁缺毋滥；宁可牺牲当前的订单和利益，也不损害未来潜在客户和柳工品牌的声誉。

正是这样的坚持，让柳工成为在海外市场受欢迎的知名中国设备品牌。严谨的态度、坦诚合作、专业可靠的企业文化和品牌特质，让柳工在海外拥有不断壮大的经销商队伍。目前，柳工已经拥有 220 多家海外一级经销商，覆盖海外 140 多个国家和地区近 20,000 海外客户。柳工的坦诚、负责，让经销商和客户放心投资柳工业务，选择柳工品牌；即便在 2008 年世界金融危机和各区域不同的经济危机下，柳工的经销商也没有放弃对柳工的业务。柳工海外经销商平均合作时间为 8 年，最长的合作已经达到 15 年，这也充分体现了柳工品牌在海外的价值。柳工专业的渠道网络是柳工构建优秀的海外品牌的重要基础之一。

第五，国际化运营的组织能力变革和建设。

国际化业务必然面临时间空间、地理区域、文化教育、商业习俗管理、语言、法律法规、税务、标准、工会、政治和经济发展水平及治理模式等差异，更何况在“一带一路”沿线国家中，有 8 个最不发达国家、13 个非世界贸易组织（WTO）成员国、24 个人类发展指数低于世界平均水平的国家。

基于全球不同的市场和客户的差异，柳工变革组织结构，从中国西南边陲的柳州，实现“走出去”“走进去”，分别在澳洲、新加坡、印度、迪拜、南非约翰内斯堡、荷兰、巴西、美国休斯敦市成立贴近辖区市场、客户的营销子公司，为当地客户提供整机、服务、配件、培训等当地化的业务和专业支持。柳工专业化的本地化能力建设和符合当地商业习惯的专业化运营，增强了柳工当地商业伙伴的合作信心，也是柳工业务得以在当地持续健康发展的重要基础。

为了支持国际化业务长期健康持续发展，柳工从“走出去”战略启动开始，就一直以对标国际标杆和国际化标准来建设运营体系和组织能力。例如柳工持续建设满足国际标准化的 ISO9001 质量体系，运用六西格玛等国际先进管理工具打造组织的高质量运营能力，并投入巨资将全球各子公司和总部通过 SAP 等 IT 系统提升企业的运营效率。柳工总部各产品线和总部职能部门的运营能力也从国内企业逐步变革成具有全球化支持能力的全球基地复制组织。

国际化运营能力是企业从国际贸易（出口）业务到深入海外市场的本地化运营的强力支撑。国际化运营能力也是柳工的“成为全球化企业”的企业愿景实现的必经之路。如在柳工全球化的战略中，始终秉承一个理念，就是并非要建立“全球共同接受的运营管理标准”，而是要借助“因地制宜和开放包容”的企业文化，跨越国籍和文化的鸿沟，吸纳和利用先进的、适应客户价值诉求的先进资源和组织能力，带来更多的高水平国际化人才和先进经验。

第六，系统性风险的管理建设。

拓展海外市场虽然是全球化的必然之路，但对于大部分的中国企业而言，初级阶段或者现阶段的主要市场是发展中国家，尤其是亚非拉地区为主。相对于发达国家的成熟市场和相对稳定的政治及经济环境，发展中国家的政局更迭、经济体系、法制体系、汇率波动会相对不确定。

"一带一路"沿线国家风险级别还是相当高的，具体体现为：（1）政治方面。政治与安全局势持续动荡，国别风险上升。有些发展中国家地缘政治风险较高，政局稳定性不足，导致政策多变。（2）经济方面。经济发展不平衡。新兴国家、转型国家抵御外部风险能力较弱，宏观政策持续性不够，长期稳定的投资环境难以形成，与沿线国家的多货币业务蕴含较高的汇率风险。（3）运营环境方面。总体看基础设施落后、行政效率较低、法律体系不健全。沿线国家处于东西方文化交汇地区，宗教、民族、种族的矛盾与冲突呈现易突发、多样性、复杂化、长期化的特点。

在中国企业"走出去"的征程上，最大的挑战是市场、运营环境、政局的不确定性和汇率的波动风险。这些不确定和风险都是企业难以预测和控制的。企业需要综合各类因素和利用各类资源来做"预案"管理及风险的"再转移"。

为此，柳工也通过不断探索，最终选择以中国进出口信用保险公司（简称"中信保"）进行全面战略合作，从而将"不确定的潜在风险"转变为"可以确定的、可承受的潜在风险"的风险管理模式，为"走出去"建立起系统性风险的管理和预防体系。柳工通过和中信保国家级资源的全面合作，提升了内部的风险管理组织能力。

三、进一步推进"一带一路"建设的建议

2018年是柳工"走出去"的第16年，也在"一带一路"上探索和践行了5个年头。作为国有控股的企业，柳工深知"一带一路"倡议对中华民族伟大复兴的重要性。为此，结合"一带一路"的实践经历，对进一步推进"一带一路"建设，提出如下建议：

第一，精耕细作"一带一路"，严格"一带一路"的标准和实施。为避免不良项目利用"一带一路"获取相关政策支持，相关部门应当建立严格的"一带一路"项目入围、使用、宣传的标准，对项目严格评估，对项目实施主体严格考核，

并实施质量保证和持续考核，统一对标准的实施认证贯彻和落地。对于违反标准、不达标的项目实施追责，实施严格惩罚措施，甚至进入失信管理范畴或者进入“一带一路”负面清单，避免低劣项目给当地造成损失，影响“一带一路”的品牌声誉。要组织优秀的企业和资源来参与实施“一带一路”倡议，避免鱼龙混杂。同时通过建立精品项目、规范宣传，提升“一带一路”的影响力和中国国家品牌影响力。

第二，建立“一带一路”融资和风险支持体系。“一带一路”的国家风险级别比较高，而以基础建设和产能合作为主的项目资金需求巨大，但“一带一路”沿线国家的法律体系难以支撑长期投资和维权的需求。这样的矛盾无法通过单个企业的市场行为解决，需要从国家层面或者主权层面建立起融资和风险的支持体系。要建立国家“一带一路”融资和风险管理委员会，统一管理海外投资经营国别风险，统筹协调相关部门、政策性金融机构的相关工作，并在沿线国家之间建立国家级政策协调对接机制。

国家对于“走出去”的优秀企业，应鼓励企业本地化的融资和风险管理能力建设。由于当前中国的国家级资本比较擅长和聚焦资金量大的项目融资，尤其是基础建设、能源、产能合作实体项目，对于以通过销售产品获得当地市场的“走出去”企业的终端销售融资和风险管理的需求关注不足。而这类企业往往是“走出去”的探索者、“一带一路”倡议的坚定执行者和践行者，是“产能合作”的深度执行者。但是由于当地融资机构对“中国品牌”的偏见而不给予类似国际品牌的融资支持，造成这些中国品牌的市场开发和推广因缺乏终端销售融资而缺乏竞争力，从而影响“国际产能”的深度推进。国家给予支持帮助这些企业，将会促进这些“走出去”的企业建立良好的中国品牌美誉度，促进“一带一路”倡议的落地，获得当地认可。

柳工的“十三五”战略和广西壮族自治区政府的“二次创业”要求，都对柳工的国际化提出明确要求，即全面国际化。为此，“全面国际化”将引领柳工持续践行“一带一路”倡议的新时代使命。

点评：以四种方式建设全球化企业

对中国工程机械行业而言，“一带一路”倡议带来的机遇远大于挑战。因此，广西柳工在10多年国际化经营的基础上，将“一带一路”纳入柳工“十三五”战略，并在2015年柳工全球经销商年会上正式启动柳工的“一带一路”项目，并取得了良好的效果。

建设全球化企业是柳工的战略目标。为实现这个目标，柳工基于不同的国家和市场，采取了不同的进入和深耕方式。例如在印度是“绿地建设”，在波兰是“并购”整合，在巴西是“轻资产”方式租赁厂房建设，在阿根廷是技术合作授权方式。这四种不同的方式对企业拥有的资源和能力有不同的要求，广西柳工能够同时采取这四种方式表明，它具备全球化战略所需要的关键能力。

与许多企业不同，柳工还自行组织研究工作，并参与中央政府和广西壮族自治区的“一带一路”相关的政策研讨等重大活动。更为重要的是，柳工还将研究成果贯彻到本企业共建“一带一路”的实践活动中。这是柳工参与“一带一路”建设的创新之举（但在本案例文章中并未得到充分阐述），也是其他中国企业需要努力的方向。

目前，以企业实践为基础的“一带一路”研究还处在薄弱状态。如果有更多的中国企业像广西柳工一样，自行组织或合作开展研究，鉴于企业拥有的优势和资源，“一带一路”企业层面的研究工作必将迈向新阶段。

柯银斌，一带一路百人论坛专家委员会委员

打造“一带一路”农业装备的YTO模式

中国一拖集团有限公司

中国一拖集团有限公司（以下简称“中国一拖”）前身为第一拖拉机制造厂，是国家“一五”时期156个重点建设项目之一，是新中国第一个拖拉机制造厂。经过60多年的发展，中国一拖已成为以农业装备为核心的综合性装备制造企业集团，拥有拖拉机、收获机械、机具及柴油机、车桥、驾驶室等核心零部件构成的完整的农业装备产业链体系，是我国农机工业重点骨干企业。所属最大控股子公司——第一拖拉机股份有限公司（以下简称“一拖股份”），分别在香港联交所（第一拖拉机：00038）和上海证交所（一拖股份：601038）上市，是中国唯一一家拥有“A+H”上市平台的农机企业。中国一拖现为中国机械工业集团有限公司（以下简称“国机集团”）的控股子公司。

企业创建以来，中国一拖始终围绕服务“三农”，顺应市场变化，助力我国农业机械化进程。截止到2017年末，已累计产销拖拉机340余万台、柴油机270万台。“东方红”是中国一拖主机产品品牌，被评为首批“中国驰名商标”；“YTO”是中国一拖在海外市场的注册商标。

一、新时期中国一拖国际化经营的基本思路

21世纪初，在全球经济一体化的战略背景下，中国一拖发展进入新阶段，首次明确提出企业要逐步实现三个“转变”：从区域性企业向全球性企业转变，从做产品向做品牌转变，从国际贸易向国际化经营转变。然而，经过“十一五”“十二五”两个五年计划的努力，虽然企业“走”了出去，但企业国际化运营能力还不强，在海外市场开拓上仍然没有取得突破性进展，企业国际化水平依然不高。“十二五”末，海外业务收入占公司营业收入的比重还不足5%。

进入“十三五”以来，全球经济仍处于国际金融危机后的深度调整和缓慢复

苏期，经济发展中的不确定性明显提高。与此同时，我国经济呈现“新常态”，步入“三期”叠加期。全球农机核心市场中，欧盟及北美市场需求较弱，东南亚、中亚等区域市场潜力较大；我国农机工业增长动力由政策驱动向创新驱动转换，增速放缓，进入以更新需求为主的结构调整期。农机企业面临转型升级的严峻挑战，国际化进程更加迫切。

“一带一路”倡议的提出恰逢其时，为企业通过全球价值链设计推动全球化布局、深度融入全球产业链创造了千载难逢的机遇。一方面，“一带一路”沿线的发达国家，越来越认识到相互依存是全球化时代下的共赢选择，我国企业能够通过灵活务实的技术合作和并购，获取全球高端研发制造资源，实现转型升级，促进我国制造业向产业链高端转移；另一方面，“一带一路”沿线发展中国家居多，且多数是以农业为主的国家，这些国家拥有很好的农业禀赋，具有很大的市场潜力，这就为我国对外农业投资提供了非常广阔的前景和合作空间，也为农机企业拓宽发展空间创造了新契机。

国机集团董事长任洪斌提出要响应国家倡议，抢抓机遇，再造海外新国机；特别提出“农业走出去”战略，即利用国机集团所拥有的发展现代农业的科研、设计、制造、贸易和金融等综合集成能力，为海外市场提供一体化解决方案。为此，中国一拖确立了“十三五”国际化经营基本思路：坚持以开放合作促进企业发展，积极响应国家“一带一路”倡议，把握国家新一轮对外开放所带来的重大战略机遇。立足本土优势，开展多种形式的合作，吸纳全球优质资源，加快布局“一带一路”沿线区域市场，逐步建立全产业链和价值链的国际化运营体系。转变运营模式，从传统的贸易方式到合作生产，从提供产品到提供成套解决方案，以海外战略市场突破带动国际业务快速发展，致力于成为卓越的全球农业装备供应商。

二、中国一拖深度融入“一带一路”建设的具体实践

在具体实践中，中国一拖精准发力，综合分析全球市场，特别是“一带一路”沿线区域和国家的政治、经济、社会和法规环境；根据不同区域和国家的农业基础、工业基础和市场特点，确立了“1+5”海外战略市场：“1”是西欧市场，“5”分别是东欧、中亚、东南亚、非洲和中南美市场。按照公司总体战略布局，调整

完善各区域布局，并采取针对性的拓展方式。在全球知名农机企业云集的西欧地区，着眼于获取高端研发制造资源，促进技术升级和产业结构调整；在东欧（含俄罗斯）、中亚等政治关系相对稳定、农业和工业基础较好的区域市场，围绕价值链，进行全面布局；在东南亚等友好邻邦和农业主产国，强化渠道建设，夯实市场根基；在工业基础薄弱、中国企业具有良好口碑的非洲和部分中南美洲国家，大力推广农业机械化解决方案，助力东道国农机化水平提高。目前，各区域海外业务运营平台已经搭建，全价值链的国际化运营体系已经基本形成，为企业进一步拓展发展空间和加快国际化进程奠定了基础。

（一）研发链上，融合吸纳全球中高端资源，打造开放式研发体系

一是入驻中白工业园，建设东欧研发中心。2015 年 5 月 12 日，在中白两国领导人的见证下，中国一拖成为中白工业园首批入园的 7 家企业之一。中白工业园作为“丝绸之路经济带”上的标志性、战略性项目，是国机集团承建的国家项目。中国一拖在这里设立一拖白俄技术有限公司（以下简称“一拖白俄公司”），建设中国一拖东欧研发中心。

白俄罗斯工业基础较好，机械制造业较发达；农业和畜牧业基础也很雄厚；国民受教育程度较高。作为中国一拖海外研发中心以及中国一拖向东欧市场扩展的桥头堡，一拖白俄公司将利用中国一拖在柴油机、动力换挡、电控等产品技术方面的相对优势，研发适应东欧市场的拖拉机、柴油机产品；推进中国一拖传动系、柴油机等零部件产品与白俄罗斯当地企业的配套合作；以白俄罗斯等的农机市场为突破口，加快东欧、南欧、中亚地区市场拓展步伐。2017 年 8 月，公司正式启动运营，包括当地高管、员工和国内派驻员工的运营团队已组建，在当地的产品开发和合作工作已经全面开展；同时，当地技术资源和人才与洛阳本部的合作也有效开展。

二是统筹规划，推进欧洲研发中心建设。为了适应我国现代农业快速发展和农机产品国际竞争力急需提升的要求，作为我国农机工业的骨干企业，中国一拖认识到必须要加快产品升级换代步伐，尽快缩短与国际先进水平的差距。西欧地区工业和农业都很发达，是全球高端农机制造企业云集的地区。为进一步获取全球高端农业装备核心技术，目前中国一拖正在积极推进欧洲研发中心建设。欧洲研发中心以

2011 年收购法国知名农机企业 McCormick France 后成立的一拖（法国）农业装备有限公司（以下简称“一拖法国公司”）为依托，着眼于利用西欧当地高端技术资源，进行拖拉机传动系先进技术及欧洲型产品研发；利用欧洲核心零部件资源平台和一拖法国公司制造体系，为国内产品开发及持续改进提供技术支持；同时，收集欧洲农业机械市场、技术信息，把握产品技术发展趋势。欧洲研发中心与东欧研发中心所研发产品技术定位和市场定位不同，受公司本部技术中心统一领导，进行属地化管理，引人引智，组建研发团队，协同实施公司产品发展规划。

三是开展国际技术交流与合作，获取高端产品技术资源。20 世纪 80 年代，当时根据我国拖拉机技术发展的需要，中国一拖从意大利引进了先进的大中功率轮式拖拉机技术，从英国引进了先进的农业机械配套柴油机技术，并坚持消化吸收和再创新，最终形成了适应中国国情的系列产品，掌握了拥有自主知识产权的大中功率轮式拖拉机技术，实现了从柴油机、车桥、变速箱、覆盖件等关键零部件到整机产品的全面领先优势，并搭建了中国大中功率轮式拖拉机产品的技术平台。进入 21 世纪，我国农机工业与全球领先水平仍存在差距，转型升级刻不容缓。针对核心产品和关键技术研发能力短板，中国一拖在自主研发和技术创新的同时，先后与欧洲知名产品设计咨询机构奥地利 AVL 公司、英国里卡多公司及意大利具有特色的农机具企业进行合作，共同打造符合我国农业发展和环保要求并被市场认可的智能化拖拉机、节能环保动力机械、专用型拖拉机和高质高效机具产品等，引领我国农机产品技术升级。

（二）在制造链上，加强国际产能合作，推进海外公司本土化发展

一是合作建设拖拉机组装厂，实现产品制造技术的本地化。2011 年中国一拖在塞尔维亚与当地经销商合作建立中轮拖组装厂，利用当地经销商的资产资源和一拖产品部件进行散件组装，中方派驻专家进行技术指导；这种轻资产运作方式，具有投入小、进入快、风险低的优势。双方产能契合度高，合作关系融洽。截止到 2017 年底，该组装厂已累计制造和销售 1000 多台中轮拖产品，供给当地市场。

中亚地区农机市场潜力大，哈萨克斯坦等原独联体国家都在谋求经济转型，对实体经济中的制造业尤为重视，并且具有工业基础较好、区位优势明显等优势。近年来，中国一拖在该地区销售基础扎实，品牌获当地用户及经销商认可。目前，

中国一拖正积极寻求与哈萨克斯坦当地有实力的制造企业和经销商合作，共同设立拖拉机组装厂，进一步带动产品出口并辐射中亚地区。

二是实施海外并购和整合，快速增强产业链竞争力。针对海外具有独特技术和产品的中小农机企业进行并购，并进行资源整合和技术转化，是实现较短时间内进入新业务、提升核心技术、增强产业链竞争力、跨越产品通往全球市场门槛的有效途径。为快速掌握全球先进的动力换挡传动系制造技术，并与中国一拖主机配套实现拖拉机产品技术升级，一拖股份于 2011 年收购了位于法国 Saint Dizier 的动力换挡拖拉机传动系制造企业 McCormick France，并在当地注册成立全资子公司——一拖（法国）农业装备有限公司（YTO France SAS）。收购以来，中国一拖组建了由当地人员和总部派驻人员共同组成的管理团队和研发团队，实施本土化运营。运营团队的本地化实现了与当地政府和工会积极有效沟通，公司运行平稳，为当地经济的发展做出了贡献。对中国一拖而言，这是一项重大的战略投资，加速了中国一拖动力换挡拖拉机商品化进程，引领了我国拖拉机产品技术进步，缩短了我国与欧美发达国家的技术差距。截止到 2017 年末，中国一拖已累计生产动力换挡拖拉机过万台。

（三）市场链上，创新模式，以战略市场突破带动全球市场拓展

一是强化渠道建设，夯实市场根基，深耕市场。东南亚是全球农业主产区之一，物产丰富，农业基础较好，农机需求量大。"十二五"以前，中国一拖在该地区的市场拓展方式以项目销售为主，渠道力量薄弱，不能适应企业海外业务快速增长的要求。进入"十三五"，中国一拖着力在东南亚市场开发和培育具有实力的稳定经销商。从近年的市场发展情况看，东南亚市场开发工作正在向纵深发展。中国一拖根据东盟各国细分市场情况，采取灵活的定价策略和服务策略，同时拓展融资渠道，强化海外品牌宣传及推广，经销商数量逐年增加，经销商实力也在不断增强，东南亚地区网络渠道已实现连点成片，渠道销售持续增长。2017 年，中国一拖在东南亚地区销售大中型拖拉机 1200 台以上，其中缅甸市场实现突破，销售近 600 台。

二是"联合出海"，为农业"走出去"一体化解决方案提供成套农业装备产品。"一带一路"倡议提出后，我国农业"走出去"的步伐明显加快，对外投资持续快速增长。2014 年 11 月 7 日，河南省政府与塔吉克斯坦政府部门签订了《关

于加强农业产业项目合作谅解备忘录》，拟于2015—2020年向以河南黄泛区农业科技有限公司为主体的农业投资集团投资8亿美元，在塔吉克斯坦进行农业产业链项目建设，建成化肥厂、面粉厂、榨油厂、饲料厂、农业机械厂等。2015年1月，中国一拖与河南黄泛区农业科技有限公司签订农机配套项目合作协议，为该项目提供拖拉机及其配套农机具。截止到目前，中国一拖在塔吉克斯坦的产品市场份额已达到10%以上。另外，在中亚地区，中国一拖还积极参与国机集团旗下中国机械设备工程股份有限公司（CMEC）在哈萨克斯坦投资建设的生态农业园项目和中国保利集团公司在乌兹别克斯坦的农业开发项目。

在东非地区，中国一拖在肯尼亚、坦桑尼亚等国，主要依托各类政府援助项目和农场建设项目，与其他有实力的中资企业联合，通过为我国企业在海外的农业开发项目提供成套农业装备及服务，实现了“借船出海”。

三是贸易先行、服务跟进，就地扎根、以点带面。鉴于YTO产品在中亚地区已有一定的保有量，2018年初，中国一拖与新疆维吾尔自治区农业厅、区农牧业机械管理局三方合作，在塔吉克斯坦建立维修服务中心。该中心是中国一拖在中亚地区最大的服务中心，设施齐全、功能完善，具有样板效应，对中国一拖深耕中亚市场具有重要作用。另外，在俄罗斯，中国一拖培养和建立了一支专业服务队伍，跟进出口到俄罗斯的每台产品，为每台产品提供维修保障。

四是大力推广农业机械化解决方案，助力东道国农机化水平提升。近年来，在工业基础薄弱但中国企业具有口碑的非洲地区和部分中南美洲国家，中国一拖围绕当地需求，积极探索和推广农业机械化解决方案。

东北非地区的埃塞俄比亚，经济以农牧业为主，工业基础十分薄弱。中国一拖充分考虑到该国农牧业发展对农机的需求，为其统筹规划，量身打造农业机械化一揽子解决方案，并向该国政府大力推广。2013年入选政府采购项目。该项目第一阶段主要定位于提供农机产品，完善售后服务，为其培养人才；第二阶段帮助建设组装厂，并提供技术咨询。埃塞俄比亚农机化项目的成功运作，为中国一拖更好地融入“一带一路”沿线其他区域和国家建设摸索出了一条可行之路。

中南美洲的古巴，是世界上主要产糖国之一，被誉为“世界糖罐”。古巴经济长期维持以蔗糖生产为主的发展模式。2013年，当了解到随着国际市场糖价上升，古巴政府计划大幅提高国家蔗糖产量时，中国一拖迅速做出反应，抽调精兵强将，设立了古巴糖工业机械化项目组，全面负责产品开发、技术保障、商业谈判等工作，并与古巴糖工业集团进行对接。中国一拖结合当地甘蔗种植情况反复进行样机测试，调查走访，征求古方意见，为古巴全面提升蔗糖产量开出了“药方”，制定了完整的解决方案。该方案立足古巴糖工业现状，从种植、中耕、收获、运输、仓储等方面，提出合理化建议，对服务保障、人员培训、配件供应等方面也做了全面阐释。

2015 年 9 月，适应当地市场的 587 台 YTO 轮式拖拉机抵达古巴并顺利交付，标志着中国一拖与古巴糖工业集团的合作揭开崭新的一页，中美洲市场开拓实现重大突破。为确保这些农业装备发挥最大效率、强化服务力量、提高服务水平，中国一拖不仅邀请古方派遣技师到中国一拖本部进行拖拉机原理、性能、维修、保养等方面的系统学习，同时派遣技术人员到古巴当地开展技术培训；目前已在古巴当地培育起一支本土售后服务队伍。

中国一拖进入古巴市场，凭借快速反应、过硬的产品品质和体贴专业快捷的服务，历经市场检验，赢得了口碑，YTO 逐渐成为当地知名品牌。近三年来，中国一拖又陆续为古巴农业部、建设部和糖工业部提供农业装备 1171 台套，持续为东道国蔗糖生产机械化水平提高和产量增加创造条件，更为后续与古方在更广范围的合作奠定基础。

2018 年 8 月，中国一拖成立了驻古巴办事处，实现与用户的实时联络和动态跟踪，收集用户和产品信息，为用户提供技术支持和备件服务。接下来，中国一拖与古巴方的合作还会继续深入，计划在古巴逐步帮助其建立服务站和工业园，为当地农机制造业的发展和农业现代化贡献更多的力量。

（四）供应链上，积极寻求与全球零部件供应商合作，并进行物流创新

一是推进供应链的国际化，提升核心零部件技术水平。核心零部件技术提升能够极大地促进整机产品技术提升，是农业装备转型升级的基础。“十三五”期间中国一拖加大全球化采购力度，建立全球供应商数据库，通过一拖法国公司，针对制约公司产品转型升级的核心零部件，进行全球寻源，寻求与全球顶级零部件供应商的深度合作，致力于打造全球先进、国内一流的农机产业链与高端农业装备产品平台。目前，中国一拖已分别与德国博世（Bosch）、意大利卡拉罗（Carraro drivetech）等国际知名企业，分别在燃油系统、传动系统供应和协同研发等方面建立了战略合作关系。

二是加强互联互通，打造陆港多式联运物流中心，开行国际班列。洛阳作为“丝绸之路经济带”的重要节点城市，具有明显的区位优势；而中国一拖拥有河南省唯一的企业国家二级铁路编组站资源，且位于洛阳市涧西区先进制造业产业集聚区的中心地带。为更深层次融入“一带一路”建设，促进与沿线国家的互联互通，2017 年 4 月，经洛阳市政府批准，涧西区政府、中国一拖、中铁快运郑州分公司联手打造洛阳首个陆港多式联运物流中心，开行洛阳至中亚班列。2017 年 11 月以来，已开行 5 列，共计 246 个集装箱货柜；所载货物分别来自洛阳本地及周边省份，包括机械设备、建材、汽车玻璃等；列车经阿拉山口出境分别抵达哈萨克斯坦、乌兹别克斯坦和吉尔吉斯斯坦。下一步中国一拖将进一步做好规划，完善场站建设，扩大与中外运、中远海运、中铁、青岛港、天津港及大型外贸企业的合作，探索公—铁—水联运途径，不断提升国际班列开行的数量和质量，实现洛阳至中亚国际集装箱班列常态化，加速企业由传统制造型企业向现代制造服务型企业转变，也为洛阳中原副中心城市的建设和中国（河南）自贸区洛阳片区的发展注入新动力。

“十三五”以来，中国一拖积极响应国家“一带一路”倡议，着力打造全价值链的国际化运营体系，转变“走出去”方式，构建新型合作关系，坚持共商、共建、共享，充分听取东道国和相关合作方的建议，从传统的贸易方式到合作生产，从单纯提供产品到提供成套解决方案，既推动了全球市场拓展和国际产能合作，更加速了企业转型升级步伐，向世界输出“中国价值”。虽然中国一拖目前在“一带一路”建设中仍处于起步阶段，但是有理由相信，随着海外业务运营平台的完善，国际化运营能力的提升和自身竞争实力的增强，中国一拖未来在“一带一路”上必将“走”得更稳，“走”得更远。

三、企业融入“一带一路”建设的建议

中国一拖通过近年融入“一带一路”建设的实践，深切感受到我国企业“走出去”面临诸多挑战。挑战一方面来自企业内部，如企业国际化经营人才及经验

缺乏；另一方面来自企业外部，如各国市场需求呈现多样化，治理架构和法律环境有别，文化和思维方式不同等。因此，中国企业要想在“一带一路”建设中有所作为，必须注意以下几点：

第一，加快国际化人才的获取。人才是支撑企业国际化发展的关键要素。我国制造企业要想实现转型升级，跻身全球一流企业，急需高端技术人才、技能人才，以及精于海外并购、商贸洽谈的管理精英。企业在内部培养的基础上，借用外脑，利用全球优秀人才，是快速获取国际化运营经验的有效途径。

第二，切实研究当地市场需求。农机与通用性机械不同，农机农艺融合的要求极高。全球各大区域、各国农作物种类繁多，土壤条件和气候条件各异，农艺更是千差万别，对农机的要求也不甚相同。因此，农机企业要深入研究当地农业发展要求，测试农机作业环境，紧密结合当地农艺要求，不断进行产品适应性改进，才能提供为市场认可的成套产品和服务。

第三，建立协同机制。一是企业间的协同，“联合出海”是中国企业拓展“一带一路”沿线市场的有效途径。中国企业间应进一步加强联动，建立战略联盟，形成投资、装备、建设、运营、金融支持一体化的海外项目拓展产业链，发挥各环节优势，抱团“联合出海”，提高中国企业的竞争力和话语权。二是企业内部的协同，企业内部要建立起以海外市场拓展为龙头，相关业务和职能协同配合、高效运作的流程体系。

第四，注重文化融合和情感互通。企业“走出去”，不论是投资并购，还是市场拓展，必须基于文化自信，建立更加开放包容的文化观，坚持共商、共建和共赢，强化与利益相关方的沟通和交流，求同存异，促进共同发展。

第五，强化风险意识。中国一拖在积极融入“一带一路”建设的过程中，虽然有所收获，但是也遭遇了古巴债务危机导致资金风险加大、部分国家政局动荡导致项目停滞等问题。当前国际政治经济环境存在诸多不确定性，“一带一路”沿线很多国家政治不稳定、信用状况不好，我国企业在实施“一带一路”项目的过程中，一定要强化风险意识，提前做好跨境投资及国际贸易的安全风险评估，做好应急预案。我国政府有关部门应建立监测预警机制，给予企业指导；一旦出现问题，能够在两国政府层面进行协调，帮助企业解决问题。

第六，提升对“一带一路”倡议的认知。我国企业对国家“一带一路”倡议的认识仍不够深入。因此，为更好地融入“一带一路”建设，国家应对企业融入“一带一路”建设加强智力支持，建立学习平台，请专家解读“一带一路”相关政策，让企业充分了解“一带一路”倡议的内涵及其对企业的具体要求。同时请有关企业分享“一带一路”的实践经验和教训，让刚出去和想出去的企业能够有效规避风险，切实抓住“一带一路”建设机遇，共同推进“一带一路”建设。

点评：“1+5”全球战略初见成效

一拖集团的“1+5”全球战略颇有新意：“1”是在全球知名农机企业云集的西欧地区建立研发链，获取先进技术资源；“5”是分别在东欧、中亚、东南亚、非洲和中南美地区建立制造链、营销链和提供农业机械化解决方案。“+”是指中国一拖通过把西欧的先进技术资源与中国制造的优势相结合，向世界其他地区直接或间接地提供产品、服务和解决方案。这项战略既符合“一带一路”倡议的国际合作原则和共同发展要求，又以“一地一策”方式融入全球产业链中，为打造一拖集团主导的商业生态系统奠定了基础；既适合全球农业机械行业的不同区域优势和多样化市场需求，又充分发挥了自身的现有优势，并通过多方合作经营获取了新的竞争优势。

中国企业共建“一带一路”首先要形成“一地一策”或“一国一策”的思维方式，在“一带一路”倡议的原则和要求指引下，根据每一个地区或国家制定适合本企业发展的战略；同时，企业发展战略还需要中国与东道国的国家发展战略相契合，尤其是要服务于中国与东道国的发展战略对接；然后再通过与多地或多国企业建立多种合作经营关系（以股权式或契约式战略联盟为主），共同推动企业与国家战略的实施，并实现合作各方共同发展的目标。

柯银斌，一带一路百人论坛专家委员会委员

生命科技　健康丝路

基因科技服务"一带一路"
"一带一路"，中药领路
全球织网，"乳业丝路"

基因科技服务“一带一路”

深圳华大基因科技有限公司

十九大报告强调“要以‘一带一路’建设为重点，坚持‘引进来’和‘走出去’并重”，并提出“构建人类命运共同体”。“一带一路”合作倡议提出五年来，中国已通过多种渠道与相关国家携手推动贸易畅通、设施联通、资金融通等目标，为“一带一路”沿线乃至全球经济实现复苏和可持续发展提供了新动能。随着“一带一路”倡议的不断推进，具有高科技含量、高产品附加值的工业生物技术产业迎来了巨大的发展机遇。

一、以产业优势助力“一带一路”建设

基因的“存”“读”“写”是基因科技的核心内容。中国在基因领域从基础能力建设、基础研究，到产业应用，都具有强大的国际竞争力和独特的优势。这不仅是“健康中国”和生命经济发展的新动能和引领力量，也应成为助力国家“一带一路”建设的利器。

（一）生命时代来临，基因科技服务“一带一路”

基因组，是控制万物生长、生老病死的遗传密码。基因的遗传与变异、基因的易感与老化，及其损伤修复的能力，是一切生命活动与特征、疾病与健康、繁衍与衰老的根本内因。从资源保藏到基因解读，从基因编辑到基因合成，基因的“存”“读”“写”正在成为未来医学、农业和生命科技的基石和引擎。

深圳华大基因科技有限公司（以下简称“华大集团”）成立于1999年，是全球领先的基因组学研发和应用机构。从世界最大规模的深圳国家基因库的落成，到先进的基因读写工具的国产化，目前，华大集团已实现了“基因存读写”的全方位突破。十年来，华大集团在基础科研领域显示了强大的国际影响力，基因组

测序数据产出持续保持全球20%以上；连续8年产业复合增长率53%，实现了从科研到产业的全贯穿；基因指导下的农业育种、感染性疾病与肿瘤的精准防控，及出生缺陷的检测都取得了突破。截至2018年6月30日，华大集团基因生育产品临床检测累积服务近600万人次，已完成近350万例无创产前基因检测；超过179万名新生儿和成人接受了遗传性耳聋基因筛查的检测服务，发现数千名先天性耳聋及迟发性耳聋受累者，为这些聋儿和迟发性耳聋受累者提供了早发现早治疗的机会；发现约9万人携带常见耳聋基因突变，为精准防聋控聋提供解决方案，有效控制了耳聋的发生发展；宫颈癌筛查业务已覆盖全国超过20个省40个市或地区，累计完成HPV检测300余万例。实践表明，基因检测在疾病的预测和早期发现中有不可替代的优势，其卫生经济学费效比大于1:10，且易复制推广。基因检测正在成为疫苗和抗菌素应用以来最重要的科技突破。基因科技造福人类，必将功在当代、利在千秋。

（二）创新发展模式，构建“一带一路”合作新篇章

华大集团从科研起家，创造了全球第一个测序服务市场，将科研服务产业化，把测序分析服务从传统的in-house模式（指大学、科研院所、医院自己进行测序）变成了outsourcing模式（指把测序服务外包给华大基因来做），实现了技术的产业化，并在不断地降低全球基因测序成本。在与科研机构合作的同时，华大集团通过大数据发现了更多有意义的课题，并通过强大的基因测序平台和信息分析能力，贡献了众多的科学发现，与合作伙伴共同发起了多个意义重大的大科研项目，如“国际千人基因组计划”“地球生物基因组计划”等。在与医院合作的过程中，华大集团通过大数据发现了大量重要的临床需求，并由此研发了一批已经成熟的基因检测服务，如无创产前基因检测、宫颈癌的筛查等，并迅速让产品走向了临床应用、实现了产业化，全面打开了医学服务市场。华大集团依托完全自主可控的国产化仪器设备，提供低成本、高质量的服务，助力每个家庭远离唐氏综合征、遗传性耳聋、遗传性代谢病等与基因相关出生缺陷，让妇女远离宫颈癌、乳腺癌，防控肿瘤和传染性疾病。

可以说，华大集团将科技优势与国情优势紧密结合，探索出了一条不同于“假说导向”“科技创新”“市场行为”的新路子。这是一个以“大数据驱动”的“创

华大集团将帮助老挝建立首个司法鉴定实验室，培育专业人才。

2018年4月19日，华大集团代表团分别拜访老挝卫生部长Bounkong SYHAVONG博士、老挝科技部副部长Sourioudong SUNDARA博士、老挝国防部总后勤部Bounsoung YATHOTU准将等，结合“一带一路”倡议，就地中海贫血防治在老挝的组织实施等进行充分沟通并达成合作意向。目前已经与老挝卫生部共同完成项目执行方案。

（三）共建特色园区，开展创新合作

华大集团积极响应国家“一带一路”合作倡议，坚定不移以“走出去”战略为统领，与“一带一路”沿线国家共建特色园区。特色园区紧密结合当地发展需求，采用“核心示范—重点推广—区域带动”的推广运作模式，以“科研先导、技术落地、产业推进和资源整合”创新性发展模式，建设成集科研、示范、培训、观光为一体的特色园区。

1. 老挝“老中现代农业科技示范园”——以农业带动的生物科技创新园区

2007年，华大集团率先提出依托老挝得天独厚的自然资源，结合华大集团顶尖生物科技，在老挝开展动植物育种、基因健康等方向的项目合作，推动老挝生物产业发展，探索生物科技国际化的创新发展模式。

目前，华大集团在老挝承建的“境外农业合作示范区”——老挝—中国现代农业科技示范园，按照“科技领先、硬件适用”的标准，拟将示范区建设成具有国际水平的农业高科技示范园，成为中老两国现代农业科技合作的典范。华大集团利用自身科技优势，对当地糯稻等农作物进行品种改良，对多个热带经济物种进行引种和筛选，尤其是印加果和轻木的选育和种植，成果显著，陆续开展了包括糯稻、印加果、轻木、三七等重要粮食作物、新能源作物、热带经济作物等在内的30多个物种、110多个品种的种植和选育试验，获得了诸多宝贵的一手科学数据。

以农业为切入点及带动点，华大集团将协助老挝进行农业科技示范园升级改造、联合模块化实验室建设、老挝基因库筹建、农产品/食品加工研究院等建设工作，并加强在生育健康、热带传染疾病检测、肿瘤个体化用药诊断等医学方面及亚洲热带雨林丰富种质资源收集保护方面的合作。

除了老挝当地的农业工作之外，华大农业致力于推进农业供给侧结构性改革，促进小米产业转化增值，构建小米全产业链及全价值链，以小米产业推动“一带一路”国家全覆盖。目前已与巴基斯坦、菲律宾、肯尼亚及东南非等国家签订合作备忘录，并开展种植。2017 年上半年与中科院中非联合研究中心合作在肯尼亚建立谷子示范中心。

2017 年 8 月 4 日，老挝—中国现代农业科技示范园成功入选国家农业部首批“境外农业合作示范区”建设试点。2018 年 1 月 26 日，农业部党组副书记、副部长余欣荣到示范园参观考察，并为国家“境外农业合作示范区”揭牌。2018 年 3 月 28 日，华大集团旗下子公司——深圳华大基因农业控股有限公司成功入选农业对外合作百强企业。2018 年 4 月 11 日，华大集团参加现代农业产业示范园区规划领导小组会议并参与规划草案编写。2018 年 7 月 12 日，中国国务院发展研究中心党组成员、副主任王安顺一行到访示范园参观调研。2018 年 9 月 16 日，中国—东盟农业科技创新联盟成立，广西华大作为发起单位之一参加联盟启动仪式。

2. 拉脱维亚—光谷—华大生命科技中心

2017 年 7 月，拉脱维亚华大智造科技有限责任公司成立；9 月，华大集团的六款测序相关产品获得 CE 认证。2017 年 10 月，华大集团与拉脱维亚投资发展署在当地签署了合作备忘录，达成了科研、技术、教育和人类健康等方面相关的合作。2017 年 11 月 27 日，在中国—中东欧国家领导人会议上，李克强总理与中东欧 16 国领导人共同见证华大集团与武汉政府、拉脱维亚政府共同签署 16+1 项目合作文件，三方将在拉脱维亚建立以基因科技为核心的集科技、经济、民生为一体的合作项目“拉脱维亚—光谷—华大生命科技中心”，加强中拉在科技研发、产业应用与标准建设等领域的创新合作。项目一期已选址里加建立高端智造中心，涵盖研发合作、检测实验、仪器和试剂生产、欧盟销售和区域维护五项功能。中心建成以后，华大智造将以拉脱维亚为依托，将其全贯穿、全覆盖的工具平台辐射至整个欧洲。

3. 泰国东部经济特区——医疗特区

2017 年至 2018 年，泰国科技部与华大集团高层互访，探讨在泰国东部经济特区 EEC 内成立医疗特区的计划，拟连同“一带一路”上的央企、国际著名药企、医疗器械生产商以及泰国当地的实力家族和泰国政府一起成立具备特殊医疗政策、投资优惠政策、精简管理团队的 EEC 医疗特区。

（四）共享科学资源，推动科研发展

自成立以来，华大集团率先在全球建立和应用大规模测序平台及服务，目前旗下的科技服务体系拥有国内规模最大的测序平台，在全球拥有 3 万多合作伙伴，与众多“一带一路”沿线国家及地区合作开展了一系列大型基因组科研计划、国际科研合作项目。

2011 年 11 月，华大集团与印度国际半干旱热带作物研究所 ICRISAT 合作完成木豆基因组研究；双方又于 2012 年 4 月正式签署合作备忘录，在应用基因组学和分子育种等领域开展长期合作，通过新一代测序技术加速作物品种改良，提高作物产量质量，促进粮食生产的可持续性发展，对改善亚洲和非洲撒哈拉以南地区的贫困农民的生计具有十分重要的意义。2014 年 1 月，华大集团与孟加拉国 Lal Teer 畜牧科技公司合作完成水牛基因组图谱绘制，为深入了解水牛这一物种的起源、驯化过程及其品种选育等奠定重要的遗传学基础。

21 世纪是生命科学与生物技术引领发展的新时代，按照“共商、共建、共享”的原则，利用基因科技惠及“一带一路”沿线国家，不仅具有现实的经济价值、社会意义，而且具有重要的民生外交作用。在国家“一带一路”倡议引领下，华大集团秉承“基因科技造福人类”的使命，依托自主研发的高通量测序平台、超强的生物信息分析能力和丰富资源优势，不断拓展深化与“一带一路”国家在医疗健康、农业海洋生物资源等领域的务实合作。相信以华大集团为引领的基因科技必将为“一带一路”沿线国家插上腾飞的翅膀，为构筑人类文明健康的利益共同体、命运共同体和责任共同体开启新的航程。

点评：“一带一路”应是健康丝绸之路

中国在基因领域从基础研究、工具智造，到产业应用，都具有强大的国际竞争优势。华大集团在服务“一带一路”建设的过程中，提出以

“大数据驱动”的“创新科技”+“创造市场”的新模式，完全符合“共商、共建、共享”的原则。

华大集团与丝路国家共同构筑多层次交流平台，开展与基因有关的政策法规研讨，这是共商；与丝路国家共建特色科技园区、共同进行人才培养和能力建设，这是共建；从惠及民生的项目切入，共享科学资源，利用基因科技造福当地人民，这是共享。华大集团将先进技术与优质服务延伸到“一带一路”，让科学可及，让基因科技造福人类，支撑和引领全球生命科学时代的到来。

未来，“一带一路”除了发展比较有规模的基础设施建设、优势产能合作等项目，也要关注健康等民生类项目，“一带一路”要真正体现科技含量与人文关怀。过去五年，各国在卫生政策、医学科研、人才培养、医药贸易等方面交流的广度深度不断拓展，传染病防控、慢性病监测、卫生应急、妇幼健康、抗菌药物耐药、传统医药等领域合作惠及更多民众。但是，健康丝绸之路不仅是公益之路，也应是产业合作与发展之路。

赵磊，一带一路百人论坛召集人，中共中央党校（国家行政学院）国际战略研究院教授，国际关系和“一带一路”研究所所长

“一带一路”，中药领路

广州医药集团有限公司

十九大报告做出“坚持中西医并重，传承发展中医药事业”的重要部署，充分体现了党中央对中医药发展的高度重视。近年来，随着“一带一路”倡议的落地，中医药在沿线国家和地区也逐渐传播开来。我国政府也与沿线国家政府、地区还有国际组织签署了86个中医药合作协议，为中医药行业发展带来了新的机遇。

广州医药集团有限公司（以下简称“广药集团”）所处的广东省是中医药文化及产业发达的省份，创造过岭南中医药的灿烂文化。当前，广东省在中医药健康产业上有着良好的基础、独特的优势、庞大的市场和巨大的潜力，目前广东省的生物医药产业在全国排名第3位，中医药产业一直位于全国前列。作为广东医药龙头企业，广药集团拥有12家中华老字号企业，其中10家历史超过百年；拥有400多年历史、入选世界吉尼斯“全球最长寿药厂”纪录的“陈李济”，被誉为凉茶始祖的中国饮料第一品牌“王老吉”，享誉中华的中国驰名商标“白云山”等知名品牌，是岭南中医药集大成者。多年来，广药集团的产品深受日韩及东南亚地区消费者的信赖，成为加速广药集团融入国际化潮流进程的坚实基础。可以说，岭南中医药和传统健康文化是广东的“省粹”，也是广药集团通过“一带一路”倡议，加速实施医药健康产业“走进去”战略，走向世界的绝佳载体。

广药集团地处“海上丝绸之路”的始发港和中西方商贸、文化交流的中转站。当前，广东省正处于打造“一带一路”的战略枢纽、经贸合作中心和重要引擎的关键时期，亟待打造参与国际竞争新优势、对外开放的新高地。近年来，广药集团发挥地处“海上丝绸之路”始发港和岭南中医药中心的优势，抓住机遇，以岭南中医药健康产业和文化为载体，在“一带一路”倡议实施中，加速实现“王老吉”、广药“白云山”、中医药的国际化，为把广东建设成为中医药现代化和国际化强省、成为国家“一带一路”建设的排头兵和主力军做出了应有的贡献。

一、中医药板块是广药集团国际化的排头兵

广药集团在过去几年取得了长足的发展，“十二五”期间销售额增速达22%，2017年销售收入突破1000亿元，成功进入“千亿俱乐部”；已经连续7年蝉联“中国制药工业百强榜”第1位，位居2018中国企业500强第165位、中国制造业500强第68位，是广东省21家千亿级企业之一、广东制造业8强。广药集团规划“十三五”末要冲刺世界500强，打造独具产业特色、文化鲜明的世界一流企业。可以说，国家“一带一路”倡议的实施，为广药集团加速国际化、实现“十三五”规划目标提供了战略机遇。广药集团将充分利用国家“一带一路”倡议，深入与沿线国家开展多方面的合作，实现互利共赢。

（一）“‘一带一路’，中药领路”是历史源流的选择

自古以来，中医药作为海上、陆上的重要资源纽带和载体要素，为我国对外交流、服务世界人民健康福祉做出了重要贡献。“一带一路”沿线不少国家和地区都有岭南中医药或传统医药的使用历史，十分注重传统医学的保健功能。早在两晋南北朝时期，中医药就传入了朝鲜、日本，并逐步影响到东南亚各国；到隋唐五代、宋元时期，鉴真东渡日本，玄奘西行取经，进一步加强了中医药与周边国家的交流。乳香、没药、血竭等阿拉伯地区的传统药物，就是随着丝路交流传入我国的，成为岭南中药的特色药材；我国的炼丹术、脉学、本草等则陆续传入阿拉伯国家，并通过阿拉伯国家传到了欧洲。

当前，岭南中医药依然在与“一带一路”沿线国家的交流中发挥着重要作用。“海上丝绸之路”沿线国家以及东南亚的一些国家，十分注重传统医学的保健功能，并将其融入旅游、餐饮等行业，吸引了大批国内外顾客，已具有一定规模。岭南中医药在东南亚地区政府及民众当中的认可度较高，广药集团众多知名产品在东亚及南亚普遍得到了政府及民众的认可。在“一带一路”沿线国家，中医药明确为立法的国家有新加坡和泰国；朝鲜、韩国、越南传统医学主要来源于我国的中医药学，目前也已被纳入国家法定医疗保健体系；印度、巴基斯坦、斯里兰卡、孟加拉国、缅甸等南亚国家已基本实现对本国传统医学的立法管理。广药集团的“华佗再造丸”已进入俄罗斯、越南等多个国家的医保；通过“华佗再造丸”，

俄罗斯、越南等国家开始了解、接受中医药文化。

民生领域合作是“一带一路”沿线国家广泛关注的重点领域，其中医疗体系的可持续发展，又是“一带一路”沿线国家和地区普遍面临的难题。岭南中医药自身的特色和优势符合国际医疗发展的新趋势，顺应了世界医药市场的新需求，具有巨大的发展潜力与合作空间。

（二）“‘一带一路’，中药领路”是国家政策的重心

近年来，在党中央、国务院的重视下，中医药得到了快速的发展，国务院出台了《关于扶持和促进中医药事业发展的若干意见》。党的十八大以来，党中央高度重视中华优秀传统医药文化的传承发展，明确提出“着力推动中医药振兴发展”，并从国家战略的高度对中医药发展进行全面谋划和系统部署，这为中医药发展创造了良好的政策环境和社会基础。

2017年初，国家中医药管理局、国家发展和改革委员会联合印发《中医药“一带一路”发展规划（2016—2020年）》。规划要求，到2020年，中医药“一带一路”全方位合作新格局基本形成，与沿线国家合作建设30个中医药海外中心，颁布20项中医药国际标准，注册100种中药产品，建设50家中医药对外交流合作示范基地。中医药医疗与养生保健的价值被沿线民众广泛认可，更多沿线国家承认中医药的法律地位，中医药与沿线国家的合作实现更大范围、更高水平、更深层次的大开放、大交流、大融合。

习近平总书记提出“坚持中西医并重，推动中医药与西医药相互补充、协调发展，是我国卫生与健康事业的显著优势”，深刻回答了什么是中国特色的卫生与健康发展之路。这就要求立足“相互补充、协调发展”的原则，把中医药、西医药摆到同等重要的位置，放到发展全局中一同谋划、一同部署，做到互学互鉴、各取所长，目标同向、措施一体，为全球卫生治理给出“中国答案”、提供“中国方案”。

此外，“一带一路”沿线正是海外侨胞的传统聚集地，丰富的侨务资源也为中医药国际化奠定了良好的基础。国侨办与国家中医药管理局签署了推进中医药海外战略协作协议，以海外侨胞为重要资源，正积极开展海外中医义诊、海外中医师培训等工作。这些都为中医药健康产业及其文化在广药集团国际化中发挥引

领作用，提供了良好的政策环境。

（三）“‘一带一路’，中药领路”是国际产业的趋向

随着全球老龄化社会的到来，各国也面临着老龄化人口带来的巨大压力。例如丝路沿线国家意大利，年龄达到65岁以上的约占全国总人口的20%，已成为欧洲第一大老龄国，也是继日本之后的世界第二大老龄国。老龄化危机对整个制药行业的发展造成巨大冲击，市场上对老年疾病治疗药物的需求将急剧增加，这为毒副作用较小、以天然药物为主要成分的中医药等传统药物的快速发展提供了巨大的机遇。

近年来，国外对中医药的认同性、需求量都在不断增加。据世界卫生组织统计，在过去10年中，制定传统医学政策的国家由25个增加到了69个，制定草药监管法规的国家由65个增加到119个，制定传统医学服务提供者监管法规的国家也已经达到了65个。中国一直致力于推动国际传统医药的发展。截至目前，中医药已经传播到183个国家和地区；累计向70多个国家和地区派遣的医疗队中，基本上都有中医药人员。我国已签订中医药合作协议86个，先后派出中医技术人员400余名前往40多个国家援外，得到受援国政府和人民的充分肯定。世界卫生组织高度认可中医药治疗“非典”的临床研究，建议推广中西医结合治疗方案。我国在非洲科摩罗开展的青蒿素复方快速控制疟疾项目，实现了疟疾零死亡率。中医药行业正通过医、教、研、产等各种形式，不断扩大其在全球的普及和应用。可以说，中医药已经成为我国独特的外交亮点，在为国外首脑执行医疗保健任务、援外中医医疗等方面有力地配合了国家外交工作。

数据显示，2017年，中药类出口金额36.40亿美元，同比增长2.07%。重点市场出现较大分化，处于“一带一路”沿线的东盟市场增长最快，增幅达17.19%，美国、欧盟市场也保持增长，增幅分别为8.94%、5.34%。此外，中成药出口也出现明显增长，出口额为2.50亿美元，同比增长11.03%。

（四）“‘一带一路’，中药领路”是当前市场的认同

中药产业方面，广东中成药的生产有1300多年的历史，特产南药和广药在全国举足轻重。近年来在“建设中医药强省”政策的推动下，广东中医药产业发

展不断加速，其中广药集团2017年实现销售收入突破1000亿元，成为全国最大的中成药生产基地，综合实力全国排名第4位，仅次于国药集团、华润集团等央企。广药集团旗下的"王老吉"是吉尼斯世界纪录"全球历史最悠久的凉茶品牌"；417年历史的"陈李济"是吉尼斯世界纪录"世界最长寿制药厂"；广药集团首创的"家庭过期药品回收机制"也创下"全球规模最大的家庭过期药品回收公益活动"吉尼斯世界纪录，是当之无愧的"世界之最集合体"。广药集团旗下"王老吉"已经委托诺贝尔奖得主穆拉德为代表携手瑞士SGS共同启动了"王老吉凉茶植物饮料国际标准研究项目"，"王老吉大健康"公司已在南沙注册，为下一步借道"一带一路"进行产品、文化的海外输出，奠定了基础。

（五）"'一带一路'，中药领路"是文化输出的利器

"三流企业输出产品，二流企业输出标准和规则，一流企业输出文化和核心价值。"优秀传统文化的输出不仅有利于促进不同国家地区的民心互通，营造有利的外部发展环境，还是增强企业文化软实力的重要手段。

岭南中医药地域文化在岭南地区以至邻近的东南亚国家均有很好的声誉，中国香港、澳门以及泰国、马来西亚、新加坡等东南亚国家的中医药亦深受岭南中医药地域文化的影响，是广药集团通过文化传播带动产业发展的最佳载体。近年随着"王老吉"凉茶等产品的出口，也极大地带动了岭南中医药文化的"出口"，越来越多国家的消费者开始了解凉茶文化、了解岭南文化。

此外，岭南中医药文化向世界展示着广东文化特色的同时，还蕴含着巨大的商业价值。如在2014年巴西世界杯期间，"王老吉"在巴西启动了"王老吉正宗凉茶文化全球巡回展"，借机推动海外市场的布局。"王老吉"还策划建立海外凉茶博物馆，首家王老吉海外凉茶博物馆——纽约王老吉凉茶博物馆在2018年内建成。这将促进岭南有形文化的继承和传播，实现无形文化的资产价值增值。

综上所述，广药集团的中医药产业有着先天的优势、良好的政策环境、广阔的发展前景和坚实的产业基础，并兼具了"一带一路"产业和文化输出的需求。岭南中医药作为独特的经贸和文化资源，可以提升广东外向型经济发展的活力，是广东与"一带一路"沿线国家和地区开展战略经济对话的重要内容。同时，中医药也是岭南文化与世界各国文化沟通融合的独特纽带，是广药集团参与"一带

一路”沿线国家交流合作的绝佳载体。

二、广药集团中医药板块的国际化探索

近年，广药集团围绕中医药现代化、国际化，在国际科研布局、国际化人才引进、国际知名企业合作方面进行了一些探索，取得了一些成果。

（一）以时尚中药理念引领中药板块发展

2017 年，广药集团借《中医药法》实施之机，提出了打造“时尚中药”的理念。所谓“时尚中药”就是用先进的科研技术，用当下流行的年轻人易于接受的市场推广模式，打造当下普通大众需要的健康产品。广药集团围绕“释放传统中医药的时尚新活力”，着力推动中医药的现代化、国际化、科普化、大众化。

“现代化”是指利用现代技术挖掘中医药宝库，这是打造“时尚中药”的技术基础。近年来，广药集团建设了 2 个博士后工作站、8 个国家级新药研发平台，促使传统药物现代化进程得到显著提升。广药白云山中一药业有限公司的滋肾育胎丸就是“时尚中药”的一个典型案例。该产品源于古方，用于脾肾两虚、冲任不固所致的滑胎（防治习惯性流产和先兆性流产），上市已 30 多年。广药集团近年一直在加强与该产品相关的科研工作，与相关机构合作开展长期毒性试验及生殖毒性试验，并在 *Toxicology Research* 上发布了研究成果。2014 年，滋肾育胎丸成为首个在辅助生殖领域开展循证医学研究的中成药。滋肾育胎丸成为新晋的“时尚中药”，2017 年销售同比增长了近两倍，已经成为超 5 亿元的中成药大品种。

此外，集团还结合当下高发疾病，根据产品特点，开展了白云山复方丹参片关于老年痴呆症、滋肾育胎丸关于不孕不育、蜜炼川贝琵琶膏关于 $PM_{2.5}$ 肺伤害的二次开发，使传统产品适应疾病的发展。

在国际化方面，广药集团投入 2 亿元资金成立了我国首个中医药发展国际化基金——广药白云山中医药国际化发展基金，用以支持集团旗下名优中药产品的境外注册、国际市场开拓和国际化合作等工作。目前，集团旗下白云山奇星的“华佗再造丸”已连续十多年位居全国中成药出口前列。“王老吉”凉茶也已出口至全球近 60 个国家和地区，市场整体规模超 200 亿元。广药集团还将探索通过在

海外建立药材种植基地等方式，加速中医药产业的海外布局。

在科普化方面，主要是通过科普让更多的人了解中医药。为此，广药集团先后建设了“神农草堂”中医药博物馆、“王老吉”凉茶博物馆、“陈李济”博物馆、“采芝林”中药博物馆等中医药文化科普平台。其中，“神农草堂”已接待游客超过100万人次，成为科普中医药文化的重要平台。2017年，“神农草堂”成为《财富》全球论坛指定接待点，接待了《财富》嘉宾配偶团，向世界推广中医药文化。

“大众化”即是发挥中医药治未病等作用，能够让更广泛的人群使用中医药。“王老吉”凉茶、广药灵芝孢子油等都是大众化方面的代表作。2017年，“王老吉”进一步进行产品创新，开设了新型凉茶线下门店——“王老吉”现泡凉茶店，通过开发时尚的新式茶饮，将中医药养生文化传递给社会大众。

在“时尚中药”战略带动下，广药集团在抗生素领域以及心脑血管系统、清热解毒、糖尿病等重点治疗领域，形成了众多疗效确切的明星产品，打造了“白云山板蓝根颗粒”“光华小柴胡颗粒”“陈李济壮腰健肾丸”等近20个超亿元的中成药大品种。

（二）以平台建设推进国际科研布局

广药集团很早就进行了众多国际化科研合作布局。2009年，广药集团联合美国国立卫生研究院（NIH）就“白云山板蓝根颗粒”抗病毒机制研究签订合作协议，“白云山板蓝根”成为全球首个获NIH资助的中药研究项目。2010年在白俄罗斯成立了“心脑血管中药国际（独联体）研究中心”。2013年与澳大利亚神农有限公司和澳大利亚植物药国际发展公司联合成立了“广药集团传统植物药澳洲注册与销售中心”。2014年，广药集团与古巴最大国有药企古巴生物医药集团签约，合作开展涉及生物医药产品的研发、生产、销售以及生物医药技术研发平台建设。2015年，广药集团分别与粤澳中医药科技产业园开发有限公司及澳门大学签署合作框架协议，将借助粤澳合作中医药科技产业园在葡语系国家、东盟国家的优势，加速广药白云山中医药产品走向国际平台；而与澳门大学的科研及人才交流合作，将为广药集团的中药国际化提供科技支撑。2015年和2017年，“广药集团白云山脑心清”和“王老吉”相关研究相继获得中国国家科技进步二等奖。此外，广药集团还出资1.5亿元参与设立广州中医生物产业投资基金，为引进以色列创新生物医药项目奠定基础。

目前，广药集团正充分利用“一带一路”的发展契机和地处广东的地缘优势，全面加快国际化步伐，采用分步走的方式，从研发、专利、人才等多个领域，进行全方位、多角度的国际化战略拓展，包括：专项支持名优中药产品的境外注册、国际市场开拓和国际化合作工作；提升海外商标注册数量与质量，增加 PCT 及海外申请量，尤其是提升中成药新用途专利的申请及授权率；利用屠呦呦获得诺贝尔奖、国际社会尤其是医学界对中药产生较大兴趣与新认同的有利条件，大力拓展中药研究开发及产业化领域的学术合作；加快国际合作，推动化学制剂出口工作等。广药集团投入 2 亿元设立广药白云山中医药国际化发展基金，用于在“十三五”期间专项支持旗下名优中药产品的境外注册、国际市场开拓和国际化合作等工作，加快广药白云山中药产品的国际化进程。这也是我国首个中医药国际化发展基金。

2017 年，广药集团旗下广州白云山汉方现代药业有限公司生产的植物抗肿瘤药酒石酸长春瑞滨获得了素有进驻欧美市场“绿卡”之称的欧洲药典适用性认证，广药灵芝孢子油是该技术的代表产品。该认证由欧洲药品质量管理局（EDQM）签发，是全球门槛较高的药品认证之一，也是药品进入欧盟市场的通行证。这是广药集团加速国际化，敲开欧盟市场大门、走向世界的重要里程碑。

（三）以互联网人才观引进国际高端人才

所谓互联网思维的人才观就是打破人才的编制、地域、国籍等各种藩篱，取其智慧而不必困其身。在国际高端人才的引进方面，广药集团充分利用互联网思维，用其资源而无须限其行，达到“不求所有，但求所用”的效果。

近年来，广药集团先后引进了两位诺贝尔奖得主。2012 年，聘请了 1998 年生理医学诺贝尔奖获得者、“伟哥”之父弗里德·穆拉德院士担任广药总院首任院长，并邀请其技术团队一并加盟，使广药总院成为接轨国际的研发平台。2016 年，广药集团聘任诺贝尔物理学奖得主乔治·斯穆特博士担任广药白云山医疗器械研究院院长。

目前，广药集团拥有一支由 2 名诺贝尔奖得主、16 名国内院士专家和国医大师领衔的科研人才队伍，其中博士和博士后近百人。这些国际顶级专家不仅会给集团的发展定期进行指导，也会将好的项目与广药集团积极对接，使得广药集团能够成为高端人才、高端资源等要素的聚集地。截至 2018 年 9 月，广药集团累计拥有国家级研发机构 8 家、省级企业技术中心 14 家、省级工程技术中心 16 家。在 2018 年发布的广东企业创新 500 强排行榜中，广药集团位居广州企业首位。

（四）以项目合作携手国际知名企业

广药集团与世界知名企业的合作由来已久。如属下大商业板块领军企业广州医药有限公司是广药白云山与全球首家以药店为主导的世界级医药保健企业——沃博联的合资公司。另外，属下大南药板块重点企业广州白云山和记黄埔中药有限公司是广药白云山与世界 500 强企业——和记黄埔的合资企业，广州百特侨光医疗用品有限公司是广药白云山与美国百特的合资企业。这些企业均已发展成为集团主要业务板块的重点企业。

广药集团利用达沃斯论坛、博鳌论坛等国际会议，与德国西门子、默克，以色列梯瓦，古巴生物集团等多家世界知名企业达成合作意向。这些项目合作为广药集团进一步走向世界奠定了基础。2017 年，广药集团承办了《财富》论坛国际科技头脑风暴大会以及“医疗的未来”圆桌会议。“王老吉”凉茶和“白云山”矿泉水成为该论坛指定官方凉茶和饮用水，广药集团中医药博物馆“神农草堂”也成为《财富》论坛指定接待点。

三、广药集团推进中医药国际化面临的挑战

第一，中医药产业面临边缘化趋势。虽然目前国家和广东等省份都在倡导中医药，广东省还提出建设中医药强省，但是中药在药品审批等很多方面却存在被边缘化的危险，不论是审批速度还是审批数量，均明显低于化学新药。数据显示，2017 年国家食品药品监督管理总局批准上市的药品共有 394 个，其中化学药品 369 个，中药只有 2 个。两个获批的中药里，一个是中药新药，一个是中药仿制药。

此外，目前中药约有 6 万个药品批准文号，对应 1 万个产品名，中药生产批文重复申报问题非常严重，不同厂家疗效质量参差不齐。2017 年国家食品药品监督管理总局发布了化学药的橙皮书《中国上市药品目录集》，同时化学药正在开

展一致性评价；但目前中药并没有像化学药一样开展一致性评价。制定中药橙皮书，利用现有中药批文，遴选出一批具有代表性的、中医药理论依据高、质量可控性高、科技创新水平高、临床疗效好、消费者口碑好的高品质中药作为指定的“参比制剂”或标准制剂，从而改变目前中药质量参差不齐的局面，这是十分必要的。

第二，“一带一路”中医药国际合作面临着诸多法律障碍和贸易壁垒。许多国家在立法认可和规范中医药及其他国家传统医药时，纷纷利用法律法规，对中医药、传统医药的准入设置各种技术壁垒，使得中医药、传统医药国际贸易在原本困难的情况上，面临着新的障碍。此外，地缘政治风险、经济风险、文化与法律障碍等，都是岭南中医药国际化必须面对的挑战。

第三，竞争对手多且强大。近年来国内众多知名中药企业纷纷扬帆出海，但面临着来自日本、韩国等其他国家企业的竞争。如今日本有汉方药厂 200 多家，处方用汉方药每年以 15% 的速度增长，年销售额高达 15 亿美元，被日本政府批准适用“国民健康保险制度”的中药大约有 148 种。目前日本汉方药年生产总值已超过 1000 亿日元；在国际市场上的中成药、中药保健品贸易中，日本生产的占很大份额。目前，在韩国国民医疗支出中，中医药占 15%，这一比例仅次于我国。

四、抓住“一带一路”机遇，打造世界一流企业

2018 年是改革开放 40 周年，也是广药集团进入后千亿时代的第一年，广药集团正集中力量打造独具产业特色、文化鲜明的世界一流企业，力争到 2020 年进入世界 500 强。在广药集团“十三五”规划中，已经明确提出把“走出去”作为两大战略之一，国际化也是广药集团“十三五”规划 13 项重点工程之一。未来几年，广药集团将围绕“‘一带一路’，中药领路”，以产业、产品、文化“三大输出”推进中药板块的现代化和国际化，力争到“十三五”末冲刺世界 500 强。

（一）产业的国际化：让世界与中医药接轨

相对于西方发达国家，“一带一路”沿线不少国家或多或少都有中西医以及传统中医的使用历史，具有一定的群众基础。在国家政策推动下，未来中医药在“一

带一路”背景下的市场潜力还是非常大的，对于中医药企业来说充满机遇。中医药学既是自然科学，也是哲学，其中蕴含着中华民族的整体思维、辩证思维、平衡思维。与中医思想一样，西医同样是西方文化的集中体现，解构思维是西医最核心的思维方式。中西医虽然表现为两种截然不同的哲学思维方式，但并不矛盾，而是相互补充的；两者共同构成了人类健康体系的重要组成部分。健康产业应该坚持洋为中用，古为今用，推进中西医合作发展。广药集团将以这种“健康哲学”的理念，积极挖掘“一带一路”沿线国家的优势资源，进行全产业链合作，包括建设海外中药材 GAP 基地、建设海外生产基地、拓展海外销售网络、加大国际科研合作等，还将对发展跨境电子商务等新商业业态和现代服务贸易等进行更多的探索。

（二）产品的国际化：提升中成药出口份额

拉美、非洲、东南亚等地区的国家是我国中医药、大健康产品的主要市场空间所在。随着“一带一路”的推进，将进一步激发中药材、中成药以及大健康产品的市场需求。

广药集团目前在生物医药健康产业方面已有较好的基础，将借助南沙自贸实验区的优势，打造国际化发展的新引擎。广东三个自贸实验区已正式挂牌，自贸区是广东参与“21 世纪海上丝绸之路”建设的最大优势，其国际化、法治化的营商环境使之成为中国新一轮对外开放的重要一棋。广药集团旗下“王老吉”大健康公司已在南沙自贸区注册。“王老吉”将借道“一带一路”进行产品的海外输出，集中力量开拓东南非和亚洲市场，加速“王老吉”国际化布局。此外，广药集团将利用中成药在港澳市场和国际市场的销售力和品牌力，策划更多产品由内地走向港澳、由港澳走向国际；专项支持名优中药产品的境外注册、国际市场开拓和国际化合作工作，助力广药重要产品的国际化进程。

（三）人才的国际化：建立企业国际化发展的智库

企业的竞争，说到底是人才竞争。广药集团将牢固树立“一个观念”，建设人才“三支队伍”，实施人才“六大工程”，打造“一个智库”，更多地与国际上的智库加强沟通，为“一带一路”的发展提供助力。

"一个观念"即"人才是第一资源"的观念。"三支队伍"即经营管理人才队伍、各类专业人才队伍、高技能人才队伍，特别是要优先引进创新型科技人才，大力引入资本化、国际化人才，加强培养复合型政工人才。"六大工程"即"百名博士"引进工程——加强博士引入、培育及人才引进激励管理，实现"百名博士"的目标；"优才计划"引进工程——实现招聘优才目标院校毕业生100名的任务；重点人才引进工程——打破编制、地域、国籍等各种藩篱，引进全球杰出人才，达到"不求所有，但求所用"的效果；人才培养工程——包括办好广药集团党校，加强各个学院、俱乐部的建设，完善企业导师制和内训师制度，加强对各类人才的培训，建立人才库；人才双通道工程——拓宽优秀人才的上升通道，加大对专业化、年轻化、高素质人才的培养和选拔力度；人才服务工程——充分用好广州市"1+4"人才文件精神，组织企业进行各类项目的申报，同时建立广药集团人才荣誉激励机制。另外，广药集团已经获得广州市国企建设人才住房试点资格，在未来几年，将逐步建设3000套人才住房，为高层次人才提供生活保障。

（四）科研的国际化：打造创新驱动型企业

广药集团将抓住国际创新资源加速流动的机遇，面向全球集聚人才、技术、资金等创新资源。积极争取与国内外一流科研院所、高校、企业共建新型研发机构、技术转化机构，加强对引进技术的消化吸收和再创新。深化与国内先进地区和企业的创新战略合作，谋求与世界500强企业以及"一带一路"沿线城市及企业的国际创新合作。着力提高核心专利和批文数量，推进名优中成药二次开发，着力加强"抽屉品种"的潜力释放、特色品种临床定位研究。积极开拓研发增量市场，通过购买批文产品或优质企业的方式，进行研发的外延式拓展。完善科技创新平台体系，推进国家重点实验室建设，主动承接国家、省市重大专项、科技计划、战略性新兴产业创新项目。完成生物岛研究总院建设工作，以项目制为核心，深入推动政产学研合作，鼓励跨企业、跨领域的国际科研合作，积极建立更多协同创新联盟，优化研发创新资源配置。

（五）文化的国际化：让文化带动产业走向世界

"国之交在于民相亲"，民心相通的核心是各国文化和各种文明的相互交流与融合。在“一带一路”建设中，文化是桥梁，是纽带。作为中华传统文化精髓之一的中医药，既担负着这种桥梁和纽带的责任，又面临着一次与“一带一路”同行“走出去”的绝好机遇。广药集团拥有“王老吉”“陈李济”“潘高寿”“敬修堂”“何济公”等十多家中华老字号药企，占据全国半壁江山；且具有宝贵的中医药文化资源，如“神农草堂”中医药博物馆、“王老吉”凉茶博物馆、“陈李济”博物馆以及规划中的广州中医药文化博物馆等传播中医药文化的平台。广药集团将结合建设中医药强省战略，凭借资源优势，将中医药文化资源一体化开发，打造以岭南中医药文化为主题的博物馆、文化展示体验区等，并在海外建设分馆，形成文化交流、旅游开发的新亮点。广药集团还将积极充分利用孔子学院和海外文化中心等平台，讲好“广药故事”“中医药文化故事”，通过文化带动产业的发展。

上述这“五个国际化”，其实离不开人才、时尚、科技、文化、管理，以及作为国有企业的“根”和“魂”——党建，这六方面都是广药集团加快国际化发展的关键因素。新时代再出发，广药集团将紧抓新一轮改革开放新机遇，坚持人才为本、时尚引领、科技支撑、文化塑魂、管理制胜、党建聚力，力争到2020年冲刺世界500强，打造独具产业特色、文化鲜明的世界一流企业。

点评：中药国际化是痛点，更是机遇

在“一带一路”背景下，广药集团率先提出了“广药方案”——打造“时尚中药”，让中医药“潮”起来：一是推进中医药现代化，“政产学研”携手，用现代技术挖掘中药宝库，提升中药现代技术水平，传承工匠精神，以大数据为支撑，促进中药的“现代化”，打造独具中国特色的“精准医疗”。二是布局中医药国际化，以“一带一路”倡议为契机，加强中医药文化的国际传播，提升中医药文化的全球影响力，推进中医药产业在境内外发展布局。三是推广中医药科普化，紧跟社会热点，用最流行的传播方式，普及中医药文化和中医药健康养生知识，让更多的人了解中医药、爱上中医药、使用中医药。四是加快中医药大众化，以满足人民群众中医药健康服务需求为出发点和落脚点，充分挖掘

中医药在健康领域的价值，发挥中药“治未病”的优势，推进中医药与时尚、养生、旅游等产业的跨界融合发展。

长期以来，中医药在海外遇到注册、准入、营销等各种障碍，严重制约了中医药国际化发展。其中，中药类产品多以食品、保健品、膳食补充剂、食品添加剂等形式进入海外市场，其药品的真正“身份”未能得到广泛认可，中药材对人类治疗保健的特殊作用也难以全面施展。“一带一路”倡议的提出，为中医药海外发展带来新机遇。广药集团目前拥有12家中华老字号企业、10家百年企业，要真正将优势转化为能力，助力“一带一路”，助力中医药国际化。

赵磊，一带一路百人论坛召集人，中共中央党校（国家行政学院）国际战备研究院教授，国际关系和“一带一路”研究所所长

全球织网，“乳业丝路”

内蒙古伊利实业集团股份有限公司

内蒙古伊利实业集团股份有限公司（以下简称“伊利集团”）是中国规模最大、产品品类最全的乳制品企业，稳居全球乳业第一阵营，蝉联亚洲乳业第一。同时，伊利是中国唯一一家符合奥运会标准、为2008年北京奥运会提供服务的乳制品企业，也是中国唯一一家符合世博会标准、为2010年上海世博会提供服务的乳制品企业。

一、伊利——品质塑造品牌

伊利集团的最高准则为“视品质如生命”，最高标准为“100%用心、100%安全、100%健康”，最高行为是“人人都是品质创造者”。伊利的愿景为“成为全球最值得信赖的健康食品提供者”，其内涵包括为世界提供最优品质的产品和服务、倡导人类健康生活方式、引领全球行业发展、善尽社会责任。

品质塑造品牌，伊利品质不断赢得社会乃至广大消费者的认可与信赖，多年来稳居乳品市场占有率第一。据凯度消费者指数（Kantar Worldpanel）显示，2017年购买过伊利产品的消费者达13.5亿人次。凯度消费者指数发布的《2018全球品牌足迹报告》显示，伊利蝉联中国市场消费者首选十大品牌榜榜首，消费者触及数年度增长6%，再度领跑中国快消品市场。目前，伊利液态奶、冷饮、奶粉、酸奶每条产品品类都实现了科学布局，发展态势均衡，在各品类细分市场均拥有众多明星产品，每年产品销量超过370亿份。在全国范围内，伊利共有500万个销售网点；通过这些销售网点，每天1亿多份伊利产品到达消费者手中，让他们享受健康高品质的乳制品。

2006—2010年，伊利制定了五年“三步走”计划：2006—2007年启动“织网计划”，完善下游产销布局；2007—2009年打造“三大黄金奶源基地”，掌控上游稀缺资源；2009—2010年建设"奶源中转枢纽"，打通上下游通路。2014年，伊利正式进入全球乳业10强并成为2014年全球乳业10强中唯一的亚洲企业，是亚洲乳业崛起的标志性事件。2018年前三季度，伊利实现营业总收入613.27亿元，同比增长16.88%，净利润50.48亿元，稳居行业首位。凯度消费者指数显示，伊利液态类乳品的市场渗透率达到82.1%。2018年，伊利液态奶市场凭借绝佳的产品品质与消费者口碑，继续保持业内领袖地位。

伊利多次在世界舞台彰显中国品牌的力量。英国著名品牌评定机构Brand Finance推出的《2018年度全球品牌500强》榜单显示，伊利再度成为唯一入选的中国乳制品企业；此次排名较上年相比跃升106位，超越雀巢咖啡、卡夫、亨氏等世界知名食品品牌。在Brand Finance正式发布的《2018年度全球最有价值乳品品牌10强》中，伊利斩获全球乳品品牌潜力第1名，并蝉联全球乳品品牌价值第2名；在同期公布的《2018年度全球最有价值食品品牌50强》排行榜中，伊利集团一举跃升至品牌榜第3名，成为前10名中唯一上榜的亚洲乳企。在荷兰合作银行（RABO BANK NEDERL-ANDS）公布的2018年《全球乳业20强企业排行榜》中，伊利集团继续蝉联亚洲第1名，稳居全球乳业第一阵营，连续四次入围全球乳业前十。

二、以"全球织网"融入"一带一路"建设

伊利的全球战略被称为"全球织网"，以世界一流品质开拓全球市场，以市场需求为导向整合全球研发力量，以文化融合凝聚全球人才。经过多年探索，目前，伊利已在亚洲、欧洲、美洲、大洋洲等乳业发达地区构建了一张覆盖全球资源体系、全球创新体系、全球市场体系的骨干大网——用全球资源来满足消费者对产品的需求，用国际化研发为消费者提供营养和健康，与全球质量领域顶尖伙伴的合作，通过升级全球质量管理体系来更好地满足消费者对食品安全的期待。

（一）全球资源体系

2013年，伊利在新西兰投资大洋洲生产基地，在美洲、大洋洲、欧洲三大西方乳业传统板块"打桩"，并取得了优质资源。其中，伊利在新西兰投资的大洋

洲生产基地是核心项目，是伊利“一带一路”成果的集中体现，也是中国企业在“一带一路”建设中“输出管理、输出标准、输出智慧”合作共赢的战略典范。

2014 年 11 月 21 日，中国国家主席习近平与新西兰时任总理约翰·基共同为伊利大洋洲生产基地揭牌，该项目是全球最大一体化乳业基地之一，覆盖科研、生产、深加工、包装等多个领域，总体投资额高达 30 亿元人民币，创造了中新两国投资规模的新纪录。该项目一期工程已于 2014 年投产。新西兰时任总理约翰·基表示：“伊利集团作为中国乳业龙头企业，首次海外投资就选定了新西兰，这是中新两国乳业交流的重要一步，希望能有更多的新西兰企业与之交流与合作，促进两国乳畜行业的共同发展。”此外，两国领导人还共同见证了伊利集团分别与新西兰怀马特市、南林肯大学签署战略合作协议。无论从两国领导人的重视程度，还是从协议签署数量、项目投资额度来看，伊利集团都刷新了两国经贸合作的多项历史纪录。

2017 年 3 月 25 日，伊利集团在新西兰奥克兰举行了伊利大洋洲生产基地二期揭牌仪式。大洋洲生产基地二期是在 2014 年投产的年产 47,000 吨婴儿配方奶粉项目基础上新的投资举措，被认为是中新两国加强经贸合作的标志性项目。项目建设地选址位于新西兰怀马特市伊利一期项目预留地，主要用于年产 16.2 吨功能性乳蛋白牛乳深加工项目、年产 80,000 吨 UHT 奶项目、年产 56,000 吨全脂奶粉生产项目、年产 30,000 吨婴儿奶粉包装项目四个单元的建设。在仪式上，金领冠“睿护”面世。

伊利依托这一基地及新西兰的研发资源，为广大中国消费者带来了高品质、更营养的创新产品，直接助力了农业供给侧改革，提振了消费者信心，树立了中国乳业品牌的良好形象。与此同时，该项目也为当地带来了重要的就业，实现了合作共赢。不同于其他外来投资的企业，伊利工厂的雇员几乎全是当地人，仅伊利大洋洲生产基地一期工程就直接解决了近百人就业，是当地的大雇主之一。伊利按合同收奶，并制定最低收奶保护价，维护了牧场的利益。伊利还积极投身当地的社区活动，在当地中学设立奖学金，授予对象为怀马特地区有志于进行乳业研究和中新交流的中学毕业生；伊利大洋洲乳业生产基地还为奖学金获得者提供实习机会，帮助他们成为促进中新两国友好交往的桥梁。怀马特高中 18 岁的迪翁·巴彻勒用“huge（巨大）”这个词来形容伊利奖学金对自己的帮助：“感谢伊利提供的奖学金，它极大地减轻了我上大学给家里带来的经济负担。同时我能进入一个全球乳业10强，在亚洲、欧洲、美洲、大洋洲都有布局的跨国企业进行社会实践，这对我今后的发展帮助太大了！"伊利大洋洲乳业生产基地总经理罗杰（Roger）表示："我们希望通过自己的努力，帮助年轻人成长。这样一方面能够参与当地的社区发展，另一方面也能为加强中新两国人民交往做出贡献。这也是伊利一贯坚持的理念。"

新西兰怀马特市长Craig Rowley对伊利大洋洲生产基地给予了高度评价："伊利就像我们大家庭的一分子，我一直把它当成一个100%的新西兰企业。"2015年4月，伊利大洋洲乳业生产基地获新西兰南坎特伯雷商业大奖（Champion Canterbury Business Awards）提名，这是该奖项首次提名外国企业。南坎特伯雷商业大奖由南坎特伯雷雇主委员会主办，新西兰贸易部、基督城议会等新西兰政府机构支持。对于这次提名伊利集团的原因，新西兰南坎特伯雷商业大奖组委会表示："伊利大洋洲乳业生产基地雇佣当地员工、推动当地经济发展、参与当地社区建设，贡献有目共睹，提名无疑是对这些贡献的肯定。"伊利融入当地文化，靠全球统一的生产标准及自身的良好表现推动当地发展、爱护环境，树立了中国品牌的形象，为其他赴新西兰投资的中国企业做出表率，也为中国企业"走出去"做出了有益的探索。

（二）全球创新体系

伊利在美国主导实施中美食品智慧谷，与荷兰瓦赫宁根大学合作开办欧洲研发中心，与新西兰林肯大学开展全产业链的科研合作；并与著名国际质量机构瑞士通用公证行（SGS）、英国劳氏质量认证有限公司（LRQA）和英国天祥集团（Intertek）达成合作，共同提升伊利全球质量管理体系。

伊利欧洲研发中心集聚了全球最优智力资源。2014年2月25日，伊利在欧洲生命科学领域的顶尖学府——瓦赫宁根大学，打造一个研发实体——伊利欧洲研发中心。这是中国乳业与海外研发机构达成的最为重要的战略合作之一。欧洲研发中心在奶牛养殖、乳品研发和食品安全三大重点领域发力，使其成为中国乳业的"智力引擎"。

伊利欧洲研发中心汇集欧洲顶尖高校和研究机构，集合了产业链上下游的全球顶级研发公司，是中国乳业目前为止规格最高的海外研发中心，具备充分的开放度、多元化和前沿性，成果见效快，不仅为企业全面提升核心竞争力、巩固行业领先优势提供驱动力，更为中国企业“走出去”提供了绝佳样本。该研发中心一方面为欧洲研发机构提供了资金和课题支持，另一方面依托欧洲研发资源打造的创新成果，为中国消费者提供了更精准对味的健康食品。2015 年 3 月，伊利集团和瓦赫宁根大学针对“食品安全早期预警系统”及“升级首个中国母乳研究数据荷兰库”签署重要合作协议，推动中国乳业研发水平的整体提升。依托欧洲研发中心，伊利引入希腊农业大学研制的创新菌种，推出了高端常温酸奶安慕希。

2018 年 9 月 12 日，伊利欧洲研发中心迎来了全面升级，正式升级为欧洲创新中心，伊利—瓦赫宁根大学合作实验室揭牌仪式同期举行。这是中国推动全球合作和“一带一路”建设的重要成果。从研发到创新，虽然只是一词之差，却反映了伊利和瓦大合作的进一步升级，尤其在创新研发、人才交流、资源共享和项目合作等方面的深入沟通，不仅搭建了中国乳业与全球相关学术领域的朋友圈，将全球食品领域的最新科技引入伊利、引入中国乳制品行业，也对中荷两国的农业科技合作起到良好的示范作用。未来，伊利欧洲创新中心将制定联合研发计划，并通过中心的桥梁作用，与欧洲的其他高校、科研机构、合作伙伴等开展创新合作；同时也将有越来越多的行业专家加入进来，研究的方向涵盖生命科学、营养健康、食品安全和技术研发等各个方面，以实现在健康食品领域对最新前沿科技的全方位探索。

此外，伊利始终坚守“伊利即品质”的企业信条，打造了全球一流的质量管理体系，塑造品质标杆，以世界一流品质赢得信赖。2014 年，伊利集团与全球声誉卓著的质量认证机构 SGS、LRQA 和 Intertek 达成战略合作，升级伊利全球质量安全管理体系，进一步提升伊利食品质量安全风险控制的能力。SGS 是全球第一大认证机构，也是全球公认的质量和诚信基准；LRQA 是具有 250 年历史的国际化认证机构；而 Intertek 与伊利有 10 多年的合作，在质量和安全服务方面亦具有独到优势。三家合作机构非常认同伊利的“质量领先战略”，通过全面考察后，对伊利目前完善的流程、严格的检测钦佩不已，认为其达到国际先进水准；瑞士通用公证行有关负责人进一步表示，伊利金典有机奶、营养舒化奶、每益添、QQ 星儿童成长牛奶、金领冠婴幼儿配方奶粉、常温酸奶安慕希等产品受消费者认可和追捧，本质上源于品质过硬。目前，伊利全球质量管理体系达到了ISO9001质量管理标准、乳制品HACCP食品安全管理标准、ISO14001环境管理标准和OHSAS18000职业健康安全管理标准等的要求。

伊利建立的"全员、全过程、全方位"质量管理体系以及"集团—事业部—工厂"三级食品安全风险监测防控体系，覆盖80多个检验单元，检验项目总数达1200多项，率先实现了从源头到终端的每一个食品安全和质量控制关键点的监测、分析、把控、预防，在业内处于领先地位。伊利液态奶、奶粉、酸奶、冷饮事业部也全部通过FSSC22000食品安全体系认证，成为中国第一家全线产品通过此全球性食品安全管理标准体系认证的乳品企业。这是伊利全球质量管理体系升级的阶段性成果，不仅实现了从原材料、生产到成品的全过程食品安全保障，而且使得伊利产品获得了进入欧洲以及全球市场的通行证。

2017年，伊利提出建立"全产业链质量管理生态圈"的战略图景，与欧洲顶尖大学瓦赫宁根大学合作开发了中荷食品安全保障体系、食品安全早期预警系统，通过筛查数据库、建立预警体系，分析乳业全产业链的潜在风险，识别关键风险点、影响因子和风险等级等，集结全产业之力为消费者舌尖上的安全保驾护航；全产业链上的每个人都是食品安全的创造者、把关者和守护者。

伊利的乳品原料质量控制标准，是广泛收集参照国内外产品及原料标准，结合国家有关部门和伊利自身对成品质量的高标准要求，不仅对原料质量控制指标要求多，并且对每项指标设定了极为严格的限量值，标准严格程度远远高于美国、新西兰等国家。伊利对所有国内外供应商都要进行品牌优选，而后才能供应，也有部分乳品原料需要通过供应商特别加工定制才能满足标准需求。伊利在新西兰的奶粉加工厂虽然采用当地的原料，但原料使用的标准，和伊利一贯的高标准是一致的。经过生产环节和质量控制环节的优选，一批国外乳品行业中的顶级供应商脱颖而出，加入了伊利的供应商队伍。他们说："你们对原料质量标准要求的严苛程度，史无前例！"

（三）全球市场体系

在深挖中国市场的基础上，伊利通过奥运会、世博会等重量级国际盛事，迅速积累了品牌在全球的知名度，在全球市场上积聚了品牌能量。

凭借卓越品质，伊利成为符合奥运会标准、为2008年北京奥运会提供服务的乳制品企业。在奥运会期间，伊利品牌被来自全球的运动健儿和观看奥运赛事的全球观众广泛认知。2010年，伊利牵手上海世博会；2013年，伊利再次续约中国奥委会，成为中国奥委会合作伙伴。2015年伊利牵手意大利米兰世博会，成为“2015年意大利米兰世博会中国馆全球合作伙伴”，培兰纯牛奶被指定为意大利米兰世博会中国馆指定乳制品，成为唯一获邀参与乳制品日官方活动的中国乳企……通过一系列重量级国际盛事，伊利迅速积累了品牌在全球的知名度，品牌声誉在全球范围不断攀升，积聚了品牌能量。

2017年5月25日，伊利集团与西班牙皇家马德里俱乐部（以下简称“皇马”）在西班牙马德里召开战略合作发布会，共同宣布伊利牛奶成为皇马官方营养乳制品；同时，双方将开展皇马训练营活动，助力中国足球发展。这是伊利响应“一带一路”倡议布局全球市场、践行伊利集团“全球智慧链”构想的又一创新方式。

2018年10月23日，伊利集团在雅加达隆重举行了Joyday冰淇淋的全球首发。此次全新发布的11款Joyday冰淇淋，是经过深入的市场调研和精心研发，率先面向印度尼西亚等东南亚市场推出的高品质产品。到2018年底，伊利产品将覆盖印度尼西亚20多座城市，并逐步拓展到东南亚其他国家。Joyday冰淇淋的成功上市，标志着伊利集团将全面进入印度尼西亚等东南亚市场，以营养美味的乳制品，开拓一条让世界共享健康的“乳业丝路”。通过搭建“乳业丝路”，伊利向全球消费者传递伊利品质，倡导健康生活，让全球消费者感受到了来自中国乳业的品质与魅力；同时持续引领着中国乳业品牌“走出去”，展现出了伊利带领中国乳企共建乳业“一带一路”的领导力和责任担当。同时，这也是继欧洲创新中心、大洋洲生产基地和中美食品智慧谷之后，伊利在全球织网上又迈出的重要一步，开启了国际化征程的新篇章。

三、伊利集团“走出去”的经验及思考

作为“一带一路”建设的主体，企业发挥着不可替代的作用。作为中国乳业的龙头企业，伊利以企业国际化战略为依托，积极响应号召，坚定不移落实“一带一路”倡议。伊利以品质为信条，以创新与国际化为驱动，不断探索加速中国

企业国际化进程的路径，以自身的国际化发展实践为中国企业践行“一带一路”提供了宝贵经验。

第一，作为全世界最大的牛奶消费国之一，为更好地服务消费者，伊利一直在全球范围内寻找最优质的资源。面对全球日益复杂的食品安全环境，伊利唯有汇聚全球能量、坚持不断创新，才能在全球乳业版图中发挥更大的影响，才能满足消费者不断提升的消费需求。“用全球的优质资源更好地服务消费者”，这就是伊利的努力方向。

第二，乳业是互联互通的重要内容。乳业互联之路是有形的，也是无形的。对伊利而言，有形在于乳业产业链上的优质资源在加速流动，伊利得以用全球的优质资源更好地服务消费者；无形在于伊利“全球织网”的战略格局已经初步完成，对全球乳业的影响力在日益增强。国际化需要培养国际视野和全球思维，站在全球的高度来看待和思考资源、市场、人才等各项工作，构建全面立体的国际化业务格局，才能把伊利打造成全球领先的国际化企业，早日成为全球乳业的领导者。

第三，建立“全球智慧链”。伊利的全球化不仅是整合全球的优质自然资源，还要通过整合全球的技术、人才等智力资源，建立“全球智慧链”，让跨越全球的智慧共享与碰撞。在新西兰站，伊利遇到了一位令人印象深刻的乳业专家森·洛奇。洛奇是乳品科学科班出身，在新西兰农业部通过科研解决了众多乳业技术难题，在初级产业部制定了许多优秀的行业政策，在恒天然和新西兰乳业练就了高水准的品控技能，对新西兰乳业政策概况、牧场情况、奶源情况、生产细节了如指掌。这让伊利代表在心里为其留下了一个预备位置；伊利对奶源、工厂建设及技术细节的逐一细问也让洛奇在心里暗暗对这些东方人赞叹。几年后，在收购了大洋洲乳业后急需当地高级管理人才的伊利想到了洛奇，早已了解了伊利的洛奇欣然接受。他表示：“伊利是个国际化企业，为他们创建一个新工厂，对我来说还是很有挑战性和很有趣的，这样的工作让我兴奋。”同时，在打造“全球智慧链”的过程中，伊利也在不断输出中国的标准、中国的管理经验和先进技术，与当地社会实现共赢与发展。

第四，民心相通是最坚实的基础。毛利人是新西兰的原住民，在当地有很大的影响力，但他们对外国投资比较抵触，怕破坏了自己的家园。为了取得毛利人的支持，伊利在新西兰项目开工仪式上专门请了四个毛利部落的长老来祈福。在祈福仪式上，长老们唱了一首民族歌曲，歌中唱到：“这是我们祖祖辈辈的土地呀，我们的家园……”这是向伊利表明态度：土地是我们的，不许破坏。参会的伊利领导也唱起了蒙古族歌曲《陪你一起看草原》作为回应：“因为我们今生有缘，让我有个心愿，等到草原最美的季节，陪你一起看草原。”毛利长老表示“能唱出这样歌曲的人，一定是爱土地的人”，从而在心里接受了伊利。

“一带一路”遍及五大洲，覆盖全球过半人口，沿线国家中大部分为发展中国家，对任何行业来说都是巨大机遇，对乳业来说尤其如此。早在2000多年前，古丝绸之路沿线就被称为“流淌着牛奶与蜂蜜的地方”；如今，中国乳业有望乘“一带一路”的东风，迎来发展的黄金机遇，通过共建“乳业丝绸之路”，让世界共享健康。作为最早踏上全球化征程的中国乳企之一，伊利在践行“一带一路”中呈现出了蓬勃发展的新姿态，将自身的产能与技术优势、经验与模式优势转化为市场与合作优势，积极展开国际合作。随着“一带一路”倡议的持续推进，伊利在不断“走出去”的过程中更加注重树立良好形象，输出中国智慧，让越来越多的国际合作伙伴看到了“中国实力”，为提升中国乳业的国际话语权做出了积极贡献。荷兰合作银行评价：“伊利等中国乳企将在未来很长的一段时间内，成为全球乳业的中流砥柱。”今后，伊利将继续从品质为基、创新助力、全球共享和责任共担四个方面努力，持续推进全球化战略，整合全球优质资源，积极贡献中国方案和中国标准，搭建起一条让世界共享健康的“白色丝绸之路”，用实际行动造福沿线各国人民。

点评：“全球织网”就是互联互通

伊利的全球战略被称为“全球织网”，顾名思义是以全球为坐标，在全球的范围内配置整合资源、开拓市场，这高度契合了“一带一路”倡议的基本内涵，即全球层面的互联互通。伊利建设的全球资源体系、全球创新体系、全球市场体系较好地服务于伊利的愿景，即“成为全球值得信赖的健康食品提供者”。

自“一带一路”倡议提出以来，伊利集团积极响应，投资30亿元人民币在新西兰建立目前全球最大的一体化乳业基地——伊利大洋洲生产基地。2014 年 2 月，伊利联手欧洲生命科学领域的顶尖学府——瓦赫宁根大学，与欧洲“食品谷”15,000 多名研发人员一起，共同打造一个研发实体——伊利欧洲研发中心。该研发中心是中国乳业目前为止规格最高的海外研发中心。依托欧洲研发资源，伊利欧洲研发中心在奶牛养殖、乳品研发和食品安全三大重点领域发力，使其成为中国乳业的“智力引擎”，为中国消费者提供了更精准对味的健康食品。

食品国际化，安全是底线。目前，国际社会对中国食品的品质还存在诸多不信任。监管、重罚只能解决短期问题，根本之策是通过国际化倒逼中国食品企业进行彻底的企业文化改革与重塑，要向世界一流企业学习：没有品质就没有品牌，要让国际消费者读出中国企业对品质、品牌有坚定的原则、立场与价值观。

赵磊，一带一路百人论坛召集人，中共中央党校（国家行政学院）国际战略研究院教授，国际关系和“一带一路”研究所所长

文化产业　人文格局

文化＋科技：讲述中国故事，促进民心相通

文化精品：起自中国走向世界

文化 + 科技：讲述中国故事，促进民心相通

华强方特文化科技集团股份有限公司

中国文化要想屹立于世界，需要以国际化的文化产业作为支撑。“一带一路”倡议的提出，不仅有利于我国不断加强与沿线国家的关系，更好地利用国内国外两种资源和市场，为实现中华民族伟大复兴的中国梦提供经济动力；也有助于我国进一步深化与沿线国家的文化交流，为推动中华文化“走出去”提供新的发展契机和平台。一方面，“一带一路”途经中国两大走廊，处在两大文明的交汇地，融汇了多个国家的文化资源，拥有丰富的创作题材；另一方面，沿线国家也提供了中国文化“走出去”所需要的广阔市场，市场越大，文化传播就越广泛，文化“走出去”的对外影响力也越大。

在这样的历史机遇下，华强方特文化科技集团股份有限公司（以下简称“华强方特”）作为国内领先的文化企业，积极践行国家“一带一路”倡议，在文化“走出去”的过程中，不仅充分将自身的文化产品出口至“一带一路”沿线国家，还在产品设计和研发上借鉴并运用了沿线国家的相关题材。华强方特以文化内容为“钥匙”，在推动“一带一路”沿线国家和地区文化交流、促进“民心相通”方面进行了有益的探索和实践，取得了良好的社会效益和经济效果；同时，也在这个过程中积累了经验，为文化类企业参与“一带一路”建设提供了一些思考和启示。

一、华强方特参与“一带一路”建设的思路

“一带一路”倡议既要解决中国的经济问题，又要解决世界的发展难题。要达成此目标，首先要解决“一带一路”倡议自身需要面对的问题。“一带一路”需要面对的根本问题不仅仅是政治、经济问题，也是文明冲突的问题。共建“一带一路”的五大重点合作领域是政策沟通、设施联通、贸易畅通、资金融通、民心相通，民心相通是“一带一路”建设的社会之本。

怎样让“一带一路”沿线人民真正实现民心相通？“文化先行”是重要方式，即用文化交流加强中国与“一带一路”沿线各国在文化信仰和价值理念上的沟通，以“文化相通”推进“民心相通”。只有沿线国家民心相通，“一带一路”倡议才能稳步推进。

实现民心相通，文化企业必须要参与其中，而且企业间的跨国文化交流与贸易比政府主导的国家间文化交流更便捷、更易实施。历史上，中国与东南亚、南亚、西亚、中东欧等两条“丝绸之路经济带”的沿线国家互通有无，在官方和民间层面均有很深的渊源。如今，随着“一带一路”倡议进入务实合作阶段，“一带一路”沿线国家和地区与中国可以通过文化交流和合作重建这一联系和纽带，进一步促进贸易和政治等多方面的合作。

在此背景下，华强方特深耕文化旅游行业多年，打造了方特主题乐园、特种电影、方特动漫等多个领域的拳头产品，不但成为国内的领跑者，而且出口至多个“一带一路”沿线国家和地区，在国外游客和观众群体中的受欢迎程度逐步提高，已成为具有国际影响力的中国文化品牌。同时，华强方特也认为，向国内外讲好中国故事，以及通过中国的创意团队和科技手段打造具有当地文化元素和内容的产品，亦是践行文化交流的重要举措。如今，华强方特正在用实际行动促进“一带一路”沿线国家和地区民心相通，助推“一带一路”倡议全面、顺利地实施。

二、华强方特参与“一带一路”建设的具体实践

文化企业在参与“一带一路”建设方面能做什么？华强方特进行了富有成效的尝试。近年来，华强方特在“文化＋科技”理念的引领下，不断发扬创新精神和工匠精神，创造出包括《熊出没》在内的一系列知名国产动漫 IP、动漫影视和主题乐园等文化产品。

（一）讲好中国故事，传递中国正能量

华强方特深挖中国传统文化，从传统文化中提取能代表中国文化精神、文化内涵的故事和素材，将其打造成中外游客能够参与、体验和感受的文化主题项目，应用在方特主题乐园中，践行了国家“讲好中国故事”的号召。

1. 嘉峪关丝路神画展示古老丝路文化

嘉峪关方特丝路神画主题乐园是嘉峪关市委市政府为积极响应“一带一路”倡议、主动融入“丝绸之路经济带”建设，与华强方特共同投资建设的重大文化旅游产业项目。这也是华强方特针对中国不同地域文化资源进行深入挖掘、以高科技手段打造的展现中国地域特色文化的大型主题乐园。嘉峪关丝路神画以丝绸之路的特色文化、边塞风情文化为主题，主要展示丝路文化以及中国传统特色文化，力图让古老的丝绸之路文化焕发新的魅力。

该项目总投资 31 亿元，占地约 1000 亩，位于世界文化遗产、国家 5A 旅游景区嘉峪关关城对面，由丝路文化区、历史文化区、民间传说区、民俗风情区和动感项目区 5 个展区构成，精心打造了九州神韵、丝路传奇、长城故事、女娲补天、敦煌瑰宝、七彩王国等 10 多个大型主题项目，是目前国内唯一一家以丝绸之路历史文化为特色的主题乐园。截至 2018 年 8 月，园区建设工作已基本完成，预计将于 2019 年正式开业。

丝路神画承载了嘉峪关市推动城市融入“丝绸之路经济带”建设的重点工程，获得了当地政府部门的高度重视。2018 年 6 月 20 日，嘉峪关市特意组织了丝路神画主题乐园游园及旅游推介会，现场 500 余位参加旅游节的国内外宾客一起游览丝路神画并体验了多个大型主题项目，并对华强方特运用高科技讲述丝路故事、展现中国传统文化的创新方式给予了高度评价。

2. 动漫影视作品传递中国风和正能量

华强方特旗下的众多动漫影视作品不仅风靡国内，也出口至包括“一带一路”沿线国家和地区在内的全球市场；而且，华强方特尤其重视通过这些作品向海外传递中国正能量。

以在全球获得广泛赞誉的《熊出没》系列动画片和大电影为例，在作品中，华强方特通过探讨“保护森林”和环保等话题，传递由亲情、友情、勇气和梦想等正能量元素组建的核心价值观，获得海内外观众的一致认可。其中，2018 年春节在国内上映并已签约发行多个海外国家的大电影《熊出没 · 变形记》，更是因展现了伟大的中国式父子情深的话题感动了众多影迷。影片思想性、艺术性、观赏性兼具，通过惊险趣味的微观旅途，体现互助友爱、顽强不屈、努力前进的精神。影片透过光头强父子亲情故事，呼吁关注儿童成长以及父爱、陪伴的重要性等情感主旨。而片中极富中国特色的中国式父子关系也让国内外观众感触良多；主题曲《世上只有爸爸好》更是唱出了天下父亲的心声，感人至深。同时，“环保”主题贯穿全片。

同时，华强方特还致力于在动漫作品中展现具有中国传统文化特色的元素。以预计在2019年上映的《俑之城》为例，这部正在创作中的动画电影以兵马俑为题材，具有浓厚的“中国风”特色。该作品采用具有中国文化特色的兵马俑，打造了全新的地下世界。除了兵马俑元素以外，创作团队深入挖掘中国神秘文化及神话传说，提取秦陵、《山海经》以及著名的历史文物等文化元素，并对这些中国特色符号进行再创造再加工。电影中还融入剑术、五虎拳等中国功夫和唯美的东方音乐，是一部真正意义上的民族化、中国风动画电影。该作品完成之后也将会在“一带一路”多个国家和地区上映。

（二）动漫与乐园联袂走出国门，促进文化交流

华强方特旗下动漫和主题乐园等文化产品与服务走出国门，在包括“一带一路”沿线国家和地区备受好评，有效地促进了“一带一路”沿线国家与地区的民心相通。

1. 方特动漫影视走进“一带一路”沿线国家和地区

华强方特积极践行“一带一路”倡议，动画作品在创作时同步译制成英语、俄语、印度语、西班牙语、葡萄牙语、法语、越南语等多个语种，以适应“一带一路”沿线多个国家和地区不同的语言文化环境。从2012年开始，《熊出没》系列动画便开始在“一带一路”国家广泛发行，先后进入俄罗斯Karusel、马来西亚Astro、中东IRIB、新加坡PCCW、印尼MNCTV、土耳其SHOWTV等多个国家电视台和主流平台播出；动画电影也陆续在多国上映，好评如潮。

值得一提的是，《熊出没》大电影在土耳其的票房屡创新高。此前，《熊出没》已有三部动画电影在土耳其上映，均取得上佳表现。2016年2月19日上映的《熊出没·夺宝熊兵》深受土耳其观众的喜爱，票房一路飘红，在上映第二周便跃居土耳其动画类电影票房第一名，超第二名动画电影当周电影票房近3倍，在当地引起巨大反响。2018年1月26日，第四部《熊出没·奇幻空间》在土耳其上映，票房超出上一部两倍多，当地表现极其突出。在2018年5月举行的第71届戛纳电影节上，土耳其发行商又签约了华强方特的最新电影《熊出没·变形记》，其负责人对《熊出没》在土耳其的表现称赞有加，认为“中国的动画片内容很好，

对未来的市场表现非常有信心”。

《熊出没》系列作品在俄罗斯也大受欢迎。在俄罗斯影院上映的《熊出没·夺宝熊兵》《熊出没·雪岭熊风》《熊出没·熊心归来》收获了大批粉丝，“中国萌熊”持续刷屏当地各大社交网站。有俄罗斯观众评论，“我欣喜地发现创作者在动画中融入了不少中国元素，电影中的人是真实的中国人，你还能在电影里看到一些汉字，甚至那些动物也同样具有中国特色。但这样挺好的，你便可以说你看的不是俄罗斯动画，也不是美国动画，而是一部真正的中国电影。正如大家所看到的，中国动画创造出了自己独有的特色”。

此外，《熊出没》系列作品还实现了印度语的全球播出。《熊出没》系列所有电视动画片及电视电影均翻译为印度语版本，在印度当地主流电视台 SUN TV 播出，取得良好的收视成绩，深受印度观众喜爱。印度的发行方再次联系华强方特要求购买印度语的全球发行权限，希望全球其他地区的印度人也能看到《熊出没》。

在第 71 届戛纳电影节上，华强方特还与俄罗斯、哈萨克斯坦、中东、马来西亚、印度尼西亚、印度、柬埔寨等多个“一带一路”沿线国家和地区发行商签约，持续将《熊出没》等优质中国动画作品出口至“一带一路”沿线国家和地区。

迄今为止，华强方特 30 余部动漫原创出品已全部出口海外，累计出口 25 万分钟，覆盖全球 100 多个国家和地区，其中已在包括俄罗斯、土耳其、印度、伊朗、乌克兰、马来西亚、新加坡等在内的 50 余个“一带一路”沿线国家广泛发行，还进入 Nickelodeon、Disney、Sony、Netflix 等全球知名主流媒体。

2. 方特东盟神画开业，深化中国—东盟文化交流

南宁方特东盟神画是由华强方特打造的又一个特色文化主题乐园，已于 2018 年 8 月 8 日正式开业。该项目虽然建于国内，但却有着重要的跨区域文化交流意义，对于促进中国与“一带一路”沿线（东盟）国家和地区民心相通有重要作用。

该项目位于南宁市青秀区，毗邻青秀山风景区，总占地面积约 980 亩，是一家以东南亚十国历史文化为背景、文化类型丰富多样、十国文化特色鲜明的高科技主题乐园。

全园划分为 12 个区域，分别是东南亚综合区、动感项目区以及东盟十国项目体验区，包含了室内项目 11 个、室外大小项目 33 个，精品项目包括高空飞翔体验项目“伴你飞翔”、拥有全球最大的超大弧形巨幕影院“走进吴哥”、魔球

表演剧场“千岛之歌”、360° 环幕剧场“塔銮盛典”。其中，园区内的主题游乐项目均取材自东盟十国最具有代表性的历史、文化或民间故事。华强方特发挥自身擅长的“讲故事”能力，运用高科技手法对这些异域经典作品进行了重新演绎，获得了广泛欢迎和认可。一方面，方特东盟神画向国内游客宣传和普及了东盟十国的灿烂历史文化，极具创新的主题项目也吸引了东盟游客前来中国游玩；另一方面，项目还成为“一带一路”的文化展示载体，促进了东盟十国与国内民众的民间文化交流。

方特东盟神画不仅是广西壮族自治区成立 60 周年大庆的重点项目，也是南宁市委、市政府提升城市品位，推动文化、旅游和服务业发展的重要项目。作为独具东南亚特色的大型主题乐园，东盟神画有望吸引更多国内外游客来南宁度假旅游。此外，乐园还将发挥南宁作为中国—东盟开放合作前沿中心城市的优势，承担起东盟文化互动交流与区域旅游休闲的双重作用，与中国—东盟博览会相互呼应，在东博会闭会期间，继续展示和传播各国文化。

3. 方特欢乐世界落地伊朗，成主题乐园轻资产输出典范

除了动漫影视作品出口外，华强方特还是国内少有的具备主题乐园产品输出能力的文化企业。2014 年 8 月，由华强方特授权开发的伊朗方特欢乐世界正式开业，这是方特在“一带一路”沿线落地的第一个主题乐园项目。该项目由华强方特与伊朗当地政府下属的国有企业共同合作完成，位于伊朗宗教及文化中心、第二大城市伊斯法罕市。项目占地面积约 20 万平方米，包含 15 个主题项目。

长期以来，伊朗文化娱乐产业非常落后，急需相关产品填补市场空白。华强方特依托文化与科技相结合的战略，拥有强大的创意策划及技术实现力量，能够提供极具市场竞争力的服务和产品。公司在获悉伊朗方面的需求后，对当地的情况进行了细致考察与详细分析，决定采取授权投资的方式进行开发，由伊朗方面负责用地、土建，公司则提供设备、影片及品牌授权，并收取相应费用。据了解，由于宗教原因，伊朗国内缺乏大型游乐项目，华强方特原创设计研发的诸如恐龙危机、海螺湾等主题项目给当地游客带来了耳目一新的游玩体验，广受当地游客的喜爱。

这种轻资产的投资方式不仅极大减小了投资风险，还提升和宣传了华强方特在海外的品牌形象。该项目开业后，公司持续收取品牌和知识产权授权服务费，开拓了主题乐园海外投融资合作、品牌授权服务的新模式。

4. 项目设备、特种电影出口与主题乐园创意设计服务

除了主题公园整体合作外，华强方特还一直对外提供主题乐园的概念设计、总体规划等全套服务，并出口销售大型主题公园设备和影片。

华强方特基于现有的强大创意设计能力与研发实力，对不同区域、不同主题、不同内容的文化需求有针对性地开展主题乐园创意设计服务、单体主题项目设备和特种电影等单项出口服务。目前，方特不但完成乌克兰克里米亚半岛、尼日利亚的主题乐园的总体设计服务，还将大型车载动感特种电影系统“恐龙危机”项目出口到意大利，将特种电影系统设备和影片销往 40 多个国家和地区。

三、华强方特参与“一带一路”建设取得的效益

文化交流带来的最重要成果之一是文明的传播。古代丝绸之路是文化交流的典范，随后的玄奘西行、鉴真东渡、郑和下西洋等文化交流活动更是让中华文明的独特魅力绽放于全世界。如今，“一带一路”同样承担着文化交流的使命。通过文化交流，“一带一路”倡议承载的“和平合作、开放包容、互学互鉴、互利共赢”的精神和理念深入人心，展示了巨大的中国魅力。作为一家文化企业，华强方特在参与“一带一路”建设过程中，不仅通过文化交流促进了“一带一路”沿线国家与地区的民心相通，也为企业自身和相关地区的发展带来了积极的促进作用。

（一）社会效益

华强方特通过极富文化特色的动漫影视和主题乐园，建立起“一带一路”沿线不同国家和地区间文化交流的纽带，向世界展示了现代中国的积极形象。

1. 用文化交流重建原有文化纽带

“一带一路”沿线很多国家和地区在历史上曾经深受中华文化影响。自张骞出使西域后，中原地区的音乐、舞蹈、诗歌、戏曲、绘画等文化艺术形式纷纷传入西域；而西域文化也开始通过丝绸之路逐渐传入中原，自此东西方文化开始了对话与交融。同样，通过“海上丝绸之路”，东南亚文化与中华文化也曾互相影响。但是，近代以来，由于经济和政治等各方面原因，中华文化影响力削弱，中国与这些国家和地区的文化纽带逐渐断裂。如今，通过“一带一路”所倡导的文化交流，

使原本已经断裂的文化纽带重新建立起来。

文化交流是不同国家和人民互相合作的桥梁与纽带。上文提到的南宁方特东盟神画已成为东盟和"21世纪海上丝绸之路"文化的重要展示载体。这座不久前刚刚投入运营的大型主题乐园围绕南宁—东盟十国紧密的经济、文化合作和重大发展机遇，将东盟文化、中国文化和现代科技巧妙融合，形成了立足广西、面向东盟的区域性特色旅游文化示范标杆。例如园区内的"伴你飞翔"主题游乐项目就使用直径达22米的半球形银幕、灵巧的悬挂式座椅，配合宏大的电影画面，通过模拟真实飞行场景，带领游客穿梭于东盟十国壮美的自然风光、悠久的历史遗迹、繁华的现代化都市中，领略东南亚独特的人文风情；"飞翔之旅"接近尾声，游客来到南宁上空俯瞰"中国—东盟博览会"永久会址——南宁国际会展中心之时，方特东盟神画所承载的传播东盟文化、助力南宁进一步发挥中国—东盟文化交流枢纽的重要作用也跃然于巨大的屏幕之上，"走进"游客心中。

此外，嘉峪关方特在联结中国与中亚、传播丝路文化方面也发挥了重要作用。开业三年来，嘉峪关方特欢乐世界每年都能吸引百万中外游客。2018年6月，由文化和旅游部、甘肃省政府主办的第八届"敦煌行·丝绸之路"国际旅游节在嘉峪关市开幕，嘉峪关方特还因其独特的丝路文化元素引起多方关注。目前，嘉峪关方特二期项目——方特丝路神画的建设在顺利进行中，主打丝路文化、长城文化、边塞文化、民俗文化等西域文化特色，力图彰显丝路辉煌，让古老丝路文化重现生机。随着"一带一路"建设不断推进，待2019年方特丝路神画迎客时，这座位于"丝绸之路经济带"上的大型主题乐园势必将成为"一带一路"沿线国家和地区人民追寻曾经的丝路盛景、理解丝路文化、进行文化交流的重要平台。

2. 让世界了解中国，尤其是当代中国

文化交流既可以重建原有的文化纽带，也能消弭因文化差异产生的各种偏见。消弭偏见则是开展"一带一路"合作的基础。

如今，"中国威胁论"经常见诸外媒，很多国家的民众对中国的了解也非常片面：他们对中国的印象要么停留在多年前，要么对当代中国的发展充满主观臆断。如何让这些国家的人民充分了解中国，尤其是当代中国的发展现状？媒体宣传和政府间文化交流活动是一方面，但更为重要的是，要通过民间文化交流和文化"走出去"活动让外国了解中国，理解当代中国的发展，认同当代中国的进步。

基于此，华强方特积极借助“一带一路”倡议的契机，让原创动漫影视作品和主题乐园“走出去”，向世界展现当代中国人的“精、气、神”，展现中华文化的深刻内涵和现实意义，展现中华文明对人类社会发展所做出的巨大贡献。

影视作品堪称文化最好的传播工具之一。华强方特的《生肖传奇》《熊出没》系列电视动画与大电影在50多个“一带一路”沿线国家播出、上映后，广受好评。这些作品通过观众喜闻乐见的形式，探讨了全世界广泛关注的“亲子关系”“过度教育”等话题，传递着“互助”“友谊”“亲情”等价值观。这些作品通过带有浪漫色彩的故事和独特的中国元素，反映了中国人对上述话题的深刻思考，向包括“一带一路”沿线国家和地区在内的世界观众展现当代中国人的精神风貌。

方特动漫作品在海外，特别是在“一带一路”沿线多个国家和地区的成功，让当地人民对当代中国有了全新认识。而主题乐园作为文化交流最有效的长期媒介，也在发挥着“让世界重新认识中国”的重要作用。

华强方特旗下的伊朗方特、南宁方特东盟神画以及即将建成开业的嘉峪关方特丝路神画等主题乐园在“一带一路”文化交流中均扮演着独特角色。此外，方特东方神画主题乐园也在国内吸引着成千上万的外国游客。这些主题乐园运用充满“国际范”的高科技手段与表现形式，展示着富有“中国味”的传说与故事。比如，《水漫金山》《千古蝶恋》《孟姜女》《牛郎织女》讲述了中国人的爱恨情仇，《女娲补天》展现了古代中国的亘古洪荒传说，《九州神韵》则呈现了中国人数千年来上下求索的精神，《飞越千里江山》更体现了古代中国绘画艺术的成就……方特主题乐园俨然成为展示“民族文化”的窗口，吸引着无数外国游客了解中国、理解中国、倾听中国。

华强方特让中国古典和现当代文化以崭新的面貌走向世界，向世界展示了现代中国的积极形象。

（二）经济效益

文化搭台，经济唱戏。华强方特践行“一带一路”倡议，不仅对相关地区的商业、文化、经济产生了强大拉动作用，也让企业自身获益良多。

1. 相关地区文旅产业溢出效应凸显

嘉峪关方特欢乐世界自2015年开业以来，旅游旺季用工人数达数千人，淡季接受的用工人员也接近千人，为当地就业和精准脱贫扶贫工作做出了巨大贡献。同时，嘉峪关方特还进一步推动了当地旅游业的发展，不仅弥补了当地旅游市场体验性不强、旅游产业链条短的瓶颈，更激发了当地及周边地区旅游活力。让当地旅游业从先前的"一日游""过境游"向"过夜游"转变，"观光游"向"体验游"转变，"门票经济"向"综合经济"转变，有效推动了当地旅游经营创收。

数据显示，嘉峪关方特一期项目2015年开业后的首个"五一"假日，嘉峪关全市就接待游客12.16万人次，同比增长88.8%；实现旅游收入7021.66万元，同比增长70.3%；且在当地停留时间超过一天并住宿的游客数量也实现了64.73%的增长；同时，当地星级饭店接待游客量也比上年同期增长69.8%。近年来，当地旅游业数据在嘉峪关方特的带动下仍在持续不断增长。

南宁方特东盟神画则立足广西，辐射东盟，为东盟各国在文化、经济领域的交流提供了新平台。这座定制化主题乐园的开业增强了南宁作为东盟桥头堡在游客中的吸引力，让南宁得以借此机会进一步发挥作为中国—东盟开放合作前沿中心城市的优势，承担东盟文化交流与区域旅游休闲枢纽的双重作用。

此外，2014年8月在伊朗第二大城市伊斯法罕开业的方特伊朗项目也在当地产生了轰动效应，不仅丰富了当地人民的业余文化生活，更成为当地旅游热点。同时，方特的进驻不仅扩大了华强方特企业自身在海外的品牌影响力，更促进了当地文化旅游产业的发展。

2. 企业自身收获经济效益

华强方特在促进"一带一路"沿线国家和地区人民文化交流和民心相通方面所做的努力不仅收到了良好的社会效果，也让企业自身获益良多。

以上文提到的《熊出没》系列作品为例，其发行到全球82个国家和地区，其中"一带一路"地区国家有50多个；并登录Disney、Sony、Netflix等全球知名的收费视频媒体网站。除此以外，由于《熊出没》在"一带一路"沿线多个国家人气蹿升，极大地促进了其形象授权及衍生品的海外销售。方特与费列罗旗下Kinder Joy等食品领域和Icon Login软件等电子领域的国际授权商开展国际化跨界合作；同时，"熊出没"形象毛绒公仔也出口至柬埔寨等东南亚国家，为方特带来了可观的收入。

主题乐园方面，华强方特已连续在2016年和2017年跻身主题乐园全球五强；2017年在全球范围内更实现了3849.5万人次游客接待量，同比增长21%。其中，浙江宁波的方特东方神画（2016年开业）在面临激烈的国际大牌主题公园的竞争环境下，游客群体大幅增长，凭借着良好的口碑市场认可度不断提升，2017年游客量达到382.7万，跻身亚太地区主题乐园排行榜第17位，体现出方特在开辟中国特色主题乐园方面取得的成功。

同时，华强方特将自主品牌的主题乐园成套出口至伊朗等“丝绸之路经济带”国家和地区。伊朗方特作为中国主题乐园走出国门的范例，不仅在全球范围内提升了方特品牌影响力，更为企业在品牌和知识产权授权方面创造了良好的经济效益。

四、华强方特参与“一带一路”建设的思考与启示

“国之交在于民相亲”，理念和文化的相互交流、理解与认同是“一带一路”民心相通的基础，而民心相通则需要依靠中国文化企业铺设。在此背景下，“一带一路”倡议不仅是对中华文化的重新梳理，更是东西方文明又一次大规模的交流和交融，其中，中国企业大有可为。

（一）秉承“去中心化”理念，尊重文化多样性

历史上，西方曾占据文明高地，西方文化也随着欧美国家的扩张逐渐传播。但是这种传播模式始终是单向的，即从中心向边缘扩散的过程；这样的传播模式助长了“西方文明中心论”等观点的产生。

但是，随着“一带一路”倡议的提出，西方文明这种单向的传播模式正在被改变。“一带一路”所倡导的平等、合作、共赢精神，表明各种文化应该走向平等合作、交流互鉴、融合创新，从而让世界文明越来越呈现出多样性。正如费孝通先生所说：“各美其美，美人之美，美美与共，天下大同。”不同文明既要懂得欣赏自己创造的美，还要包容地欣赏别人创造的美，只有将各自之美和别人之美融合，才会实现理想中的世界大同之美。

“一带一路”倡议秉承古代“丝绸之路”和“海上丝绸之路”留下的人类文明交流和分享模式，契合当代基于维护文化多样性的人类文明共识，提供了迥异于西方文化输出的文化传播模式。其提出的“路、带、廊、桥”等“去中心化”表述，实质就是尊重、平等和包容，代表着国际社会“非极化”的发展倾向。因此，

文化企业在践行"一带一路"倡议时也要注意尊重沿线国家和地区的民族、宗教、风俗、习惯，秉承"去中心化"的思维参与"一带一路"建设。

在这方面，华强方特也做出了一些探索和尝试。南宁方特东盟神画作为展示东盟文化的大型主题乐园，非常注重为广大游客呈现一个异彩纷呈、多元共生的东盟历史文化。比如，园区内的东南亚风情街就通过"一国一馆"的形式全面展示了东盟各国独特的建筑景观、美食商品、主题演艺，配合丰富多彩的民俗节庆活动，让游客体验内容丰富、形式多样的东南亚人文风情。乐园内的 11 个大型主题项目也各有侧重地呈现了东盟十国文化精粹。以"相约下龙湾"为例，这个无轨车历险项目并非通过单纯讲解与说教向游客介绍越南，而是通过"中国男孩与越南少女因集邮爱好相遇"这个故事来展现越南的悠久历史文化：在美丽的越南少女带领下，游客可以从北至南游览顺化皇城、会安古镇等历史遗迹，还能纵览从雄王建国以来数千年的越南历史，感受越南的文化魅力。

伊朗方特项目在建设之初也充分考虑了当地人民的文化和宗教习惯，其建筑、设备外观与细节都具有浓郁的伊斯兰风情，甚至还非常贴心地在园区各处专门设置了礼拜室。虽然这只是一个极小的细节，但体现了华强方特在"走出去"过程中对"一带一路"沿线国家和地区文化差异的充分尊重。因为只有如此才能避免因文化差异带来的潜在冲突和矛盾。

此外，方特动漫出口海外时，配音演员在为角色配音的过程中所考虑的也不仅仅是简单的翻译问题，他们还要对语言进行本土化包装，尽量用最地道的当地语言帮助出口目的地国家人民真正理解方特动漫所要表达的故事内涵。

"不积跬步，无以至千里"，民心相通必然建立在互相尊重和良性互动的基础之上。在参与"一带一路"建设的过程中，所有中国企业都会与当地居民发生互动，与当地风俗习惯、宗教信仰、文化传统发生直接接触。一个项目要想获得良好的经济效果并不难，而想获得良好的社会效果却需要非常用心。作为参与其中的企业务必要对相关国家和地区的传统予以充分理解与尊重。

（二）科技带动文化交流，促进民心相通

古代中国的火药、造纸术、印刷术、指南针等四大发明向世界的传播，弘扬了中华文化，促进了全球文化交流；如今，"新四大发明"也帮助中国树立了良

好的国际形象。“一带一路”沿线国家民族众多，宗教各异，文化各具特色，但科技始终是世界性的语言。用科技带动“一带一路”沿线人民的文化交流，促进民心相通，永远不会过时。

华强方特始终秉承“文化 + 科技”理念，坚持运用国际一流的主题乐园技术与表现形式呈现文化内容，取得了良好的效果。南宁方特东盟神画深度挖掘东盟十国的特色文化，用高科技手段打造出了此前在大多数东盟国家都没有的新型文化展示方式，全新展示了东盟文化内容，吸引了不少东南亚游客。在“万塔之城”主题项目中，方特运用全息投影、AR 等先进技术创造性地重现了缅甸千年佛塔文化。游客身处 AR 全息剧场中，能从多个角度、多个方位观看虚拟景象与真人表演融合的主题演绎。在亦真亦幻的场景中，游客得以穿越千年历史，跟随复苏的智者，瞻仰缅甸历史上的伟大君王，欣赏缅甸人民建造的宏伟建筑。

从实践中华强方特深刻感受到用科技带动“一带一路”沿线国家文化交流，用科技提升当地特色文化内容的表现力、感染力和传播力，会收到意想不到的效果。

（三）对文化进行创造性开发、创意性转化

对特色文化内容进行深入挖掘、系统研究，创造性开发和创意性转化，打造独具特色的文化产品，也有利于文化的传播。

南宁方特东盟神画备受游客喜爱的“塔銮盛典”也是一个对特色文化内容进行创造性开发和创意性转化的生动案例。这个 360° 环幕游乐项目通过大型空间转换特技结合动感平台，为游客带来沉浸式的观影效果，带领游客回望老挝千年历史，真实再现塞塔提拉王的丰功伟绩，展现气势恢宏的塔銮寺，亲历热闹非凡的塔銮盛典。

另外，近年来，随着古典文化热潮的兴起，方特也开始打造向古典致敬的全新游乐项目。2018 年 8 月，首个中国画飞翔球幕影院游乐项目“飞越千里江山”就是华强方特的一次大胆尝试。方特团队历时一年，首次用数字技术将《千里江山图》还原在 22 米高的巨型飞翔球幕上，让广大游客有机会切身感受传世名画的美妙意境与磅礴气势，不仅让中国传统文化爱好者眼前一亮，更受到广泛好评。

（四）坚持产业化思维，讲好中国故事

现代经济发展背景下，文化本身已成一种优势产业，因而文化“走出去”也有

必要用产业化思维加以谋划和推进。因此，这就要求我国文化企业在企业产品、企业形象、企业文化等方面充分融入我国传统文化内涵，让传统文化依附于现代产业理念之上，使其具有更强大的生命力和传播力。同时，文化企业也要以创新思维赋予我国传统文化新的生机，进而使其在国际社会得到认可和尊重。在这方面，华强方特以讲好中国故事为己任，多年来一直坚持文化与科技融合发展，打造出了“创、研、产、销”一体化产业链，实现了文化科技产业规模化、多元化、国际化的发展模式。

点评：对标世界一流，打造叫得响、叫得开的文化品牌和超级 IP

华强方特集团以文化内容为“钥匙”，在推动“一带一路”沿线国家和地区文化交流、促进民心相通方面进行了有益的探索和实践。在“文化＋科技”理念的引领下，华强方特不断发扬创新精神和工匠精神，创造出包括《熊出没》在内的一系列知名国产动漫 IP、动漫影视和主题乐园等文化产品，打造“创、研、产、销”一体化的文化科技产业链，逐步探索出了一条文化科技产业规模化、多元化、国际化的发展新路。与较为扎实的经验总结和故事讲述相比，本文对于企业参与“一带一路”的效益特别是经济效益的描述相对单薄。

如今，华强方特已经形成了全产业链的发展模式，旗下的多款产品成为“一带一路”民心相通的“网红”产品，未来发展可期。不过，与国际一流文化企业相比，华强方特还存在头部市场有待突破、项目规模相对较小、品牌世界知名度相对不高等短板。未来，建议一方面主动对标一流文化企业和文化品牌，发力国内一线市场和发达国家市场，打造在世界上真正叫得响、叫得开的文化品牌和超级 IP；另一方面，充分发挥产业资本的力量，吸引和培养专业人才，将知名度和美誉度切实转化为实实在在的经济效益。

蒋正翔，一带一路百人论坛媒体委员会委员，一带一路百人论坛研究院研究员

文化精品：起自中国走向世界

陕西文化产业投资控股（集团）有限公司

“国之交在于民相亲，民相亲在于心相通”，“一带一路”要行稳致远，离不开民心相通的支撑和保障。以文化交流促进民心相通，是陕西省参与“一带一路”建设的重要任务，也是陕西省发挥自身比较优势的重要途径。优越的地理区位和亚欧大陆桥的重要交通枢纽地位，让陕西省站在了中国向西开放的前沿。作为古丝绸之路的起点，凝聚了沿线国家交流合作的共同记忆，也成为中国与沿线国家之间的文化纽带。抓住陕西自贸区建设这一重要契机，陕西省积极主动融入“一带一路”建设的大格局，先行先试、重点突破，正加速构建面向“一带一路”的人文交流中心。

陕西文化产业投资控股（集团）有限公司（以下简称“陕文投集团”）作为文化产业投资平台，始终坚持与陕西全省发展大局同频共振。成立九年来，秉承“让陕西文化走向全国、让中华文明走向世界”的企业使命，以打造文化精品、建设文化平台、服务产业发展为重点，挖掘历史文化的当代价值，探索传统文化的现代表达，打造陕西文化的全国品牌，推动中国文化的国际传播，实现了社会效益与经济效益的双丰收，在参与“一带一路”建设中做出了积极的探索和实践。

一、发挥自身优势，全力融入“一带一路”建设大格局

陕文投集团成立于2009年，经过九年多的不懈努力，企业总资产从22亿元增长至160多亿元，已成为全国最具集群优势和发展活力的国有文化企业之一，形成了覆盖影视生产、文化旅游、文化金融、艺术品投资、文化传媒、文化商业六大板块的产业格局；企业品牌影响和发展活力得到了社会各界的肯定与好评，荣获“中国百强旅游投资企业”“最具品牌价值文化企业”等50多项荣誉。作为陕西国有龙头文化企业，陕文投集团始终坚持与社会发展大局同频共振，不断

在全省乃至全国文化产业发展中寻找自身定位，在推动文化产业健康发展过程中壮大自己。在“一带一路”倡议的大背景下，陕文投集团更是将文化产业发展作为坚定民族文化自信和促进文化交流的重要载体，通过文化精品打造、文化平台建设和文化国企带动等多种形式，全力融入“一带一路”建设。

（一）依托陕西历史文化资源，实现丝路文化的创新型继承和创造性发展

陕西既是华夏文明的重要发祥地和古丝绸之路的起点，也是“一带一路”的枢纽。作为国家向西开放的高地，陕西必须充分发挥自身的文化禀赋优势，打造“一带一路”人文交流高地。为此，陕文投集团提出“挖掘历史文化的当代价值、探索传统文化的现代表达、打造陕西文化的全国品牌、推动中国文化的国际传播”，就是要解决好文化资源的有效发掘问题；让文化和丝路记忆不仅仅被写在书中、埋在土里、挂在墙上、供在庙堂，更要与现实的土壤发生反应，让文化真正活起来；同时用现代化的技术手段和表达方式，将传统的文化资源转化为现代消费者喜闻乐见的文化商品和文化服务，用市场的手段让文化更好地“走出去”，让文化交流活跃于丝路沿线国家和人民的日常生活中。

（二）打造文化精品，筑牢文化企业发展的生命线

文化产业具有意识形态性，也具有经济性，文化国企不仅要把正确的导向和社会效益放在首位，也要注重经济效益的实现。对于陕文投集团而言，文化精品战略就是实现“双效统一”目标最有效的途径，即通过守住文化精品的企业生命线，用文化精品塑造企业品牌。陕文投集团坚持“国际视野、国内一流”的精品理念，高度重视对文化内涵的充分挖掘与创新表达，通过将陕西的历史文化、红色文化和民俗文化等资源与全球顶尖创意策划团队进行有机整合，推出了一批叫好叫座的文化精品，在传播社会正能量、提升企业品牌价值的同时，实现了商业价值的转化和国有文化资产的保值增值，为后续的文化开发提供了更加充裕的资源保障。

（三）建设产业平台，聚合文化交流资源

“一带一路”文化交流，不是单方面的文化输出，而是建立在产业融通基础上的民心相通。因此文化交流既包含中国文化“走出去”，也包含沿线国家文化“引进来”。沿线各国发展阶段不同、文化各异，多样性的文化为推动互联互通提供了巨大的市场空间。陕文投集团立足自身产业优势，积极推动“一带一路”沿线国家之间互联互通，在协同发展中共享红利。通过推动国际贸易平台、产业合作平台和标准体系合作，消除信息交换、需求匹配障碍，降低沿线国家市场之间的交易成本，固化商业联系，在推动合作中寻找企业商机。

（四）发挥国有资本服务引领作用，带动文化产业集群发展

文化“走出去”，既需要政府引领、国企带动，也需要充分调动广大中小微文化企业的积极性。但是，中小微文化企业受制于自身的规模和生存压力，在“走出去”方面一直面临着资金和市场的难题。陕文投集团发挥国有资本引领作用，在自身响应“一带一路”倡议的同时，积极支持相关企业共享“一带一路”的机遇，推动文化企业集群参与“一带一路”建设。依托陕文投集团较为完善的文化金融产业链，全力推动陕西文化金融融合发展，打造全国首个文化金融控股公司和丝绸之路文化金融服务中心，围绕文化企业“走出去”做文章，打造支撑文化企业沟通交流的文化金融服务体系和政策服务体系，引导社会资本投入“一带一路”建设。依托陕文投集团西部一流的品牌营销能力，立足于传统文化与陕西特色，从 IP 打造、渠道建设两个方面入手，助力陕西文化企业打造核心竞争力，推动陕西产品和陕西品牌在“一带一路”沿线落地生根、开花结果。

二、积极推动“一带一路”沿线文化交流的实践

陕文投集团作为大型国有文化企业，坚持社会效益和经济效益相统一，充分发挥自身文化资源和平台优势，从文化旅游、文化影视、文博文创、文化传媒、文化金融和文化贸易等方面积极探索，致力于实现沿线国家的民心相通，搭建起“一带一路”沿线国家文化交流的坚实桥梁。

（一）充分挖掘丝路文化记忆，以文化旅游精品带动文化交流

旅游是文化交流的重要形式之一，特别是探寻历史文化的旅游，是实现沟

通古今、连通内外的重要渠道。陕文投集团一直积极探索文化旅游融合，深入挖掘丝路文化元素的创新表达，增强景区的国际吸引力，助推“一带一路”文化交流。

陕西作为古丝绸之路的起点，丝路沿线文明同中华文化在这里相互交融，留下了丰富的历史印记。陕文投集团一直在策划的“丝绸之路国际文化城”项目，就是以中国传统文化为经、丝路文化记忆为纬，通过声光电、4D、环幕、球幕电影及骑乘设备等现代高科技手段，用世界通行的高科技文化旅游语言，讲述中国故事和丝路文明，打造世界级的体验性高科技文旅园区。项目计划投资100亿元，年接待游客超过800万人次，建成后将成为“一带一路”上的重要文化交流平台。

统万城是南北朝时期匈奴铁弗部首领赫连勃勃建立的大夏国都城，统万城遗址是匈奴族在人类历史长河中留下的唯一可考的都城遗址，距今已有1600多年的历史，是“一带一路”沿线国家历史的重要参与者和见证者。陕文投集团通过细致梳理统万城遗址细节与匈奴历史文化内涵，在统万城遗址的基础上打造统万城遗址文化公园，利用现代科技手段将博物馆文化展陈、历史文化游览、匈奴文化体验、文创衍生品购物集成一体化，打造趣味性、原真性、游历感极佳的情境体验，让游客在活动中了解统万城遗址的历史，吸引丝路沿线国家人民来华探寻遗址、体验历史。

黄帝陵是中华民族的精神标识，是全球华人寻根溯源、祭祖归宗的民族至尊圣地，也是“一带一路”沿线新加坡、马来西亚、印度尼西亚等国家数千万华人的精神之源。陕文投集团充分利用自身资源，邀请国内一流的规划设计大师团队，形成黄帝陵景区的设计规划方案，并积极策划开展黄帝陵国家文化公园“中华儿女”影像资料征集和黄帝陵轩辕圣土暨五色土采集等文化活动，使其成为“海内外文化交流平台”“中华文明的现代化展示中心”和“中华文化的体验式教育基地”，真正讲好民族故事、传播民族精神，打造海外特别是“一带一路”沿线国家华人华侨的精神故乡，增强中华文化认同。

在加大自主文旅项目研发投资的同时，陕文投集团还积极对接甘肃、青海、新疆等兄弟省份，通过管理输出、战略合作等形式，深度参与包括新疆北庭特色小镇、兰州读者书房等多个项目，提升丝路沿线地区的景区运营和服务水平，带动自陕西至新疆一线文化旅游景区的发展。此外，陕文投集团也积极走出国门，对接俄罗斯、芬兰、奥地利等欧洲丝路沿线国家的优质资源，推动文化旅游的交流互鉴。

（二）全力推动影视作品“走出去”，彰显国家气度

影视作品是文化传播的重要载体，可以跨越千山万水、超越时空限制，带来五彩缤纷的视觉体验和直达内心的情感与文化交流。陕文投集团自成立伊始就积极参与发展影视产业，投身影视作品的投资制作，培育影视剧本创作研发体系。截至目前已投拍电视剧 50 多部，其中 30 多部剧在中央电视台及浙江、东方、江苏等全国一线卫视播出，总投资额和播出量约占到省内半数以上，多部作品荣获“飞天奖”“金鹰奖”等行业最高奖项。近年来，在“一带一路”倡议下，陕文投集团充分发挥自身产业优势，自觉将国家战略与主流价值观结合起来，着重选取充分体现“一带一路”文化元素、符合当代人精神生活需求的题材，塑造出一批接地气、正能量的影视作品，并积极推动影视作品“走出去”，丰富世界荧屏上的中国元素，扩大自身品牌的国际影响力，在实现企业发展目标的同时，也为“一带一路”文化交流做出了贡献。

1. 开展海外市场营销，推介优秀作品

陕文投集团通过主动参与海内外影视作品推介活动，助力中华文化走进“一带一路”沿线国家。《大秦帝国之纵横》《王大花的革命生涯》《好先生》等剧在东南亚、非洲等“一带一路”沿线地区热播，受到海外华人和当地居民的喜爱。同时，陕文投集团还以国际电影节为媒介，向国际市场推介优秀作品。如电影《推拿》以独特的艺术手法关照盲人群体，先后斩获柏林电影节“银熊奖”、台湾“金马奖”最佳影片、亚洲电影奖、伦敦华语电影奖、上海国际电影奖等 10 多项国内国际荣誉，热销海外，为扩大中华文化国际影响力做出了贡献。

2. 制作优秀影视作品，讲好中国故事

陕文投集团投拍的影视作品题材广泛，包括社会热点、都市情感、历史长歌、红色军旅等多种类型，每一部剧都深入研究、细心打磨。近期，陕文投集团与海军政治部等机构合作，精心制作了一部反映我国积极参与维护世界和平的电视剧——《蓝盔特战队》，用影视作品展现了中国用实际行动为世界维和事业发展

所做的努力。该剧将在非洲、东南亚等“一带一路”沿线地区及各国的华人地区进行重点发行及宣传推介，更好地宣传中国文化，展示中国精神与大国气度。陕文投集团联合央视合作拍摄的纪录片《东方帝王谷》，以陕西境内72帝王陵为线索，采取创新化的创作手法和专业化的表现方式，向全球观众生动讲述了中国故事，不仅在国内反响热烈，在海外市场同样好评如潮。

3. 搭建影视交流平台，拓展合作机会

陕文投集团通过积极调动各方资源，搭建国际影视作品交流平台，把影视作品“走出去”与“引进来”有机结合，促进“一带一路”沿线国家影视行业的深度交流。自2011年起，陕文投集团连续承办了第一届至第四届“中国·西安国际民间影像节”，累计征集来自全球57个国家和地区的42,133部作品，与100家海内外影视节、机构建立了合作关系，影响力遍及五大洲，极大地促进了“一带一路”沿线国家乃至世界范围内的民间影像交流。2013年，陕文投集团承办了首届“丝绸之路国际电影节——影视节目交易会”，吸引了海内外100余家参展单位；交易会专门设立了“丝绸之路经济带”和“21世纪海上丝绸之路”两大展区，开设俄罗斯、韩国、印度、新加坡等丝绸之路沿线多国展位，助力“一带一路”沿线国家影视节目产品交易与影视产业交流。

（三）广泛开展文博文创国际交流，传播华夏文明

陕西作为历史文化资源大省，拥有丰富的文博资源。陕文投集团与陕西历史博物馆等机构合作，培育文创产业，加强国际交流，把厚重的中华历史文化和丰富多彩的丝路文化，通过文物博览、创意产品展销等方式向世界人民展示，取得了良好的效果。陕文投集团下属华夏文创公司是省内一流的文化创意产品开发企业，在文物文博文创国际交流中进行了多项探索与实践。

1. 强化文博机构合作，发挥文博资源优势

陕文投集团积极与陕西文物交流中心、陕西历史博物馆、宝鸡青铜器博物院开启馆企合作，使陕西灿烂的历史文物资源活起来。2016年，华夏文创公司配合各博物馆展览随展多次，其中包括《绵亘万里——世界遗产丝绸之路》香港展、《宝鸡青铜器精品展》深圳展等；同时与中国文物交流中心、各博物馆及国内外展览运营团队多次沟通交流，为文化“走出去”打好坚实基础。2017年，陕文投集团

与陕西文物交流中心签订合作协议，充分发挥陕西省文物系统举办文物出入境展览经验丰富、海外合作广泛、文物资源丰富的优势，带动文物系统外文化机构的创新与发展。

2. 全面建设丝绸之路国际文创交流基地

要实现“一带一路”文创交流的繁荣，关键在于搭建好国际文创交流的平台。陕文投集团牵头完成了《丝绸之路国际文创交流基地项目方案》，依照《中国（陕西）自由贸易试验区总体方案》中关于建设人文交流高地的目标，基于自贸区先行先试和文化推广的内在要求，开展展览展示、人才交流、知识产权交易三大业务。2017 年 7 月，由陕西省文物局、西安高新区管委会以及陕文投集团三方联合发起成立的“丝绸之路”国际文创交流基地正式揭牌。目前，基地已吸纳秦始皇帝陵博物院、陕西历史博物馆等 30 家博物馆、高校、设计机构；还将成立文博资源信息智库，构建文创产业前沿生态，深度挖掘博物馆文物资源、人才资源、品牌资源，打造企业、院校、创业者共同参与的文博创意产业生态体系，助推中华文明从丝路起点走向世界。

3. 积极举办文博文创产品展会，扩大国际影响力

陕文投集团通过承办“一带一路”沿线国家文博文创产品相关展会，让承载着中华文化的优秀文博文创产品走出国门，扩大国际影响力。2015 年，华夏文创公司与陕西省对外文化交流协会联合承办了“国风秦韵——陕西文创上合国家巡展”活动，展览包括“赫赫宗周”“大秦帝国”“维天有汉”“辉煌盛唐”四部分，集中展示“我爱中国”铭文系列、“荣誉”系列、汉礼系列、唐代金银器工艺品系列、实用器系列等一批具有丰富中华历史文化内涵，且具有较高艺术性、装饰性、实用性的陕西特色文创精品，受到了巴基斯坦新闻广播与国家遗产部部长玛瑞亚姆女士、巴基斯坦国家艺术委员会主任贾马尔·沙等高级官员以及巴基斯坦各界友好人士、大专院校师生的高度评价和巴基斯坦主流媒体的广泛关注。未来，陕文投集团还将启动《泥火幻彩——唐都长安三彩精华展》《三秦华章光耀四方——陕西周秦汉唐文物精华展》等五大展览相关工作，同时策划开展“丝路名城·文化对话”交流项目，通过舞台剧、话剧等跨界演出的形式展现中国服饰、音乐及非物质文化遗产等，推动华夏文化“走出去”，提升中国文化的影响力。

（四）大力开拓文化传媒国际营销，打响中国品牌

在推动中国品牌的国际推广和文化国际会展的策划执行过程中，文化传媒企业常常会遇到文化背景差异、沟通渠道局限、社会制度差异等困难。文化企业既要结合项目所在国的社会文化实现思维方式的转变，以互相包容的姿态进行充分沟通；也要实现风险意识的转变，从市场风险扩展到政治风险、法律风险和安全风险等各方面，做好积极应对的准备。陕文投集团下属西部传媒公司是我国西部地区知名的文化传媒企业，在数字营销、会议会展、品牌文化打造等领域具有较强的市场竞争力。近年来，西部传媒公司利用自身专业和资源优势，积极扩展国际业务，参与“一带一路”文化交流活动的策划执行，助力中国品牌走向世界。

1. 扩大国际营销业务，做好品牌推广

基于对广告传媒行业的深刻理解，西部传媒引入海外技术营销合作团队，共同布局筹划海外数字营销业务，成立了海外营销公司，为中国品牌在海外的营销推广提供了支持。西部传媒旗下中智品牌管理公司，成功孵化了“陕西好礼”这一品牌项目，通过集合陕西特色商品及文创产品，举办旅游商品大赛挖掘优秀旅游商品企业，开展品牌培训、辅导等方式，搭建线上、线下销售渠道等品牌全价值链服务，打造陕西旅游商品品牌集群。目前，中智公司开拓与“一带一路”沿线国家合作，已签约成为俄中商务园、俄中“一带一路”战略研究会在陕全面开展业务合作的唯一代理伙伴，全方位开展文化、旅游、轻工、农业、科技、能源、教育等领域的战略发展合作。

2. 拓展国际会展业务，塑造陕西形象

近两年，陕文投集团品牌营销中心策划执行了中国外交部“开放的中国·迈向世界的陕西”陕西全球推介会、2017 阿斯塔纳世博会陕西活动周、“大陕西·向世界”俄罗斯—陕西省经贸合作推介会等“一带一路”推介活动，不但塑造了陕西形象、展示了陕西风采，也为中国品牌和中华文化走向世界做出了贡献。在 2017 年阿斯塔纳世博会中国馆陕西活动周中，陕文投集团品牌营销中心围绕“绿色陕西·丝路起点”的主题，通过举办陕西活动周开幕式、陕西美食品鉴活动、乐游陕西推介会、陕西能源企业推介展示活动、陕西整体能源展览展示、园区巡游、陕西优势产业国际合作推介会以及在哈萨克斯坦国家博物馆展出的秦始皇兵马俑文物展，多角度、全方位、立体化地展现宣传陕西，充分利用世博会这一世界舞

台，将厚重、现代、开放、包容的陕西展现在世人面前，彰显了陕西在“一带一路”建设中的重要地位和作用。

（五）着力构建文化金融服务体系，助推文化企业“走出去”

“一带一路”文化交流要繁荣，关键在于市场主体；只有培育出良好的文化企业，增强文化企业的国际竞争力，才能从政府主导的文化交流转变为企业自发的文化“走出去”，才能为“一带一路”文化交流提供源源不竭的动力。陕文投集团自成立以来，就积极探索文化金融创新业务，在深入研究文化产业特点和中小微文化企业风险结构的基础上，构建起较为完善的文化金融服务体系；通过股权、债权方式大力支持文化企业发展，充分发挥金融支持作用，助力优质文化企业积极参与“一带一路”文化交流合作，增强了中华文化的海外影响力。

1. 构建文化金融服务体系

陕文投集团通过整合旗下文化担保、文化小贷、文化基金、文化融资租赁、文化资产管理、文化资产鉴定评估、文化金融服务中心等业务，构建起极具创新活力的文化金融服务体系。截至目前，陕文投集团文化金融业务累计服务文化中小微企业超过1000家，提供融资支持超过100亿元，为解决中小微文化企业融资难问题做出了贡献。2016年陕文投集团在实践探索的基础上持续加强创新，与中国人民银行西安分行共同研究并撰写了创建丝绸之路经济带（陕西）文化金融合作试验区的方案，经由陕西省政府报国务院研究，受到国家各部委的肯定。未来，陕文投集团将持续发力，在陕西建成文化产业的资本聚集地，形成多元化、多层次、多渠道的文化投融资体系，推动文化产业与金融产业共同发展，构建服务文化企业“走出去”与“一带一路”文化交流的文化金融大平台。

2. 为文化企业“走出去”提供资金支持

目前，陕文投集团管理运营陕西文化产业投资基金，已募集到位资金16亿元，主要针对文化影视、文旅景区、游戏动漫等领域开展投资业务，支持文化企业拓展海外市场，丰富“一带一路”文化交流的市场主体。集团于2016年投资的易点天下（Yeahmobi）网络科技股份有限公司是一家企业国际化智能平台，主要为企业的国际化提供移动互联网营销服务；服务对象包含消费类APP、手机游戏、跨境电商、互联网金融等行业，是西安首家独角兽企业。伴随着国家“一带一路”倡议的持续推进，西安本土企业也迎来了前所未有的新机遇，这恰好与易点天下的业务不谋而合。目前，易点天下已经帮助百度、阿里、猎豹、Uber、华为、360、智明星通、SheIn 等知名企业进入全球 200 多个国家和地区，业务范围基本覆盖了“一带一路”沿线所有国家。

陕文投集团投资的英雄互娱，成立于 2015 年，是陕西省最大的互联网公司、延安市最大的民企、延安市重点扶持的上市企业。公司基于全球化的视野、国际化的团队，立足于移动互联网时代，以泛娱乐为战略目标，推广移动电竞产业，发展互联网体育矩阵，致力于为海内外用户提供优质的移动游戏内容和体验，打造全球领先的互动娱乐品牌。英雄互娱曾获 Google Play“亚洲最佳出海案例”、上榜 Facebook“2017 中国出海人本营销领先品牌 50 强”，入选科技部“2017 独角兽榜单”；旗下游戏《战争艺术：赤潮》荣获苹果中国区 2017 年度最佳 iPad 游戏。同时，英雄互娱打造有中国特色的互联网文化精品，是中国在中国港澳台地区、东南亚地区最大的文化类出口企业，为“一带一路”文化传播交流做出了诸多贡献。

（六）积极拓展国际文化贸易业务，搭建文化交流平台

陕文投集团始终践行“让陕西文化走向全国，让中华文明走向世界”的企业使命，2014 年成立了文投国贸公司，力争成为推动陕西国际文化贸易及人文交流的排头兵。近年来，结合国家“一带一路”倡议，文投国贸在国际文化贸易、对外文化交流方面取得了一定突破。

1. 加强国际文化贸易，推动国内外联通互动

2017 年 6 月底，文投国贸策划组织了省内 13 家文化企业的近 300 件工艺美术品、文创、文物复仿产品及地方特色产品参加第十五届中哈博览会，期间促成企业合作签约 1100 余万元，吸引了 30 余家国内外媒体的报道，为文投国贸后期开展丝路文化营销工作打下良好基础。未来，文投国贸还将通过侨联平台和世界侨商资源，将文创产品推送给世界华人，并逐步形成华人代理商体系，充分呈现富有文化背景和历史经典特色的海外独立文化网络平台，向世界展示和推广。同时建立线上线下互动，联合世界范围内的著名博物馆、大酒店，通过文化交流合作，建立线下展厅，宣传展示中国文化、文创产品。

2. 建设丝路文化贸易基地，搭建文化交流平台

结合陕西自贸区建设的机遇，文投国贸公司积极筹建丝路文化基地，建成了第一个子项目——3000 平方米的丝路文化保税仓储物流中心及 2 个文化艺术样品展厅，搭建了丝路文化产品展示、订单搜集及交易的平台；目前合作企业 12 家，入区文化产品 200 余件。试运营至今，中心已经接待乌兹别克斯坦、韩国、意大利等多个“一带一路”沿线国家交流团及友人。未来文投国贸公司将分步骤规划建设丝路文化保税展示交易中心、丝路人才交流与双创中心、丝路文化贸易中心、丝路文化金融中心、丝路跨境文化电子商务中心等六大中心，最终形成一站式的国际文化贸易产业生态链，打造多元化业务为一体的“丝路国际文化贸易基地”。

三、推动文化企业参与“一带一路”建设的建议

近年来，陕文投集团通过整合文化产业资源，资本运作筑巢引凤，着力打造文化精品，搭建文化产业发展平台，构建文化金融服务体系，成为陕西省文化产业发展的排头兵，在引领陕西省文化企业参与“一带一路”建设上，做出了一定的成绩。但在产业实践过程中也发现了诸如龙头企业带动能力不够强、缺乏国家级的交流合作平台、文化企业融资难题尚未有效破解等难题。建议通过壮大文化企业、搭建金融创新和文化交流平台、实现产业资源及金融资本的高效对接，助推文化企业参与“一带一路”建设。

（一）支持文化企业做大做强

在文化“走出去”的过程中，企业是主体；一大批规模大、实力强，同时具有全球视野、国际化理念的文化企业是我国文化产业“走出去”的根本保证。国有文化企业是发展文化产业、实施文化强国战略、建设和传播社会主义先进文化的重要力量。要推动国有文化企业体制机制创新，打造一批核心竞争力强的国有或国有控股骨干文化企业，使之成为文化市场的主导力量和文化产业的战略投资者；同时放大国有文化企业的服务职能，充分发挥国有文化资本的带动作用。

同时，发展一批综合实力强、市场活跃度高、创新能力突出的民营文化企业

在新三板、创业板上市，引导、扶持一批中小文化企业向“专、精、特、新”方向发展，形成富有活力的优势企业集群。

（二）加强文化与金融融合

文化与金融融合发展是推动中华文化繁荣兴盛的重要条件，也是“一带一路”文化“走出去”的重要保证。2014 年财政部、文化部和中国人民银行联合出台《关于深入推进文化金融合作的意见》，提出创建“文化金融合作试验区”，探索文化金融创新发展的新路径。陕西是中华文明的发祥地之一，处于“一带一路”的中枢位置，建议国家支持陕西创建面向“一带一路”的文化金融合作试验区，开展文化金融体制创新改革的先行先试，为推进“一带一路”国际文化交流和文化产业繁荣发展提供有力保证。

第一，加强文化金融公共服务设施建设，建设“丝绸之路经济带”文化金融服务中心、文化企业及项目数据库等平台，加快西部国家版权贸易基地、国家级文化产权交易等文化类交易平台建设。

第二，鼓励面向“丝绸之路经济带”的文化金融组织形式创新。鼓励在试验区注册设立面向文化产业的金融、证券、保险、基金及投资机构；鼓励金融机构设立服务文化产业的专营部门以及专业团队，在条件成熟的情况下设立文化银行，加大文化产业领域的信贷投放；鼓励新型金融业态与文化产业深度融合，开展以文化企业的股权、债权、收益权、文化产品等为标的物的众筹、P2P 等互联网金融业务模式探索。

第三，创新文化产业投融资模式，依托政府引导基金，设立丝绸之路文化发展基金，为“一带一路”沿线国家的文化公共服务设施建设、重大文化产业区域合作项目等提供投融资支持。

（三）搭建国际文化交流平台

第一，建设丝绸之路文化艺术品国际交易平台，为优秀的中外艺术品精品提供展示、拍卖、仓储保税、鉴定评估、艺术品金融等服务，为普通民众参观、欣赏及购买文化艺术品提供有公信力的平台，实现文化艺术品贸易增长与“一带一路”沿线人文交流的双效统一。同时，文化艺术品交易的繁荣将促进文创产品的开发；文化艺术品国际交易平台通过整合各类国际资源及渠道，为中国传统文化“走出去”铺路。

第二，建设文化艺术品免税区。艺术市场繁荣离不开税收、政策的支持。在省内推进文化艺术品税制改革，通过实行艺术品进口零关税，建立艺术品出口退税制度，以及停止预征艺术品增值税，推迟至交易环节征收等改革措施，推动文化艺术品的国际化发展步伐，助力中华文明“走出去”，进一步加强我国与“一带一路”沿线国家的文化交流。

第三，积极开展城市对外文化交流活动，发挥多元载体的文化传播作用。利用春节、国庆日、建交日等重要节日、纪念日，组织举办高水平文化交流活动，增进世界对中国的了解。推进“中国西安丝绸之路国际旅游博览会”与丝绸之路国际艺术节的有机结合，打造世界知名的国际旅游节事品牌。办好丝绸之路国际电影节、清明黄帝陵祭祖、丝绸之路国际艺术节等系列节庆活动。借助国外著名的影视节、艺术节、博览会等平台，积极推介我国文化产品和服务；加快海外文化中心、文化阵地建设。

点评：打造文化精品需要注重中国文化的世界表达

陕文投集团秉承“让陕西文化走向全国、让中华文明走向世界”的企业使命，发力重大文化项目建设、文化精品生产、文化金融服务，已成为陕西文化产业践行“一带一路”人文交流的主力军、领头羊。陕文投出品的很多优秀剧目在东南亚、非洲等“一带一路”沿线地区热播，参与的中国电影多次斩获国内外大奖并热销海外，广泛开展文博文创国际交流。但是，本文对于陕文投集团参与“一带一路”文化交流的实践，多为面上的平铺直叙，缺乏具体案例的实操性分析和经验层面的系统梳理、挖掘，材料丰富有余而生动不足，经验比较扎实却不解渴。

目前，中国“一带一路”文化企业整体处于多而不精、大而不强的发展阶段。文化企业参与“一带一路”建设，一要坚持“内容为王”“受众为王”，在打造产品时尤其要注意中国文化的世界表达，使其成为可以跨越文化差异的文化精品；二要更加注重文化与科技特别是互联网的结合，不断延伸产品生产和供应链，实现文化产业的全媒体融合发展；三要发力文化品牌建设，着力打造“一带一路”的旗舰企业和标杆性项目。

蒋正翔，一带一路百人论坛媒体委员会委员，一带一路百人论坛研究院研究员

附 录

2018年"一带一路"大事记

2018 年“一带一路”大事记

主席 4 次出访，足迹遍布 13 个国家

作为“一带一路”的总设计师，习近平主席今年 4 次踏出国门，出访行程超过了 11 万公里，足迹遍布亚非欧拉美 13 个国家，参加了金砖国家领导人会晤、APEC 领导人非正式会议以及 G20 峰会等多场国际会议，参加了近 200 场外交活动，几乎场场都将共建“一带一路”作为主题之一。

2018 年首访，习近平主席选择了阿联酋、塞内加尔、卢旺达、南非和毛里求斯这五个亚非国家，这也是习近平连任国家主席后的首次出访。“一带一路”建设植根于丝绸之路的历史土壤，亚非大陆是“一带一路”合作的重点区域。

其中，身处“一带一路”交汇地带的阿联酋是最早响应“一带一路”倡议的国家之一，是亚洲基础设施投资银行创始成员国。中国国家元首 29 年来首次来到阿联酋，两国正式签署了共建“一带一路”合作文件，进一步推动海湾地区“一带一路”建设。

塞内加尔位于非洲大陆的最西端，地理位置独特，是“一带一路”建设的重要延伸区域。在访问塞内加尔期间，双方签署“一带一路”合作文件，塞内加尔成为西非首个签署这一文件的国家。

葡萄牙是习近平主席 4 次出访活动的最后一站。在这里，葡萄牙与中国签署共建“一带一路”谅解备忘录，成为第一个签署该协议的西欧国家。葡萄牙地处欧洲最西端，是大航海时代的开启者，这样一个国家积极参与共建“一带一路”，充分说明这个倡议并非零和博弈，能让各方互利共赢。

在每次访问前夕，习近平主席均在到访国重要媒体发表署名文章。在这 11 篇总计 2 万多字的署名文章中，“一带一路”成为高频词，一共出现 30 次，为各区域、各国“一带一路”合作指明了方向，同时也掷地有声地表明，中国正在全面深化改革、扩大对外开放，我们的改革不会停止、开放不会止步：“我们将

同各国一道，坚定维护以世界贸易组织为核心的多边贸易体制，推动国际政治经济秩序朝着更加公正合理的方向发展。”

习近平主席在海外发表的11篇署名文章

篇名	到访国家	刊发媒体
携手前行，共创未来	阿联酋	《联邦报》《国民报》
中国和塞内加尔团结一致	塞内加尔	《太阳报》塞内加尔
中卢友谊情比山高	卢旺达	《新时代报》
携手开创中南友好新时代	南非	《星期日独立报》《星期日论坛报》《周末守卫者报》
让中国同太平洋岛国关系扬帆再启航	巴布亚新几内亚	《信使邮报》《国民报》
开创中阿关系新时代	阿根廷	《号角报》
携手谱写中国同文莱关系新华章	文莱	《婆罗洲公报》《诗华日报》《联合日报》《星洲日报》
共同开辟中菲关系新未来	菲律宾	《菲律宾星报》《马尼拉公报》《每日论坛报》
阔步迈进新时代，携手共创新辉煌	西班牙	《阿贝赛报》
携手前进，共创未来	巴拿马	《星报》
跨越时空的友谊，面向未来的伙伴	葡萄牙	《新闻日报》

4大主场外交活动，1条主线贯穿始终

2018年，中国连续举办4场规模宏大的主场外交活动，吸引了全世界的目光。人类命运共同体这一理念在四大主场外交中贯穿始终，与会各方发出“同呼吸、共命运”时代强音。

4月，在博鳌论坛2018年年会主旨演讲中，习近平呼吁，各国人民同心协力、携手前行，努力构建人类命运共同体，共创和平、安宁、繁荣、开放、美丽的亚洲和世界。

6月，在青岛举办的上合组织成员国元首理事会第十八次会议，是历届上合峰会中规模最大、级别最高，成果最多的，也是上合扩员后首次召开的峰会。习近平主席在讲话中指出，我们要坚持共商共建共享的全球治理观，不断改革完善全球治理体系，推动各国携手构建人类命运共同体。这一重要倡议在青岛宣言中得到了确认，成为上合组织8国最重要的政治共识和未来发展的奋斗目标。

“我们愿同非洲人民心往一处想、劲往一处使，共筑更加紧密的中非命运共同体。”9月，2018年中非合作论坛北京峰会上，习近平主席指出，中非早已结成休戚与共的命运共同体，并就“共筑更加紧密的中非命运共同体”提出新主张：携手打造责任共担、合作共赢、幸福共享、文化共兴、安全共筑、和谐共生的中非命运共同体，把“一带一路”建设成为和平之路、繁荣之路、开放之路、绿色之路、创新之路、文明之路。

11月，中国如期举办首届国际进口博览会，中国向世界提供的又一国际公共产品“上线”。172个国家、地区和国际组织参加，3600多家企业参展，创造多项国际博览会纪录。这不是一般性的展会，是中国推进新一轮高水平对外开放的重大决策，是中国主动向世界开放市场的重大举措。在开幕式上，习近平主席重申，中国推动更高水平开放的脚步不会停滞！中国推动建设开放型世界经济的脚步不会停滞！中国推动构建人类命运共同体的脚步不会停滞！

60多个国家加入“一带一路”朋友圈

作为构建人类命运共同体的实践平台，“一带一路”建设为构建人类命运共同体铺垫稳定之基。共建“一带一路”的能量在中阿、中拉、中欧、中国—中东欧之间不断蓄积。

2018年，与中国签署共建“一带一路”合作文件的国家超过60个，遍布亚洲、非洲、大洋洲、拉丁美洲，已累计同122个国家、29个国际组织签署了170份政府间合作文件。

4月，奥地利出动了“史无前例”的豪华团队访华，成为第一个与中国签订“一带一路”合作文件的欧盟发达成员国。紧接着，希腊、马耳他、葡萄牙等欧洲国家也陆续加入“一带一路”朋友圈，《欧洲时报》称，欧洲多国从最初的“旁观者”已变为“参与者”。这些欧洲国家在拉美、中东欧、非洲、阿拉伯国家市场上，不仅有着大量的资本投入，还有深度的贸易往来，同中方共同开展第三方市场合作，不仅开辟了共建“一带一路”的新途径、创造了新模式，还使得双方在合作中实现优势互补，并将各自的优势发挥的淋漓尽致。

2018年也是“一带一路”朋友圈中“新面孔”最多的一年。1月，中拉双方共同发表《“一带一路”特别声明》，标志着“一带一路”倡议正式延伸至拉美。智利、乌拉圭、委内瑞拉、玻利维亚、厄瓜多尔等十多个拉美国家与中国签订了“一带一路”合作文件，半数拉美国家“入群”；特立尼达和多巴哥与中国签署的《共同推进丝绸之路经济带和21世纪海上丝绸之路建设的谅解备忘录》是中国同加勒比地区国家首份“一带一路”合作文件，拉美和加勒比地区已经成为“一带一路”建设重要参与方。

道虽辽远，无不到者。非洲是“一带一路”历史和自然延伸，中非传统友谊深厚，过去是并肩战斗的好兄弟，现在是共同发展的好伙伴，共建“一带一路”正在中国与非洲之间搭建起新的合作桥梁。特别是9月中非合作论坛北京峰会期间，28个国家和非盟委员会同中方签署共建“一带一路”合作文件，“入群”的非洲伙伴已达37个，掀起了又一波支持参与“一带一路”建设的热潮。中国的发展将给非洲带来更多机遇，非洲的发展也将为中国发展增添动力。

2018年，进入朋友圈的“新面孔”还有太平洋岛国的小伙伴。巴布亚新几内亚、萨摩亚、斐济、密克罗尼西亚联邦、库克群岛、纽埃等9个太平洋岛国与中国签订了相关的合作文件。共建“一带一路”将为中国同岛国、各个岛国之间以及岛国同世界其他国家加强经贸联系和互联互通、更好参与经济全球化进程提供新的路径。

此外，10月，澳大利亚维多利亚州与中国达成“一带一路”协议，成为该国第一个正式支持“一带一路”倡议的州政府，而“一带一路”朋友圈中除了国际组织、来自各大洲的国家，还出现了州级政府，充分体现了“一带一路”开放、包容的特征，我们不搞小圈子，更不设高门槛。

周边共建“一带一路”6大新动向

习近平主席指出，“一带一路”倡议的首要合作伙伴是周边国家，首要受益对象也是周边国家。而共建“一带一路”，则让周边外交有了抓手。

向北看，俄罗斯和蒙古国是中蒙俄经济走廊重要参与方，蒙古国政府2017年年底出台的支持“一带一路”3项措施在2018年已全部启动，为“一带一路”提供便利通道；蒙古国“一带一路”中资大型企业俱乐部也在2018年揭牌。2018年，中俄经贸合作实现强劲增长，全年将突破 1000 亿美元；5 月，中国与包括俄罗斯在内的欧亚经济联盟各成员国共同签署了《中国与欧亚经济联盟经贸合作协定》，推动中俄双方在“一带一路”建设与欧亚经济联盟建设对接合作上取得了重要阶段性成果。此外，中俄等国合作的亚马尔液化天然气项目第三条生产线提前近一年正式投产，中俄原油管道二线于年初全线贯通，中俄天然气管道东线按计划推进，中俄大项目合作如火如荼。

向西南看，中缅经济走廊已迈出坚实一步，中缅双方签署合作备忘录，并搭建了中缅经济走廊联合委员会，就 12 个重点合作领域成立专项工作组。“人字型”中缅经济走廊将中国基础设施建设的经验同缅甸发展基建项目的需求紧密结合，把缅甸最贫穷的地区和最发达的地区连接起来，有望重新整合缅甸的经济发展格局，推动缅甸经济发展。

向西看，伊姆兰·汗领导的巴基斯坦新政府上台，在外界的种种猜疑之下，新政府确认将中巴经济走廊作为“国家优先事项”，服务中巴经济走廊建设的中巴跨境大巴客运服务也在 11 月正式启用，备受边境民众的欢迎。目前，中巴经济走廊四大合作领域中已有 10 个项目完工，12 个项目在建，给巴基斯坦创造了 7 万个就业机会，带动巴每年经济增长 1 至 2 个百分点。

向南看，由中国与新加坡两国政府合作的“中新（重庆）互联互通南向通道”提出一年九个月后，正式更名为“国际陆海贸易新通道”（简称“陆海新通道”）。新名称意味互联互通建设的地域范围与方向更广泛，项目也更紧密与“一带一路”倡议衔接，有望进一步推动中新（重庆）项目的扩大与辐射。

向东看，2018 年是中日和平友好条约缔结 40 周年，日本首相安倍晋三完成了日本首相时隔 7 年的首次访华。日方表达了积极参与“一带一路”建设的意愿，愿同中方积极开拓第三方市场合作，实现互利共赢。在双方共同努力下，中日第三方市场合作成为新形势下中日经贸关系发展新的增长点，为两国务实合作开辟了新的路径。

向海上看，海上邻国柬埔寨、印度尼西亚分别与中国签订了“一带一路”合作文件，印度尼西亚“全球海洋支点”计划和菲律宾“大建特建”计划与“一带一路”倡议形成对接。中国的周边邻国中，签订“一带一路”合作协议的国家已有 16 个，“一带一路”建设连点成线，织线成网，增进了中国与周边国家的利益共融。

4 次自主下调关税，达成 17 个自贸协定

与“一带一路”参与国开展区域经济合作，是“一带一路”建设的关键环节。2018 年，中国签署了中国—新加坡自贸协定升级议定书，结束了中国—毛里求斯自贸协定谈判，启动了中国—巴拿马、中国—巴勒斯坦自贸协定谈判和中国—秘鲁自贸协定升级谈判，中国已与 25 个国家和地区达成了 17 个自贸协定，涵盖了 38% 的对外贸易额。目前正与 28 个国家商谈 13 个新的自贸协定，《区域全面经济伙伴关系协定》谈判举行了第二次领导人会议，80% 内容已经完成了谈判，中韩自贸协定第二阶段谈判、中国—挪威、中国—以色列等自贸协定谈判也在进一步推进。

与此同时，中国与沿线国家的贸易往来也在不断加强，一直高于中国对外贸易的整体增长速度。2018 年前 11 个月，我国与沿线国家货物贸易进出口总额 1.2 万亿美元，同比增长 18.3%，高出全国整体增速 3.5 个百分点，有望达到历史新高。

这一方面有赖于中国贸易自由化便利化水平进一步提升。2018 年，商务部落实世贸组织《贸易便利化协定》，推动 4 次自主下调关税，降低了包括医药品、日用消费品、汽车和工业品的关税，关税总水平已由 9.8% 降至 7.5%。与中东欧国家达成服务贸易合作倡议，与多个国家签署服务贸易合作文件，多双边服务贸易促进平台更加完善。另一方面也有赖于中国不断放宽外资准入条件，打造优良营商环境。商务部、国家发展改革委、财政部等有关部门推动出台 23 项积极有效利用外资政策举措，放宽外资准入领域，简化外商投资企业设立程序，我国营商环境国际排名比 2017 年提升 32 位。2018 年前 11 个月，沿线国家对华直接投资 59.3 亿美元，同比增长 18.4%；我国对沿线国家非金融类直接投资 129.6 亿美元，同比增长 4.8%。

国家层面的开放政策仍在持续加码。8 月，跨境电子商务综合试验区扩展到 22 个，南昌、武汉等中西部地区城市占据 9 个席位，沈阳、长春、哈尔滨等东北地区城市占据 3 个席位，向内陆延伸态势明显。至此，中国跨境电子商务综合试验区的数量增加至 35 个。除跨境电商综试区扩围外，8 月 1 日起，海关进出口货物将实行整合申报，报关单、报检单合并为一张报关单，对于重速度、效率、体验的跨境电商业来说，此举措意味着诸多红利。

境外经贸合作区是推进“一带一路”建设和国际产能合作的重要载体，是中国企业“抱团出海”的新型平台。2018 年是改革开放 40 周年，也是国务院批复设立境外经贸合作区 10 周年，我国企业已在 24 个沿线国家在建合作区 82 家，累计投资约 290 亿美元，为当地创造税收超过 20 亿美元。

亚投行 3 次扩容，新增 9 位成员

2018 年，亚投行迎来三次扩容，新纳入 9 名成员，其中 7 个都是域外成员，累计成员总数达到 93 个，成员分布全世界各大洲。2018 年新批准了 10 个国家的 11 个项目，项目贷款额 33 亿多美元，如果按 5 倍撬动资本金来计算，就撬动了 165 亿美元的投资，覆盖了交通、能源、电信、城市发展等多个领域。

11 个项目中有 4 个“花落”印度，印度获批的亚投行贷款项目累计达到 9 个，贷款额总计超过 20 亿美元，是目前获得亚投行投资最多的国家，能帮助印度解决电力、交通、饮水等方面的发展困境。此外，6 月，亚投行批准发放 6 亿美元贷款用于土耳其图兹湖天然气地下储库扩建项目，这是土耳其首次拿到亚投行的贷款，该项目有助于土耳其保障能源安全，降低碳排放强度，符合亚投行的绿色理念。

外界对亚投行的发展也给予了充分支持。7 月，亚投行接受了来自中国香港 1000 万美元专项基金，将用于亚投行的低收入成员中可融资的基础设施项目。12 月 20 日，第 73 届联大全会协商一致，邀请亚投行以观察员身份参加联大的届会和活动，有利于亚投行同联合国进行更密切的交流沟通，开展更广泛、深入的合作。

数十个重大项目取得重大进展

推进“一带一路”建设的第五年，又有一大批项目陆续签约或开工，一批综合效益好、带动作用大的项目完成建设，用实力回应了国际社会上的一些疑虑和误解。而新开工的项目中，民生、文化领域项目占据越来越大的比例，为当地民众带来实实在在的收益。

交通方面，阿联酋阿布扎比码头、马来西亚关丹深水港码头正式开港，尼日

利亚莱基深水港开工，瓜达尔港具备完全作业能力，汉班托塔港二期工程主体完工；亚吉铁路开通运营，马尔代夫中马友谊大桥竣工，巴拿马运河四桥开建，沙特麦麦高铁运行，蒙古国首座互通立交桥主桥通车……交通基础设施“多点开花”，为多个国家互联互通提供了客观基础，也为人民生活赢得了巨大改善。

电信基础设施方面，中国成功完成北斗三号基本系统星座部署，年底正式开通运行，19 颗组网卫星将向“一带一路”国家和地区提供基本导航服务；风云卫星国际用户防灾减灾应急保障机制 4 月建立，已有老挝、缅甸等 10 个“一带一路”国家正式申请成为应急机制用户。历经三年半施工的中尼跨境互联网光缆正式开通，尼泊尔通过中国的线路接入互联网，喜马拉雅山南麓国家搭起了“数字丝路”。

能源合作方面，年初，越南永新一期项目 1 号机组投入商运，这是中国企业在越南首个采用 BOT（建设—运营—移交）模式投资的电力项目，每年可提供约 80 亿千瓦时发电量，满足当地 125 万居民的用电需求。巴基斯坦最大的水电站项目尼鲁姆—杰卢姆首台机组 4 月实现并网发电，被赞为巴基斯坦“三峡工程”。中俄合作的亚马尔液化天然气项目三条生产线全部竣工，比计划提前了一年，“冰上丝路”穿越北极，彰显了中国高端制造的能力。

城市发展方面，斯里兰卡库鲁内格勒供水和污水处理项目 8 月竣工，这是斯里兰卡首个供水和污水处理合建项目；斯里兰卡最大规模的水利枢纽工程莫勒格哈坎达水库竣工移交，从南到北贯穿斯里兰卡，旱涝不再令人发愁。越南吉灵—河东线轻轨年底将正式投入运营，“摩托车王国”的交通压力可明显减轻；巴基斯坦拉合尔橙线轨道项目试运行，两地交通从 2.5 小时缩短到了 45 分钟。

新增 1 个全域自贸试验区，12 个自贸区形成新雁阵

2018 年，上海自贸试验区走过五年征程，继 2013 年率先出台外商投资准入负面清单之后，服务贸易首张“负面清单”再度在上海问世。10 月，《中国（上海）自由贸易试验区跨境服务贸易特别管理措施（负面清单）（2018 年）》发布，这份清单将进一步消除服务贸易壁垒，形成更加开放和自由的服务贸易市场，推动我国接轨高水平协定、参与国际规则制定，进一步融入全球价值链分工体系，提升在全球经济贸易体系中的话语权。

2018 年，第二批 3 家自贸试验区迎来三年窗口期，国务院 5 月统一印发《进一步深化中国（广东）自由贸易试验区改革开放方案》《进一步深化中国（天津）自由贸易试验区改革开放方案》《进一步深化中国（福建）自由贸易试验区改革开放方案》，各个自贸试验区的定位更加清晰，成为未来两到三年进一步深化这 3 家自贸试验区改革的纲领性文件，也标志着它们的改革开放进入 2.0 阶段。

2018 年，第三批 7 家自贸试验区度过周年考，河南自贸试验区累计入驻企业 4.44 万家，名列榜首，“一带一路”物流综合服务平台上线运行，为区内企业提供“门到门”服务；同样是中部枢纽的湖北自贸试验区瞄准新能源、高科技，开启与“一带一路”沿线产业对接、升级合作新通道。四川、陕西、重庆共同承担起了“向西开放”的重要任务，多式联运互联互通的同时，“一带一路”人文交流也在这里展开。2018 年，国际海事博览会在浙江自贸区举行，朝着不产一滴油的“国际油港”狂奔而去；7 月，“中俄粮食走廊”项目正式落户辽宁自贸区营口片区，每年在俄罗斯合作生产 2000 万吨粮食，是近年来中俄双边农业合作中最重要的项目之一。

2018 年，海南自贸试验区获批，成为中国第 12 个自贸试验区，也是我国迄今面积最大、第一个全域性的自贸试验区，作为最大的经济特区，海南一直被称为中国对外开放高地，自贸试验区获批设立，对海南的意义不言而喻。

2018 年，两张“负面清单”再瘦身。6 月，中国发布“2018 年外商投资负面清单”和自贸试验区版的“负面清单”，从 2013 年的 190 条减少到 45 条，轨道交通设备制造、医药制造、道路运输、保险、会计审计等领域都开始向外资开放。在全球贸易保护主义盛行的背景下，中国继续放宽市场准入，显示了中国对外开放的决心和行动。

2018 年，《关于支持自由贸易试验区深化改革创新若干措施的通知》出炉，这份“改革创新 53 条”在现有外商投资负面清单基础上，提出有关开放举措，其中 39 项适用于全部所有自贸试验区，14 项适用某个自贸试验区。内容包括支持自贸区内个人按照规定开展境外证券投资、支持在有条件的自贸试验区开展知识产权证券化试点、支持自贸试验区内银行业金融机构向境外机构和境外项目发放人民币贷款等，获赞打破准入后的“玻璃门”。

中欧班列：提前 2 年实现目标

提到“一带一路”旗舰项目，中欧班列不可不提。3 月，中欧班列年累计开行数量达到 1000 列——2016 年破千用了 256 天，2017 年破千用了 133 天，2018 年破千仅用 88 天。

2018 年，中欧班列共开行 6363 列，同比增长 73%。其中返程班列 2690 列，同比增长 111%。累计开行超过 12,000 列，提前两年实现了《中欧班列建设发展规划 2016—2020 年》确定的“年开行 5000 列”目标。

2018 年，中欧班列的朋友圈继续扩展，国内开行城市增加了 13 个，目的地新增 2 个欧洲国家的 8 个城市，目前中国境内开行中欧班列的城市达到 59 个，可到达欧洲 15 个国家的 49 个城市，回程班列数量与去程班列的占比已达到 72%，基本实现“去 4 回 3”，重箱率、计划兑现率等质量指标也均达到了历史最好水平。

59 个国内开行城市中，成都、重庆、西安、郑州、武汉 2018 年分别开行 1587 列、1442 列、1235 列、752 列、423 列，名列前 5。这 5 城开行班列数量占总开行数量的八成以上。

31 省区市“百花齐放”

目光转回国内，全国 31 个省市自治区充分发挥比较优势，优化调整对接策略，围绕“一带一路”建设形成百花齐放、各具特色的局面。

山西、北京出台了 2018—2020 年推进“一带一路”建设三年行动计划。北京将着力优化提升对外交往平台、科技支撑平台、人文交流平台和服务支持平台的功能作用；山西计划利用区位优势，加快对外开放，将全省打造成对外开放的新高地。

江苏、江西、陕西、广西、天津等省（区）市印发了 2018 年参与“一带一路”建设工作要点；河北发布《积极参与“一带一路”建设推进国际产能合作的实施方案》，根据自身优势和发展方向对全年工作做出规划，设立了推进工作的近期目标。

江西将加快全省铁路、航空等基础设施建设，全面构建通江达海、联通内外的对外开放通道；广西提出 9 个方面的重点工作任务，特别是海洋经济合作和边境贸易将重点推进；四川成都发布《关于加快构建国际门户枢纽全面服务"一带一路"建设的意见》，38条政策举措构建联通全球通江达海的战略大通道。12月，江苏重点推进的国家目前唯一明确的"一带一路"产能合作园区——中阿（联酋）产能合作示范园管理服务中心主体封顶，首家入园企业开工。

辽宁发布"一带一路"综合试验区建设方案，是国内首个在省级层面全域建设"一带一路"的路径拓展和实践创新，提出推动辽宁与俄罗斯、日本、韩国、朝鲜、蒙古国共建"东北亚经济走廊"，携手打造东北亚命运共同体。

浙江发布《浙江省打造"一带一路"枢纽行动计划》，支持杭州申办"数字丝绸之路"国际峰会，打造"数字丝绸之路"门户枢纽；上海发布2018年度"科技创新行动计划""一带一路"国际合作项目指南，这是该指南的连续第二年发布，为推动与"一带一路"沿线开展持续性的联合研究及重大科研项目提供支持。

2017年年底，推进"一带一路"建设工作领导小组办公室印发了《标准联通共建"一带一路"行动计划（2018—2020年）》；紧接着，2018年河南、浙江、陕西等省市陆续发布了各自的2018—2020年标准联通共建"一带一路"行动计划，推动中国标准海外应用，引领沿线国家标准化共同发展。

各省市自治区加码互联互通基础设施方面也是动作不断。

2018年，新疆中欧班列乌鲁木齐集结中心开出第1000列中欧班列，乌鲁木齐国际陆港区中欧班列集结中心扩建工程也在8月正式开工，年底将完成改扩建5条线，预计2020年通过新疆出境的中欧班列将达到3500列。

围绕海丝核心区建设，福建12月开行的"丝路海运"是国内首个以航运为主题的"一带一路"国际综合物流服务品牌。目前，16条外贸集装箱班轮航线被纳入为首批"丝路海运"航线，未来还将与"中欧班列"无缝衔接、构建陆海内外联动、东西双向互济新通道。

（作者：刘梦。来源：中国一带一路网，https://www.yidaiyilu.gov.cn/xwzx/gnxw/76799.htm）

图书在版编目(CIP)数据

“一带一路”年度报告.企业践行:2019/赵磊主编;一带一路百人论坛研究院编.—北京:商务印书馆,2019

ISBN 978-7-100-17088-8

Ⅰ.①一… Ⅱ.①赵…②一… Ⅲ.①“一带一路”—国际合作—研究报告—2019 Ⅳ.①F125

中国版本图书馆 CIP 数据核字(2019)第 031230 号

“一带一路”年度报告:企业践行

(2019)

赵 磊 主编

一带一路百人论坛研究院 编

商 务 印 书 馆 出 版

(北京王府井大街 36 号 邮政编码 100710)

商 务 印 书 馆 发 行

北京中科印刷有限公司印刷

ISBN 978-7-100-17088-8

2019 年 3 月第 1 版 开本 787×1092 1/16

2019 年 3 月北京第 1 次印刷 印张 14¾

定价:59.00 元